ARCHE

Anfang, Ursprung allen Seins

ARCHE NOAH

Rettung über die Sintflut
Lebensfaden in die Geschichte

»ARCHE« URANIA

Bücher zur Archäologie
zum Altertum
zum frühen Mittelalter

ein anspruchsvolles Lesevergnügen

DIETRICH EVERS

Felsbilder –
Botschaften der Vorzeit

URANIA-VERLAG LEIPZIG · JENA · BERLIN

Anneliese sei Dank,
die alle diese strapaziösen
Fahrten und Arbeiten durchhielt,
um die wohl größte Sammlung
von Felsbild-Abreibungen
und dieses Buch zu ermöglichen.

Frontispiz:
Ein Lehrbeispiel des von Evers entdeckten »oben-ohne-Stils«. Nicht nur die gravierten Unterkörper sind später anders ergänzt, auch die gebogenen Steven des mittleren Bootes wurden ungeschickt angestückelt.
Tanum: Kalleby-Hagarna, Bohuslän/Schweden, 1000–900 v. Chr.

Schutzumschlag:
Felsbilder in Tanum: Aspeberg, Bohuslän/Schweden, 1200–900 v. Chr.

Evers, Dietrich:
Felsbilder, Botschaften der Vorzeit / Dietrich Evers. –
1. Aufl. – Leipzig ; Jena ; Berlin :
Urania-Verl., 1991
ISBN 3-332-00482-4

ISBN 3-332-00482-4

1. Auflage 1991

Urania-Verlag Leipzig · Jena · Berlin, 1991
Printed in Germany

INHALT

Felsbilder
sind ein Elementargedanke
der Menschheit

Adolf Bastian (1826–1905)
Begründer der modernen Völkerkunde

AUF SEELENFANG IN DER UNTERWELT
Wildzauber der Jäger und Sammler

Fast 99 Prozent der überschaubaren Entwicklungsgeschichte des Menschen fand im Stadium des Jägers und Sammlers statt. Das erklärt so vieles, was uns Zeitgenossen des Atomzeitalters an gar nicht zeitgemäßen Mitmenschen merkwürdig erscheint. Wir können unsere Herkunft nicht verleugnen. Aktionen und Reaktionen des alten Wildbeuters bestimmen oft überraschend unser Handeln, auch wenn wir uns dessen nicht bewußt sind.

Als es gegen Ende der letzten Eiszeit, die die Wissenschaft Würm- oder Weichseleiszeit nennt, im französischen Departement Dordogne, in den Pyrenäen und auch in der nordspanischen Provinz Kantabrien eine letzte Blütezeit der altsteinzeitlichen Kultur gab, sollte ihr bemerkenswertestes Kennzeichen das von den Jägern an die Höhlenwände geritzte und das mit Erdfarben gemalte Tierbild sein. Wir alle kennen diese zauberhaften Höhlenbilder von ausgestorbenen Tieren wie Mammut, sibirischem Wollnashorn, Höhlenbär, Höhlenlöwe, Przewalski-Wildpferd, Riesenhirsch, Auerochse und europäischem Bison (1). Der Altmeister moderner Kunst, Pablo Picasso, sagte nicht ohne hintergründigen Spott: »Seit der Zeit der Höhlenbilder ist auf dem Gebiet der Kunst nichts Wesentliches mehr geschehen.« Und wirklich ist das Erstaunlichste an diesen realistischen Bildern, die mit großer zeichnerischer Sicherheit das Wesen eines Tieres einfangen, daß sie viele später auftretenden Probleme der darstellenden Kunst vorausnehmen und bewältigen. Und darin lag wahrhaftig auch der Grund, weshalb sich namhafte Wissenschaftler nur zögernd bereitfanden, das hohe Alter der Höhlenbilder anzuerkennen.

Das durfte doch nicht wahr sein, daß im Jungpaläolithikum, 35 000 bis 10 000 v. Chr., Menschen imstande waren, so vollendete Zeichnungen und Gemälde zu schaffen! Man hatte sich eingehend mit dem klassischen Altertum beschäftigt. Die verbreitete Vorstellung vom menschlichen Lebewesen der Vorzeit war jedoch die von einem fast äffischen Wesen, unfähig zu kulturellem Tun, nur einer primitiven Sprache fähig und mit jenen derben Steinwerkzeugen und -waffen ausgerüstet, die man im 18. und 19. Jahrhundert immer häufiger fand und schließlich auch beachtete.

Jene Fundstücke der Urzeit sah der spanische Edelmann Don Marcelina de Sautuola 1878 auf der Weltausstellung in Paris. So beschloß er 1879, eine Höhle, die er auf seinen Wiesengrundstücken gefunden hatte, selbst nach derartiger Hinterlassenschaft zu durchsuchen. Zum Vorschein kamen alsbald Stein- und Knochengegenstände, wie er sie aus Paris kannte. Als eines Tages seine kleine Tochter mit in die Höhle gekommen war und erstaunt darauf aufmerksam machte, daß die ganze Höhlendecke voller Malereien war, hatte man einen der schönsten Bilderfunde gemacht, der mit dem Namen der Höhle, Altamira, stets verbunden sein wird. Zuerst gab es Begeisterung und Anerkennung, als man die Deckenbilder der Öffentlichkeit vorstellte. Doch dann bezweifelten die Gelehrten, daß es sich um vorgeschichtliche Bilder handeln könnte. Man verhöhnte de Sautuola und meinte, er sei der Freizeitbeschäftigung seiner Hirtenjungen aufgesessen. Wenn jedoch einer der wenigen Wissenschaftler, die Altamira persönlich aufsuchten, auch nur einen Finger ausgestreckt haben würde, um den Felsen zu berühren, so hätte er unzweifelhaft entdecken müssen, daß eine dicke Sinterschicht die Malereien bedeckte, ein untrügliches Zeichen, daß es sich um uralte Arbeiten handelte.

Dann geriet der Fund lange Zeit in Vergessenheit, bis nach und nach, hauptsächlich im französischen Departement Dordogne, andere Höhlen mit wahren Kostbarkeiten an Bildern gefunden wurden. Einem jungen Forscher, Henry Breuil, blieb es vorbehalten, mit mehr Mut die Frage der Höhlenmalereien wieder anzusprechen. Und so sind wir heute in der Lage, einen guten Teil der Vorgeschichte schon anhand des Bildschaffens von unseren Altvorderen überschauen zu können (2).

Auch in den frühen Stufen menschlicher Entwicklung ist »Kultur« die Art und Weise, in der die Menschen ihr Dasein gestalten, wie sie sich in der Gruppe, in Klan und Stamm gemeinsam darum bemühen, mit der bekannten Umwelt zu einer Einheit zu gelangen. »Kultur« ist aber auch die Summe ihres gesamten Wissens, ihrer Weltauffassung, ihrer Kunst, des Glaubens und seiner Rituale. So nimmt es nicht wunder, daß auch diese Höhlenbilder Zeugnis von der Kultur früher Jäger, Fischer und Sammler geben.

Der Mensch der Vorzeit, gewohnt, die Verhaltensweisen des Wildes genau zu beobachten, verfolgte auch den Lauf von Sonne, Mond und Sternen; er versuchte zu erklären, was bei Tag und Nacht am Himmel geschah. So kam es zu der naiven Erklärung, die auch bei heute noch existierenden Wildbeutergesellschaften weltweit zu finden ist: die Erdoberfläche sei nur zeitweilig der

Aufenthalt der Lebewesen. Darüber ist sichtbar der Himmel, und darunter liegt ein »Jenseits«, in das hinein an jedem Abend die Sonne geht, um am nächsten Morgen von dort erneut zu erscheinen. So kommen aber auch alle Menschen und Tiere aus diesem Jenseits, leben eine Zeitlang auf der Erdoberfläche und gehen beim Tode wieder in dieses Jenseits ein. Dieses einfache kosmische Modell der Dreiteilung wird uns immer wieder bei der Betrachtung der Felsbilder begegnen (3a). Und schmunzelnd müssen wir eingestehen: Wir denken heute immer noch in diesen Dimensionen.

Die größte und allumfassendste Idee der frühen Menschheit war die Entdeckung der Seele (4). Die Gedanken der Naturvölker über die Seele sind von realistischer, vielleicht sogar äußerlicher Art und gewiß von ganz anderer Bedeutung als unsere Vorstellungen von ihr. Es mag sein, daß der Traum Anlaß zu dem Glauben an ein gewisses Etwas gab, irgendein Teil des Menschen könne an fernen Orten herumgeistern, sich sogar mit gestorbenen Stammesangehörigen treffen, Abenteuer erleben – ohne daß der Leib, der inzwischen ruhig dalag, daran beteiligt war. Irgend etwas mußte den Schlafenden verlassen, sich selbständig gemacht haben, ein nicht sichtbares Abbild seiner selbst: die Seele.

Und so dachte man den Menschen und auch die Tiere »bewohnt« von einer oder mehreren Seelen. Das Lebewesen war erst tot, wenn es von seinen Seelen endgültig verlassen worden war. Man glaubte, diese Seelen beeinflussen, sie verscheuchen, ja sogar fangen zu können. Doch nur einen Stammesangehörigen gab es, der mit diesen Seelen »sprechen« konnte, das war der Schamane, der Geisterbeschwörer. Der Schamane war wohl der wichtigste Mann in der vorzeitlichen Gemeinschaft. Denn immer wieder wurde es notwendig, Kontakt mit entwichenen Seelen, mit den Geistern des Jenseits, aber auch mit dem »Herrn der Tiere« oder der »Mutter der Tiere« aufzunehmen, die über den Nachwuchs an Jagdwild zu bestimmen hatten, über die Wiedererweckung des bereits gejagten Wildes – denn der Tod war nicht endgültig, solange die Seele in jenem Jenseits zur Verfügung stand.

So wurden die Höhlenbilder dort geschaffen, wo die Sonne jeden Abend in die ewige Nacht einging, wo viele Wege durch unheimliche Höhlengänge zum »Herrn der Tiere« führten, wo die Wasser ihren Ursprung hatten, wie man am Höhlenfluß deutlich sehen konnte. Diese Bilder, die möglicherweise in dramatischen, nur Männern erlaubten Zeremonien die Tierseelen einzufangen hatten, waren nicht etwa Abbildungen der gewünschten Tiere, nein, sie waren das Wild selbst. Noch bei Naturvölkern, die ihr

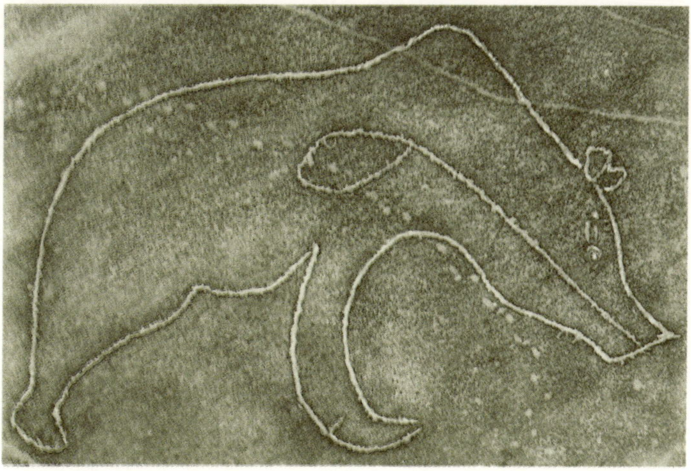

Die eigenartigste ikonographische Einzelheit schamanistischer Tierbilder ist die »Lebenslinie«, eine mystische Zusammenfassung von Luftröhre und Herz.
Bossekop: Ole Pedersen, Finnmark/Norwegen, 4200–3600 v. Chr.

Wildbeuterdasein bis in die Jetztzeit bewahrt haben, erklärt sich jedes Felsbild aus dieser Wildzauberidee: Mit der Abbildung gewinnt man Gewalt über das Dargestellte, weil man seine Seele gefangen hat. Selbst eine so späte Religionsschöpfung wie den Islam beherrscht dieser Gedanke, und deshalb verbietet er seinen Gläubigen, lebende Wesen im Bild darzustellen.

Zur Zeit der Felsbilder – sagt der karelische Felsbildforscher Juri Sawwatejew – hatte sich die Kunst noch nicht als eine spezifische Form gesellschaftlichen Bewußtseins verselbständigt (5). Die Felsbilder waren mit anderen Erscheinungen des geistigen Lebens, besonders aber mit Kult und Ritus eng verflochten. Ob die Tierdarstellungen in Trance gemalt wurden, ob allein von Schamanen oder im Beisein aller Jäger, ob der Totemglaube dabei eine Rolle spielte oder die »Urväter« anwesend gedacht waren – wir wissen es nicht. Doch keinesfalls dem Jagdzauber allein dienten die Höhlen. Der Eingang der prähistorischen Höhle Bernifal/Dordogne wurde künstlich verschlossen gefunden. Man öffnete diesen geheimen Ort wohl nur zu bestimmten Zeiten, dann nämlich, wenn die kultischen Feiern der Jugendweihe, sogenannte Initiationsriten, gefeiert werden sollten oder die Riten der Initiation eines neuen Schamanen. Man nahm dort Verbindung mit dem höheren Wesen, das die Tiere schützte und dem Jäger Wild schenkte, oder vielleicht mit den Ahnen auf. Dort, tief unter der Erde, wurden die Beziehungen zwischen Tier und Mensch geregelt. Das Tier jedoch galt als der viel stärkere Partner des Menschen.

Weit sind wir zeitlich von der Welt der Jäger der Eiszeit entfernt. Schrift beurkundet inzwischen die Geschichte. Die Vorgeschichte ist ohne Schrift, hat als Urkunde nur den Bodenfund – aber auch das rätselvolle Felsbild. Die Vorstellungen eines vorzeitlichen Menschen kann man aus unserem Weltverständnis nur sehr lückenhaft erfassen. Wir müssen uns hüten, unser einordnendes, kategorisierendes Denken zu Hilfe zu nehmen, ohne zu beachten, daß Technologie, Jagd, tägliches Tun dieser Menschen, kultische Handlung und selbst das Herstellen der Felsbilder zu einer allen verständlichen Einheit verwoben waren. So müssen wir versuchen, das Bildgut, das in den Höhlen, in viel größerem Umfang aber außerhalb der Höhlen unter freiem Himmel gefunden wurde, zum Leben zu erwecken, denn im Stein liegt die lebendige Botschaft.

FELSBILDER IN DER GUTEN STUBE

Das jungpaläolithische Jägerlager von Gönnersdorf

Wohl ging der Mensch der Eiszeit 25 000 Jahre hindurch in die Höhlen der großen Karstgebirge, wohnte in ihnen oder hatte darin seine Kultstätten, die wir heute noch an den Tierbildern erkennen. Nicht weniger interessant sind jedoch die Plätze, an denen es keine Höhlen gibt, weil Kalkgebirge fehlen. Jahrtausende hindurch scheint ein reger Kulturaustausch zwischen den Pyrenäen, ganz Mittel- und Osteuropa und großen Teilen Sibiriens bis hin zum Baikalsee bestanden zu haben. Es gibt bestimmte Leitbilder, die in dem gesamten riesigen Gebiet fast zeitgleich zu finden sind. Eine ganze Reihe von Tierbildern und symbolhaften Darstellungen weisen auf übereinstimmende schamanistische Anschauungen hin. Jägerlager im Baikalseegebiet, in der Ukraine und in der Tschechoslowakei zeigen, wie Rentierjäger die Geweihe ihres Jagdwildes mit in den Bau der Feuerzelte einbezogen, wie Mammutjäger ihre runden, zeltartigen Behausungen mit Hilfe der Mammutknochen bauten, wie sie sich gegen allzugroße Kälte, gegen Stürme und Raubwild schützten, wie die Feuerstätten bewahrt wurden und wie man das Fleisch zubereitete. Und noch in einem gab es auffällige Entsprechungen: Ihre Jagdlager befanden sich vorzugsweise an großen Strömen, an Stellen, wo an hochgelegenen Uferterrassen die verschiedenen Jagdgebiete an den Berghöhen, den Hängen und Flußniederungen überblickt werden konnten und wo ein trinkwasserführender Bach zu Tale floß.

An jenem Tage des Jahres 1968, als der Besitzer eines kleinen Baggerunternehmens in Neuwied am Mittelrhein, Herr Siegmund, seinen Baggerführer in der Arbeit stoppte, weil ihm ein großer Elfenbeinzahn aufgefallen war, wurde ein neues Blatt deutscher Urgeschichte aufgeschlagen. Eine Familie im Ortsteil Gönnersdorf wünschte sich beim Hausbau einen besonders tiefen Weinkeller. Beim Baggern wurde im Winkel dieser Kellerpartie, in dem pulverfeinen Löß der Bodenschichtung, ein auffälliges Mammutzahnstück freigelegt. Obgleich Herr Siegmund fürchten mußte, daß ihm ein gutes Geschäft unterbrochen würde, meldete er den Fund der Behörde, und diese veranlaßte das Institut für Ur- und Frühgeschichte der Universität Köln, die Fundstelle zu untersuchen. Als Professor Gerhard Bosinski mit einigen Studenten daranging, Schicht für Schicht abzuheben, kam man auf einen durch ausgestreutes rotes Eisenoxid deutlich gekennzeichneten Siedlungshorizont. Noch ohne Geldmittel, unter provisorischen Grabungsvoraussetzungen, den Unbilden der Witterung ausgesetzt, merkten die Ausgräber bald, welchen großartigen Fund sie unter den Händen hatten. Dieser Zufallsfund sollte einer der seltenen Glücksfälle der Archäologie werden. Man legte zuerst eine runde Behausung von 6 m Durchmesser frei, mit Feuerstelle, vielen Pfostenlöchern und Erdgruben. Und wieder erstaunte die Gesamtlage: der Standort auf einem hochgelegenen Geländesporn 50 m über dem Rheinstrom, mit gutem Ausblick über die Höhe, den Abhang und die Flußniederung, direkt an einem einst Trinkwasser führenden Bächlein, das jedoch durch vulkanischen Bims verschüttet worden war. Die Zeitmessung nach der Radiokarbonmethode ergab ein Alter der Siedlung bei 10 400 v. Chr.

Die Menge des anfallenden Materials, das dem Lößgrund entnommen wurde, war ungeheuer groß. Das Gelände wurde sofort in Planquadrate aufgeteilt, jeder Stein wurde in seiner Lage durch Fotos und Zeichnung festgehalten und bekam eine Registraturnummer. Gegen Mitte der Behausung fand man eine große Konzentration von Schieferplatten, die aus dem freien Abbruchhang jenseits des Baches stammen. Man hatte Schwierigkeiten mit dem im Sommer auftauenden tiefgefrorenen Untergrund gehabt, der nur 10 bis 20 cm tief abtaute, so daß das Schmelzwasser auf dem festen Eis nicht abfließen konnte und den Siedlungsboden lästig verschlammte. Die Jäger behalfen sich dadurch, daß sie immer wieder neue Schieferstücke auf den nachgebenden Grund legten, um eine trockene Lagerstätte zu haben.

Da Bosinski mit seinen Leuten so mit der Grabung, Plangestaltung und Anbringung von Registraturnummern beschäftigt war, stellte er erst im Laufe der Grabungsarbeit fest, daß viele der Schieferstücke Ritzbilder trugen. Die Zeichnungen waren mit einem härteren Stein auf die Schieferoberfläche gezeichnet worden, wobei weißlicher Schieferstaub frei wird und das Bild sichtbar werden läßt – wie wir das von unseren Schul-Schiefertafeln kennen. Wenn man jedoch mit dem Handballen oder mit einem Stück Fell darüber hinwegfuhr, dann schien das Bild wieder entfernt zu sein. Man konnte ein neues an seine Stelle zeichnen. Und so sind denn die Ritzzeichnungen der Gönnersdorfer Schiefer oft nur so flach eingraviert, daß man sie bestenfalls schräg gegen das Licht gehalten erkennen kann.

Als die Grabungsmannschaft den unerwarteten Fund entdeckte, entzifferte man zuerst die naturnahen Tierbilder von Mammut und Wildpferd, die am häufigsten wiedergegeben waren (6). Eigenartig ist die große Zahl der Mammutdarstellungen deshalb, weil zur Zeit der Gönnersdorfer Jägersiedlung dieser arktische Großelefant schon selten geworden war. Erst nach langwieriger, bewunderungswürdiger Arbeit der Sachbearbeiterin Gisela Fischer lösten sich weitere Tiergestalten aus den unübersichtlichen Liniengewirren der Schiefer: Da war das wollhaarige Nashorn, der Auerochse und der Altweltbison (Pferdeköpfe) sowie Wolf und Löwe. Aber es gab auch kleine Ritzbilder von Fischen, Seehund und von Wasser-, Stelz- und Sperlingsvögeln. Stilistisch stimmten diese Tierbilder mit der Höhlenkunst in Südfrankreich und Nordspanien überein. Es handelte sich ja offensichtlich um die gleichen Jäger, die hier im höhlenlosen Gebiet jagten.

Eigenartig ist es, daß ausgerechnet die Anzahl der Menschendarstellungen bei diesem ersten deutschen Bildfundgut größeren Ausmaßes aus der Altsteinzeit so häufig sind (7). Denn der Mensch spielt bei den Höhlenbildern des Paläolithikums infolge der zoomorphen Weltbetrachtung eine völlig untergeordnete Rolle. Es ist fast so, als hätte man sich gescheut, sich selbst und irgendein Gruppenmitglied wiederzugeben. Es mag sein, daß sich die Jäger durch die stets im Vordergrund stehende Tötungsabsicht im Sinne des Wildzaubers gehemmt fühlten. Was man einst an die Höhlenwand zeichnete oder malte, sollte Jagdbeute werden. Man

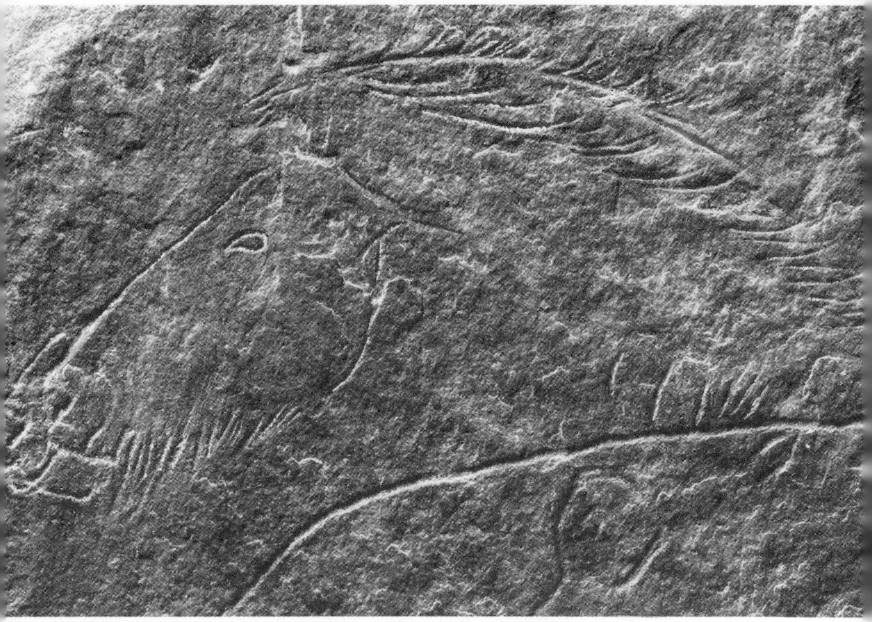

Ein mit knappen Strichen meisterhaft gezeichneter Kopf eines Przewalski-Wildpferdes.
Neuwied: Gönnersdorf, Mittelrhein/Deutschland, 10400 v. Chr.

fing mit dem Bild die flüchtige Tierseele ein, band sie an diesen naturgetreu wiedergegebenen Körper, um dann – wie der Jäger glaubte – eine leichte Beute zu haben. Deshalb hütete man sich, den Stammesangehörigen darzustellen, so wie er war. Nur der Schamane unterlag anscheinend nicht diesem Zauber. Und so ist eine einzige Figur der Gönnersdorfer Menschenbilder, ein haarig gravierter ganzer Mann, mit Kopf, Armen und Beinen wiedergegeben. Alle anderen Darstellungen sind Frauentorsi, ohne Kopf, ohne Arme und Beine. Dennoch vermitteln die Oberkörper mit Brust und die in Halbhocke vorgewinkelten Oberschenkel mit dem nach hinten weggestreckten, stark betonten Popo ein lebendiges Bild von Bewegung. Auf diese Weise wurden die magisch reduzierten Zeichnungen nicht zur Gefahr für die damit gemeinten Frauen und Mädchen; sie waren nur Chiffre für etwas, was jeder des Stammes genau kannte. Einzeln wie auch in Gruppen hintereinander sowie gegenüberstehend, erwecken diese nackten Frauen den Eindruck von Tänzerinnen. Und Tanz konnte damals nur kultisch gemeint sein, vielleicht im Rahmen einer Jagdzere-

Beim Rundtanz in der Eiszeit wird sogar das Baby auf der Rückentrage mitgeführt.
Neuwied: Gönnersdorf, Mittelrhein/Deutschland, 10400 v. Chr.

monie, die den Männern bei ihrem schwierigen Weidwerk helfen sollte, oder aber bei Initiationsriten, wie sie zur Reifezeit der Jugendlichen gefeiert wurden.

Auffällig ist jedenfalls in einer jägerischen Männergemeinschaft die Betonung der Frau. Wenn auch nicht auszuschließen ist, daß die Jäger vom Bild der nackten Frau erotisch stimuliert wurden, so zeigt das Überwiegen von Frauenbildern deutlich die Bedeutung des Weibes in der Gesellschaft. Es ist nicht verwunderlich, daß die gleiche abgekürzte Frauengestalt, auch in Mammutelfenbein oder Knochen geschnitzt, sozusagen als Fetisch oder Amulett unter dem Fundgut von Gönnersdorf vorkommt. 224 gezeichnete menschliche Figuren wurden in unserem Jägerlager bisher auf Schiefern entziffert und zudem 11 kleine Statuetten gefunden. Wenn auch eine so große Fülle nirgendwo anders erreicht wurde, ist es doch erstaunlich, daß fast gleiche Zeichnungen und Kleinplastiken in einem riesigen Gebiet von den Pyrenäen bis weit in die Ukraine hinein gefunden worden sind. Die Motive müssen bei den Jägern sehr beliebt gewesen sein.

Auf den Gönnersdorfer Schiefern gibt es zudem »symbolische« Zeichen von oft schwer zu deutendem Sinngehalt, die auch ein weites Verbreitungsgebiet haben: Netz- und Schachbrettmuster, gefiederte, tannenbaumartige Linien, enge Bündel geschwungener Linien. Deutlicher schon ist die Bedeutung von Kreisen, Dreiecken und blattartigen Formen, die mit einem einmündenden Strich versehen sind. Noch bis in die heutige Zeit sind solche Symbole gebräuchlich: Vulva und Penis im Kopulationsakt. Wieder einmal begegnet uns der uralte Schamanenglaube in für uns schwer verständlicher Form. So wie die menschliche Vereinigung neues Leben schafft, soll in einer magischen Zeremonie die Wiedererweckung des Toten erfolgen, gleichgültig ob bei Mensch oder Tier. Wir sehen diese Kopulationszeichen immer wieder in enge Verbindung zum Jagdtier gesetzt, denn man wünschte seine Wiedergeburt, um neue Nahrung zu haben. Irgendeine frei verfügbare Seele würde sich dieses neu zu schaffenden Körpers annehmen, so daß er als Jagdbeute gefangen oder geschossen werden konnte. Alles bei diesen Menschen drehte sich um die Jagd. Und die Wiedererweckung ist eine Voraussetzung dafür. So darf es nicht erstaunen, daß wir rings um die Erde die gleichen Zeichen finden, wie auch der Glaube an eine Seelenwanderung weltweit festzustellen ist.

Hatten wir bisher die Vorstellung, daß die Bilder in den Höhlen des frankokantabrischen Bereichs in einem feierlichen, von Schamanen geleiteten Zeremonialakt hergestellt und zu ganz bestimmten Riten genutzt wurden, so müssen wir bei dem Fund von Gönnersdorf entscheidend umdenken. Obgleich einzelne Bildplatten auch außerhalb der Behausung gefunden wurden, so scheint es doch verständlich, daß die Bilder sämtlich im Gemeinschaftsraum des Großzeltes graviert wurden, sozusagen als Ersatz für den am Rhein nicht vorhandenen Höhlenraum. Grundsätzlich wurde nur Schiefer als Bildträger benutzt, und das Phänomen des leichten Auslöschens scheint dabei eine wichtige Rolle gespielt zu haben. So vermutet Gerhard Bosinski, daß die Bedeutung der Gravierungen nicht in ihrer kurzfristigen Bildwirkung, sondern in ihrer Anfertigung lag. Das würde erklären, weshalb die Bilder nicht etwa auf einem Hausaltar bewahrt wurden, sondern regellos auf dem Boden zwischen den Essenresten verstreut waren. Die Steine als solche waren wertlos und sollten weiterhin nur noch als Pflasterung vor der Nässe des Untergrundes schützen. Die Aktion des Zeichnens von erwünschtem Jagdwild ist gleichbedeutend mit einer »Seelenfalle«. Habe ich erst die Seele des Wildes, dann wird auch das Tier selbst mir ergeben sein und sich von mir töten lassen. Der Zauber geschieht mit den wenigen charakterisierenden Strichen, in denen ich das »bezeichnete« Tier für den Augenblick wiedergebe. Diese schamanistische Denkart beobachteten Europäer noch bei Indianern, wenn diese wundervoll farbige Zeichnungen im Sand fertigten, um sie anschließend zu zerstören. Nicht der Bestand des Bildes ist wichtig, allein auf die schöpferische Handlung bei der Herstellung einer Zeichnung kommt es an. Zeichnen ist eine wirkungsvolle magische Zeremonie.

RONDELLE UND KOSMISCHE MODELLE

Vielen Lesern wird noch das originalgroße Feuerzelt von 6 m Durchmesser in Erinnerung sein, das meine Frau und ich anhand der Pfostenmarkierungen der Fundstelle von Gönnersdorf, der aufgefundenen Koch- und Verwahrgruben, der Feuerstelle mit den aufschlußreichen Einrichtungen sowie der Lagen verschiedenartiger Steine auf dem Siedlungshorizont rekonstruiert hatten (8). Es entstand aus Roßhäuten anläßlich der Sonderausstellung »GÖNNERSDORF – Eiszeitjäger am Mittelrhein«, 1981 im Landesmuseum Koblenz auf der Festung Ehrenbreitstein von Prof. Bosinski veranstaltet.

Allein die Vorbereitungen zur Rekonstruktion dieser eiszeitlichen Behausung führten uns durch umfangreiche Recherchen zu den interessantesten eurasischen Fundstätten von Jägerlagern und -siedlungen. Die dabei erworbenen Kenntnisse erweiterten unseren Horizont beträchtlich. Das Leben der Vorzeit wurde lebendig. Wir lernten, wie die Menschen des Jungpaläolithikums die Kälte durch raffinierte Bauweise, durch geschickten Einsatz des Glutfeuers überwanden (9). Wild wurde auf verschiedenste Art und Weise zubereitet: auf dem Hochgrill oder dem Niedergrill gebraten oder mit hitzehaltenden vulkanischen Gesteinen und Flußgeröllen als Tauchsiedern in den in die Erde eingetieften Kochgruben unter Verwendung einer Roßblase oder eines Renmagens als Behälter gekocht. Diese vorzeitlichen Menschen müssen ein in jeder Hinsicht erstaunliches Wissen gehabt haben, um in einer gnadenlos armseligen Landschaft zu überleben.

Angesichts der in Gönnersdorf gefundenen Schieferzeichnungen von Tieren und Frauentorsi mögen manche überlegen lächeln. Wenn wir uns jedoch eingestehen, daß wir, in einer eiszeitlichen Umwelt ausgesetzt, ohne Hilfe in kürzester Zeit verhungern und erfrieren müßten, würde uns das Lächeln schon vergehen. Wer von uns könnte ein Stück Wild mit selbstgefertigter Waffe oder Falle erbeuten, für deren Herstellung nur Steinwerkzeug zur Verfügung stand, kein Metall? Wer könnte Feuer ohne Feuerzeug entfachen, ohne Topf oder Schüssel kochen? Wer hätte, wie die Eiszeitmenschen, für die selbstgebaute Behausung den Windfang erfunden, die heizthermischen Effekte entdeckt, die Prinzipien der Aerodynamik verstanden? Alle diese Leistungen nötigen uns größte Hochachtung ab.

In den Kochgruben und in anderen, die man vielleicht am besten als Vorratsgruben bezeichnen würde, lagen in Gönnersdorf zwischen Füllmaterial beachtenswerte kleine Gegenstände, die vermutlich darin nicht deponiert werden sollten. Es ist wahrscheinlicher, daß sie sich nur deshalb in den Gruben fanden, weil sie dorthin verschleppt worden waren und dann in sicherer Tiefe besser erhalten geblieben sind. So ist es auffällig, daß von den schon geschilderten kleinen Frauenstatuetten drei unzerbrochene Elfenbeinschnitzereien in den Gruben lagen, während die Stücke außerhalb der Gruben meist zertreten waren.

Kunstvoll muten die fein geschliffenen Nähnadeln aus Knochen- und Geweihmaterial an, denn sie hatten bereits ein Öhr zur Aufnahme des Fadens ganz sauber eingebohrt bekommen. Früher hatte man in das Leder, um zu nähen, zuerst ein Loch mit dem Stein- oder Knochenpfriem einstechen müssen, um dann mühsam Stich für Stich den Faden gesondert durchzufädeln. Eine Nadel mit Öhr war bereits eine praktische kleine Nähmaschine. Die Menschen der Eiszeit waren sehr erfindungsreich.

Beliebt müssen Eisfuchszähne, Hirschgrandeln und Krallen von Kolkraben gewesen sein, die ebenfalls fein durchbohrt waren und als Anhänger oder Ketten getragen worden sind. Erstaunlich ist die Freude der eiszeitlichen Jäger an Fossilien gewesen. Ein wohl aus den tertiären Sanden des Mainzer Beckens stammender Haifischzahn, das Bruchstück eines Saurierknochens und ein kleiner Belemnit sowie ein fossiler Nashornknochen hatten ihre Aufmerksamkeit auf sich gezogen. Kleine Dentalien, elefantenzahnähnliche, an beiden Enden offene Schalen von Meeresweichtieren des Mittelmeeres oder Atlantiks wurden gewiß als Kette getragen, ebenso die aufgefundenen kleinen durchbohrten Schmuckschnekken aus dem Mittelmeer. Perlen aus fossilem Holz sind trotz ihrer Winzigkeit sorgsam durchbohrt und weisen eine unerwartet hochstehende Holzbearbeitungstechnik aus. Das ist um so wichtiger, als sonst keine Gegenstände aus Holz auf uns gekommen sind. So wurde denn eine Kette gefunden, in der einst 30 solcher fossiler Holzperlen abwechselnd mit durchbohrten Hirschgrandeln und Eisfuchszähnen aufgezogen gewesen waren. Abgesehen von der entfernten Herkunft solcher Schmuckgegenstände, die bereits auf einen über große Räume sich spannenden Handel schließen lassen, dürften sie gewiß einen beachtlichen Tauschwert gehabt haben.

Wunderbar ist das Fundgut, das neuerlich auf der anderen Rheinseite in Andernach ausgegraben wurde. Nicht nur die Behausungen der Gönnersdorfer, ihre Gravuren auf Schieferplatten und die Schmuckgegenstände finden dort ihre Parallelen, sondern auch die Waffen, ihre Jagdbeute und die Art, den Ort des Lagerplatzes zu bestimmen. Sollten die beiden Lager zeitgleich gewesen sein, dann wird vermutlich ein reger Bootsverkehr über den wild fließenden Rhein hinweg stattgefunden haben und vielleicht eine Beteiligung an mancher großen Jagdbeute.

Hüben wie drüben wurden aber auch Dinge entdeckt, mit denen die Forscher nichts anzufangen wissen: Dazu gehören einfache runde Scheiben, die Gerhard Bosinski »Rondelle« nennt und die in ihrem Mittelpunkt durchbohrt sind. In Gönnersdorf fand man eine große Anzahl, davon über 300 unzerbrochen. Sie hatten einen Durchmesser von 2 bis 9 cm und bestanden aus Schiefer. Je eines war aus Mammutelfenbein und eines aus Geweih. Bosinski vermutet, daß sie einem realen Zweck gedient hätten, vielleicht zum Verschließen der Fellbahnen der Behausung. Ich hingegen vermute, daß wir besser nicht in den Kategorien des 20. Jahrhunderts denken sollten. Dann könnte aus diesem »Knopf« leicht ein magischer Gegenstand werden, so etwa, wie ihn rezente Schamanen Sibiriens an ihrer symbolträchtigen Kulttracht tragen. Sie sind heute natürlich aus Metall und heißen »Toli«, bei den Jakuten »Oibonküngätä«, das »Loch in der Sonne« (10). Damit hat hier bereits ein Begriff Eingang gefunden, der uns als »Sonnenrad« bekannt ist und vielleicht zu Beginn der Metallzeiten im Orient geprägt wurde. Noch heute ist diese Scheibe mit dem Loch in der Mitte unser Kalenderzeichen für »Sonne«. Gleichzeitig ist aber den Jakuten die weit ältere Bedeutung nicht verloren gegangen. Im allgemeinen gilt diese durchlochte Scheibe als Darstellung des Kosmos mit dem Loch im Zentrum, durch das der Schamane sowohl in den Himmel als auch in die Unterwelt dringt. Ein ganzes kosmisches System wird von dieser Scheibe einbezogen. Und besonders die Tatsache, daß diese Scheibe schon recht frühzeitig den

Mythische Frühlingshochzeit, auf ein Rondell mit bedeutungsvollem Loch geritzt.
Gentofte: Maltegaarden, jetzt Vorort von Kopenhagen, 7500–500 v. Chr.

Weg zirkumpolar über Eurasien bis nach Amerika gefunden hat, ist nur durch ihr sehr hohes Alter zu erklären.

Aus allen diesen Gebieten wissen wir bereits, daß die Struktur des Universums grundsätzlich mit drei übereinander liegenden Stockwerken angenommen wird: Himmel, Erde, Unterwelt. Sie sind, wie gesagt, durch eine Mittelachse verbunden, die außer als Baum oder Pfahl auch mit einem Loch versehen ausgewiesen wird. Nur durch diese Öffnung gelangt ein Adept, ein Wissender – und das ist stets nur der Schamane – von einem »Reich« ins andere. Wir können davon ausgehen, daß dieses naive kosmische Modell, das wir in ähnlicher Form in allen Kulturen der Erde finden und das, nicht zuletzt durch die großen Religionen gefördert, noch immer anerkannt wird, jedenfalls in seiner Grundtendenz altsteinzeitlich ist.

Die Turk-Tartaren denken sich den Himmel als ein großes Zelt, dessen Mitte der Polarstern ist. Und übertragen auf ihre eigenen Lebensverhältnisse ist ihr Großzelt mit dem Rauchloch in der

Mitte sozusagen der Kosmos im Kleinen. Wenn man im Zelt, auf dem Rücken liegend, nach oben sieht, dann hat man das runde Zeltdach über sich mit dem Loch in der Mitte. Der Indianer, der sich als Angehöriger noch bestehender Naturvölker etwas von der paläolithischen Denkweise bewahrt hat, berücksichtigt bei allem, was er unternimmt, die Kreisform. Jedes seiner Wigwams, die runde Rindenhütte wie das Tipi, ist eine kleine kosmische Welt. Ebenso ist der Lagerplatz in seiner Anlage ein Modell des Universums, wie überhaupt das ganze, von ihm kreisförmig erkannte ethnozentrische Weltgebäude. So haben fast überall auf der Erde einfache Gesellschaften durch sinnfällige Gestaltung, z.B. in der Behausungs-, Siedlungs-, später in der Stadt- und Tempelarchitektur, sowie in rituellen Handlungen ihr umfassendes Weltbild als Einheit dargestellt und sich stets für die Aufrechterhaltung dieser Ordnung verantwortlich gefühlt.

Diesem mikrokosmischen Symbolismus begegnen wir auch in Gönnersdorf, wo der Mittelpfosten der Großbehausung in ihn einbezogen wurde. Dieser Pfosten wird als »Weltenbaum« zur Mittelachse des Kosmos, indem er durch das »Himmelsloch« hindurch am Polarstern mündet (11a). Ebenso befindet sich der Eingang zur Unterwelt unter diesem »Zentrum der Welt«. Ganz gewiß bewahrte sich bei den Gönnersdorfer Jägern noch die Erinnerung an die Höhlen Südfrankreichs, die ihre Vorfahren verlassen hatten. Der Schamane als Geisterbeschwörer kennt das wohlbehütete Geheimnis des Durchgangs durch diese »Löcher«. Die Seelen der Verstorbenen werden von den Schamanen in Trance in das Jenseits geleitet. Er ruft jedoch auch die Seelen der Tiere ab, die als Wild wiedergeboren werden sollen. Und so nimmt es nicht wunder, daß auf einem der Rondelle das uralte Kopulationszeichen der dreieckigen Vagina mit einmündendem Penis zu finden ist, als Symbol für die Zeugung als Urschöpfungsakt und Wiedergeburt durch das »Loch« hindurch (12). Denn wie der Höhleneingang der Ausgang von der Unterwelt war, aus der neues Leben erbeten wurde, so bildete der Mutterschoß symbolhaft ein Stück Mikrokosmos und wurde als solcher auch in Gönnersdorf oft genug dargestellt. Es darf nicht verwundern, daß bei vielen der Rondelle nur der phallische Strich graviert ist, der am Loch in der Mitte mündet. An gleichartigen Lochscheiben aus Südfrankreich sehen wir stattdessen bereits das gewünschte Tier in die Oberfläche eingeritzt: einmal ein Kalb, dann eine Kuh und zwei einzelne Gemsen in Laugerie-Basse/Dordogne und ein Steinbock in Bruniquel/Tarnet-Garonne.

Glaubensvorstellungen können sich über Zehntausende von

Jahren verhältnismäßig konstant halten. So berichtet Otto Henne Am Rhyn 1879: »Am Urschelberg bei Pfullingen/Kr. Reutlingen hinterlegten die Kinder am Remseles-Stein durchlöcherte Hornknöpfe, sogenannte ›Remsele‹, als Opfer für die alte Urschel (Frau Venus). Weiter oben suchten sie dann nach runden ›Sonnensteinen‹, das sind solche, denen die Sonne ihr Bild, ein rundes Loch, eingebrannt hat und werfen sie beim ›Hämmerle‹, einem durchbrochenen Felsen, eine steile Stelle hinunter. Etwa 70 Schritte unterhalb des ›Hämmerle‹ war früher hart am Wege ein unergründliches Loch, der Eingang zu der Urschel unterirdischen Schloß.«

JÄGER ERFANDEN DAS BOOT

Als noch das mächtige Inlandeis den Norden Europas bedeckte, hatte diese kilometerdicke Firneiskappe durch ihr unvorstellbares Gewicht das ehemalige Land tektonisch in den nachgebenden Festlandsockel gedrückt. Gleichzeitig aber war so viel Wasser in Eis gebunden, daß die Weltmeeresspiegel bis zu 120 m tief absanken. Das führte zu ganz anderen geographischen Verhältnissen als heute: Die Themse floß in den Rhein, die Elbe mündete erst bei der Doggerbank ostwärts Schottland in den Restbestandteil der Nordsee, und die spätere Ostsee lag überhaupt unter Gletschermassen trocken.

Eine kaum spürbare Klimaschwankung ließ die großen Gletscher etwas abtauen, noch einmal vordringen und dann Jahrtausende langsam endgültig weichen. Die Bodenbeschaffenheit änderte sich und damit der Pflanzenwuchs. Die Tierwelt geriet daraufhin in Bewegung. Die Charaktertiere der Eiszeit, das Mammut, das wollhaarige Nashorn, der altweltliche Bison und das Przewalski-Wildpferd starben aus. Viele der Jäger zwischen Pyrenäen und Südsibirien hatten sich auf das Ren als Wild spezialisiert, denn es garantierte ganz regelmäßige Wanderungsbewegungen und war deshalb stets in seinem Tun kontrollierbar. Die Rentierdasselfliege war daran schuld, da sie ihre Eier im Fell und in den Atemgängen des Rens ablegt, so daß die wachsende Larve es zu ersticken droht. Noch heute flieht das Ren deshalb im Sommer in einer Instinkthandlung die Gebiete, in denen die Dasselfliege schwärmt, und weicht auf die Schneefelder aus. Ihnen aber folgten damals Jahrtausende lang die Rentierjäger. Sie waren von ihrer »Speisekammer auf Beinen« abhängig. Denn das Ren setzte die für den menschlichen Genuß unbrauchbare Rentierflechte in seinem Magen in einen sauren Brei um, den die Jäger ohne Ekel verzehrten. Der Mageninhalt enthielt so viel Vitamin C, daß Skorbut verhindert wurde, eine Mangelkrankheit, die in den langen arktischen Wintern unweigerlich zum Tod geführt hätte.

Und so gerieten sie dorthin, wo noch heute die letzten Vorstöße eiszeitlicher Gletscher der Würmeiszeit in großen Gletscherendmoränen feststellbar sind: vor die Tore des heutigen Hamburg. Bei Meiendorf lebten 15000 v. Chr., also lange vor den Gönnersdorfer Jägern, Rentierjäger in einem Lager, das der begeisterte Amateur-Archäologe Alfred Rust in dem Ahrensburg-Meiendorfer Tunneltal Mitte der dreißiger Jahre ausgrub (13). Große Mengen von Schmelzwasser müssen damals durch solche Tunneltäler abgeflossen sein. Und deshalb befand sich das Lager an einer Schmalstelle des Gletscherflusses, dort, wo die Rene, aus der Tundra kommend, das Wasser überqueren konnten. Rust gewann bald ein gutes Bild vom Leben dieser Jäger, fand Werkzeuge und Waffen, darunter schöne Harpunenspitzen, ähnlich denen der späteren Pferdejäger von Gönnersdorf. Auf dem Grunde eines ehemaligen Eissees lagen Tausende von Knochen, Rentiergestänge und Opfergaben der Jäger. Man hatte, in Ermanglung einer Höhle, offensichtlich dieses unergründliche Gewässer als den Eingang zur Unterwelt gedeutet. Und so sind denn solche Gewässer auch weiterhin im Brauch vieler Naturvölker als Zugang zum »Unterirdischen Reich« angesehen worden. Dort lebte die »Große Tiermutter« oder der »Herr der Tiere«. Solche Anschauungen hielten sich beharrlich bei Wildbeutergesellschaften, ebenso aber auch ihre oft raffinierten technologischen Erkenntnisse, die es ihnen möglich machten, in einer menschenfeindlichen Umwelt zu bestehen.

Nach der sogenannten Allerödschwankung, in der in einer Klimaverbesserung die Eismassen zügig so weit abschmolzen, daß aus der Tundra eine Baumtundra wurde, verschwanden diese Eiszeitjäger der Magdalénienkultur aus dem Hamburger Raum nach Norden. Als dann das Klima erneut sehr kalt wurde, siedelten 6000 Jahre nach dem Fortziehen der Leute der Hamburg-Kultur gegen 9000 v. Chr. wieder Rentierjäger in der Gegend von Ahrensburg. Diese Jäger der »Ahrensburger Stufe« müssen, wie Rust feststellte, viele Jahre hindurch dort gesiedelt haben. 15000 Knochen von Renen und über 2000 Rengeweihe wurden aus einem heute verschütteten Seegrund geborgen. Nach 6000 Jahren pflegte man noch immer die Sitte, ein ganzes weibliches Ren dem See und damit der Unterwelt als Opfer zu übergeben. Dreißig solcher Opfer, mit Steinen beschwert, wurden allein an dieser Stelle geborgen. Man kann annehmen, daß in jedem Jahr nur ein Ren geopfert wurde.

Als wir 1981 dabei waren, eine große Felsbild-Ausstellung in Bremerhaven vorzubereiten, folgte der Direktor des DEUTSCHEN SCHIFFAHRTSMUSEUMS, Detlev Ellmers, einem Hinweis seines befreundeten Kollegen Gernot Tromnau, der die Arbeit von Alfred Rust fortgesetzt hatte, und sah sich das Fundgut von Stücken der Ahrensburger Kultur an, die 1883 beim Bau der Husumer Hafenschleuse geborgen worden waren. Dabei entpuppte sich ein Rengeweihknie als Teil eines Bootspants. Damit hatte Detlev Ellmers den bei weitem ältesten Bootsbauteil der Erde erkannt (14). Es stand damit fest: Die Jäger der Eiszeit bauten bereits Boote. Schon bevor es Viehzucht und Ackerbau gab, hatten die Jäger das Boot erfunden.

Wir gingen nun gemäß eines Forschungsauftrages an die Arbeit, das »älteste Boot der Erde«, das auf vielleicht 9000 v. Chr. zu datieren war, in Wiesbaden zu rekonstruieren (15). Dabei stand uns ein reichhaltiges Arsenal der von Alfred Rust gefundenen Werkzeuge aus Silexklingen zur Verfügung, mit denen wir jeden Arbeitsgang zuerst einmal probeweise durchführten. Wir wußten, daß zu dieser Zeit Kiefern und Birken im Gebiet Schleswig-Holsteins wuchsen. Da die Kiefer nicht aststabil ist, fällten wir zwei Birken mit einem Faustkeil und probeweise auch mit einer geschäfteten Steinaxt, spalteten die Werkstücke mit Holzkeilen heraus, formten sie mit Silexmeißeln, schnitzten sie mit Steinmessern und hobelten zuletzt mit dem Steinhobel, so daß wir dann mit Hilfe von Sand polieren konnten. Kenntnisse vom Bau urtümlicher Boote gewannen wir von den größeren Walfangbooten der Eskimo, der Umiaks, deren archetypische Konstruktionen wir in Formung und Bindung nachahmten. Große Hilfe waren uns aber auch unsere eigenen Papierabreibungen von prähistorischen Felsbildern aus Schweden und Norwegen, auf denen wir – wenn auch aus späteren Zeiten – ebensolche kleinen Einmann-Jagdboote der ersten Besiedlungszeit Skandinaviens dargestellt fanden. Da diese Bilder im sogenannten »Röntgenstil« in die Felsen gemeißelt waren, konnte man auch das erkennen, was im Bootsinneren den Blicken sonst verborgen blieb: die Jagdbeute, den darin sitzenden Jäger und glücklicherweise auch die Spanten. Es waren immer zwei Spanten in diesen kleinen Hautbooten. Deshalb gingen wir bei der Rekonstruktion genauso von zwei Spanten aus. Anhand

Das nördlichste der Einmann-Hautboote zeigt einen Insassen mit der flachen Kopfbedeckung der Schamanen. Der Tierkopf des Stevens ist ornamental stilisiert.
Tjøtta: Insel Rødøy, Nordland/Norwegen, 3500–2700 v. Chr.

des Fundstücks kannten wir die Höhe eines Spants und vermaßen danach alle uns bekannten Bootsbilder des kleinen Hautboottyps: Höhe des Spants im Verhältnis zur Bootslänge. Dabei kamen wir auf eine durchschnittliche Länge von 220 cm. Als das rekonstruierte Bootsskelett vor uns lag, waren wir über die Modernität der Konstruktion erschrocken. Damit wurde uns jedoch auch bewußt, daß dieses genial aus wenig Material konstruierte Jagdboot bereits das Ende einer langen Entwicklungsreihe gewesen sein mußte. Man war sicher schon während der Eiszeit mit solchen Booten gefahren. Eine Verbesserung war nicht mehr möglich.

Dieses offene Kanu war seinerzeit gewiß mit haarlosen Tierhäuten überzogen worden. Der meist verwendete Begriff »Fellboot« ist also falsch. Da das Renleder durch seine oft auftretenden Madenlöcher nicht gut geeignet war, könnte es sein, daß man die Haut von Robben benutzte, die in den großen Strommündungen lebten. Wir vernähten die Häute mit Nadeln, die wir kunstvoll aus einem Stück Rengeweih spalteten, feinschliffen und nach den gefundenen Vorbildern mit einem Öhr versahen. Dabei wurden die

Nähstiche genauso wie bei der Kappnaht der Eskimo gemacht: Die innere Haut wird ganz durchstochen, das außen liegende Leder aber sticht man nur halbtief an und näht zurück, ohne außen ein Loch zu hinterlassen. Dadurch beschränkt sich die für den Wassereintritt gefährdete Öffnung auf die stichlose Naht, die mit einer Masse gedichtet wurde, die aus Talg und Kreide bestand (16).

Als letztes und charakteristisches Merkmal aller Boote der Vorzeit bekam auch unser kleines Jagdkanu Tierkopf und -schwanz. Bei den frühesten Schiffsbildern Mesopotamiens und denen des prädynastischen Ägyptens nach 4000 v. Chr. – also 5000 Jahre später als unser Boot – sieht man auch Tierkopfsteven, so wie zuletzt noch bei den Wikingern. Einst war wohl weniger das Ren nachgebildet worden, wie es ein Gewässer durchschwamm, sondern im Sinne des Totemismus der tierköpfige Schutzgeist, die Inkarnation der Stammesväter, die der Fahrt als Schutz vorausgestellt wurde. Ganz eng war das Leben dieser urtümlichen Jäger mit einer allseits belebten Welt verbunden: Bäume lebten, Steine hatten eine Seele, und selbst das Messer, mit dem man schneiden wollte, konnte man ansprechen und darum bitten: »Sei so gut und schneide nicht mich!« So war also auch ein Boot ein beseeltes Wesen, mit dem man sprechen konnte und dem man sich anvertraute.

Meine Frau legte letzte Hand an, indem sie das Kanu, das wir »Husumboot« nannten, mit Fett einrieb, um das Leder abzudichten. Dann stülpte ich mir das Boot über den Kopf und ging damit an das Hafenbecken, wo ein skeptisches Fernsehteam des NDR bereits wartete. Man konnte das kleine Ding an einer Hand, die eiserne Hafentreppe hinabsteigend, ins Hafenwasser setzen. Ein frischer Wind ließ mich frösteln. Es war gut, daß die Häute dicht hielten. Erst gab es einen kleinen Kampf mit der Balance. Doch dann bekam ich als alter Kanute den Antrieb in den Griff: Mit einem Stechpaddel auf einer Seite paddelnd, fuhr ich eine 8, ohne die Antriebseite zu wechseln. Der Kniff ist ganz einfach: Man zieht das Paddel zügig durch, wobei das Boot zur anderen Seite eindreht; um dem entgegenzuwirken, dreht man das Paddelblatt so, daß es ein Steuerruder bildet, und lenkt korrigierend wieder zurück. Hunderttausende von Fernsehzuschauern sahen an diesem Abend, daß das »älteste Boot der Erde« voll gebrauchstüchtig war.

»Die Anwendung von Experimenten in der Archäologie ist nur die logische Folge der wissenschaftlichen Arbeit selbst, nämlich des Interesses der Menschen an sich und ihrer Vergangenheit«, sagt John Coles, Archäologe an der Universität von Cambridge, der sich nie scheute, auch einmal schmutzige Hände zu bekommen. »Sowohl die experimentelle Archäologie als auch die Ethnologie bieten Reihen möglicher Lösungen für spezielle Probleme; keine von beiden liefert den schlüssigen Beweis, doch beide zusammen liefern einen Grad von Wahrscheinlichkeit, den der Archäologe nicht unberücksichtigt lassen sollte.«

MAN REISTE MIT LEICHTEM GEPÄCK
Migration der Jägerkulturen

Die erste, durch Schmelzwasser gebildete Ostsee, die Baltische Eissee, durchbrach 8000 v. Chr. nördlich der schwedischen Festlandprovinz Schonen im Bereich der großen Binnenseen die Eisbarriere, ergoß sich ins Skagerak und wurde durch diese Verbindung vorerst zum Salzmeer. Nach der dort sich ansiedelnden Salzwassermuschel Yoldia arctica nennt man es deshalb Yoldiameer. Weitere ungeheure Eismengen tauten ab, so daß das Land, weiter vom Gewicht entlastet, aufstieg und die Verbindung zum Ozean wieder getrennt wurde. Ab etwa 7000 v. Chr. siedelte sich eine Süßwassernapfschnecke in der Ostsee an, der sie den Namen Ancylussee gab. Die Eisschmelze verstärkte sich. Durch einen weiteren Salzwasserdurchbruch wurde die Ostsee zum Litorinameer. Eine erneute Anhebung des Festlandes ließ das Limneameer als Süßwassersee entstehen. Annähernd ihre jetzige Form bekam die Ostsee erst 1000 v. Chr. mit einer Öffnung zwischen den Dänischen Inseln (17).

Da die westliche Seite von Schleswig-Holstein und Jütland von dem Eisrand der Würmvereisung nicht erreicht wurde, konnten Rentierjäger bis in den nördlichen Teil von Jütland vordringen. Während der verwirrenden Aufeinanderfolge von langsamer Landanhebung und neuer Überschwemmung entdeckten diese Wildbeuter sehr bald, daß man die Gewässer als Nahrungsreserve nutzen konnte. Die Baumtundra wurde unmerklich von Wald abgelöst. Die Rene waren längst nach Skandinavien entwichen. Sie wurden in Unterholz und Wald durch meist einzeln lebende Wildtiere ersetzt. Auerochsen, Rotwild, Rehwild und Schwarzwild rückten nach und erforderten bei der Verfolgung eine bessere Jagdtaktik. Man bediente sich nun des Jagdhundes als treuem Helfer. Er war das erste gezähmte Tier. Der Jagdbogen, der im Magdalénien zumeist noch fehlte, wurde vereinzelt eingesetzt.

Alte, in der Eiszeit bewährte Kulturen mußten sich an die härteren Lebensbedingungen anpassen. Und während die Jäger im Mesolithikum, der Mittleren Steinzeit, damit beschäftigt waren, mit der neuen Situation fertig zu werden, scheinen sie die Zeichnungen auf den Felsen völlig aufgegeben zu haben. Erst nach langen Jahrtausenden finden sich relativ spät erneut jägerische Felsbilder. Trotzdem gibt es eine erstaunliche Stetigkeit im Stil der Bilder, so, als habe es nie eine Lücke im Geschehen gegeben. Das scheint sich daraus zu erklären, daß ununterbrochen Bilder auf anderen Materialien, Holz, Baumrinde, Leder und vielleicht auch im Sand, immer wieder hergestellt worden waren.

Außerdem gibt es tatsächlich eine größere Gruppe mesolithischer Felsbilder an der spanischen Ostküste entlang von Barcelona bis Almeria. Sie liegen nicht etwa versteckt in den Tiefen der Höhlen, sondern meist an offenen Stellen der Landschaft, sollten also gesehen werden. Was bei der eiszeitlichen Kunst unmöglich gewesen wäre: Bei den Bildern Ostspaniens steht der Mensch in leidenschaftlicher Bewegung im Mittelpunkt des Geschehens, meist sogar in Gruppen bei Kampf, Jagd, Tanz und allen möglichen Tätigkeiten. Männer tragen Gamaschen und Kniehosen und die Frauen fußlange Röcke. Man unterschied also Männer- und Frauentracht.

Zur gleichen Zeit entstand im Norden eine weit verbreitete Jäger- und Fischerkultur, die nach der ersten Fundstelle auf der dänischen Insel Seeland Maglemosekultur genannt wurde. Während die Ostsee wieder einmal ein Binnensee war und das Land Kiefernwälder trug, wurden in dieser Zeit der Umwandlungen alle in Nordeuropa nützlichen Nahrungsquellen entdeckt. Auch neue Technologien entwickelten sich. Der Baum als Rohstoff erforderte die erste wirklich brauchbare Axt. Meißel, Spalter und Scheibenbeil sowie Hohlmeißel aus Silexgestein kamen hinzu, auch Keile aus Knochen oder Horn – eine vollständige Zimmermannsausrüstung zum Zeitpunkt ersten intensiven Waldwachstums. Paddel von Booten wurden im Moor konserviert gefunden, außerdem Birkenpech zum Dichten der Boote, Weiden-Fischreusen und Netze. In dieser Zeit muß irgendwo das Angeln erfunden worden sein. Zuerst angelte man mit einem Knochensplitter, beidseits angespitzt und in der Mitte angebunden. Später erfand man den Angelhaken, wie wir ihn kennen. Er wurde kunstvoll aus Knochen oder Geweih geformt.

Auch die Erteböllezeit, benannt nach einem Ort im Norden Jütlands, fällt in die Zeit der Maglemosekultur. Man fand sauber aufgesetzte, langgestreckte Hügel von Küchenabfällen, sogenannte Kökkenmöddinger, mit einer Höhe bis zu 2,50 m, 20 m breit und bis zu 150 m lang. Sie bestanden aus Muschelschalen verspeister Weichtiere. Die Salzwasser am Roskildefjord, am Arres, am Mariager Fjord und am Limfjord boten mit ihren Austernbänken eine zuverlässige Ernährungsgrundlage. Das ließ erste, das ganze Jahr bewohnte Siedlungen zu, in denen die ältesten in Nordeuropa bekannten Tongefäße gefunden wurden.

Wann eigentlich die Rentierjäger und wann die Waldleute nach Skandinavien einsickerten, können wir schwer ermessen, denn es wird über Tausende von Jahren eine fortdauernde Wanderungsbewegung stattgefunden haben. Es waren Menschen und Völker, von denen wir nicht einmal wissen, wie sie sich selbst nannten. Um in diesem unwirtlichen Land Fuß zu fassen, mußten sie zuerst in der Küstenregion leben. Ihre Lager befanden sich zunächst direkt am Meer, als das gesamte Land noch von den Gletschern bedeckt war. Da sich das Land, langsam vom Gewicht der Gletscher entlastet, aus dem Meer hob, finden wir ihre Lagerplätze heute hoch überm Meer, oft weit von der Küste entfernt, obgleich zur gleichen Zeit die Schmelzwasser auch das Meer ansteigen ließen.

Generation auf Generation werden sie weiter gezogen sein, als sie das skandinavische Festland erst einmal erreicht hatten. Wenn sie die Berge des norwegischen Hochlandes, der größten Gebirgsmasse Europas, vor sich hatten, blieb ihnen nur die Wahl, die Höhen dort, wo sie schon von Gletschern befreit waren, zu überqueren, oder aber die kleinen Kanus zu Reisebooten zu machen. Jotumheimen, der höchste Gebirgsstock Skandinaviens, wurde erstmals 1820 überquert. So oder so: Man mußte mit »leichtem Gepäck« reisen, wenn man hinter seinem Hauptnahrungsmittel, dem Ren, herziehen wollte. Die Stangen vom Sommerzelt mußten gleichzeitig als Transportmittel zum Schleifen der Zeltbahnen aus Renfellen dienen. Kräftige Männer zogen sie hinter sich her. Wir sollten in der Urlaubszeit einmal ein paar Stunden lang Straße und Weg verlassen und durch die endlosen Gerölle der Gletschergrundmoränen der Vidda streifen. Dann erst wird einem verständlich, daß bei diesen Jäger- und Sammlergruppen viel Besitz eine unerträgliche Last sein mußte. Nur das Lebensnotwendigste konnte mitgenommen werden. Der beste Besitz war Wissen und Erfahrung.

Geologen entdeckten, daß es merkwürdigerweise an der Küste

Mit kleinen Einmann-Jagdbooten, die mit Harpunenleinen ausgerüstet waren, ging man auf Waljagd.
Trondheimsfjord: Evenhus, Nord-Trøndelag/Norwegen, 3600–2700 v. Chr.

Norwegens wie auch in Sibirien weite Landstriche gegeben hat, die nie von Eis bedeckt waren. Das ist zwar angesichts der riesigen, breitgelagerten Eismassen erstaunlich, geologisch aber durchaus nachweisbar und trifft sogar auf das Gebiet rings um die in der Eiszeit trockenliegende Beringstraße zu. Irgendwann werden die Jäger in die Fjordzone von Trondheim gelangt sein, dorthin, wo rings um den Trondheims- und Beitstadfjord die Eiszeit eine Lücke gelassen hatte. Hier fanden diese alten Rentierjäger ein Paradies vor, in dem große, fette Lachse im Stjørdal lockten und wo auf den seebreiten Fjorden sich Meeressäuger tummelten. Man entdeckte sehr bald, daß Walarten wie Grindwal, Rundkopf-Delphin und die Finnen-Schweinswale, auch Kleine Tümmler genannt, durchaus begehrenswerte Fleischreserven boten. Ihre Zähne fand man in den seltenen Abfallhaufen steinzeitlicher Skandinavier. Außerdem haben diese Jäger auf der Halbinsel Frosta im Trondheimsfjord ihre vierbeinige Jagdbeute in die Felsen graviert, zusammen mit kleinen Jagdkanus und mit der Fischbeute an Bord sowie direkt daneben oder im Palimpsest darüber Wale.

Am nördlichsten fanden wir kleine Hautboote hoch oben in der Finnmark Norwegens, z.B. auf der Insel Rødøy bei Tjøtta. Ein Beweis, welche großen Strecken man in diesen winzigen steinzeitlichen Booten zurücklegen konnte, sind auch die Darstellungen an einem Monolithen kurz vor Hammerfest. Und den südlichsten Delphin, den wir auf Papier abrieben, sahen wir neben einer Orts-

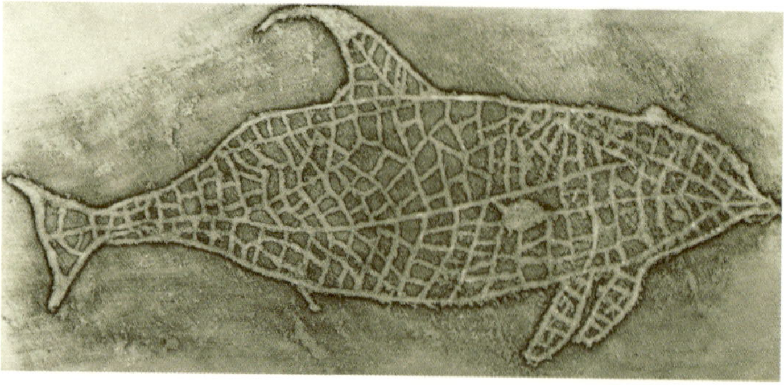

Delphin, auf dem Felsen in natürlicher Größe dargestellt. Die Netzstruktur ist nicht sicher zu deuten.
Drammen: Skogerweien, Buskerud/Norwegen, 4500–3000 v. Chr.

straße von Drammen bei Oslo im Vorgarten eines Siedlungshauses. Er ist in Originalgröße in den Fels geschlagen. Rundkopf, Finne und Schwanzfluke entsprechen genauso der Wirklichkeit wie der Sitz des Auges, der Spautlöcher (Nasenöffnung) und des Herzens. Der Delphin ist ganz mit einer Netzstruktur überzogen. Wilhelm Schäfer vom Senkenberg-Institut vertrat 1956 den Standpunkt, daß es sich dabei um Hautrisse eines gestrandeten und ausgetrockneten toten Wales handeln könnte. Ich meine jedoch: Abgesehen davon, daß die Jäger niemals Aas darstellten – denn die Bilder verfolgten ja einen Zweck –, könnte es sich vielleicht um das sogenannte »Wundernetz« rete mirabile handeln, ein unter dem Blubber gut sichtbares System von Kapillaren, das die dem Gasaustausch zur Verfügung stehende Oberfläche stark vergrößert und nach dem Tauchvorgang sauerstoffarmes Blut sehr rasch wieder mit Sauerstoff belädt. Wale können bis zu einer Stunde tauchen und brauchen diese Sauerstoffreserve zur notwendigen Versorgung des Gehirns (18). Wie schwierig es aber ist, eine einzige, doch so einfache Struktur einer Felszeichnung zu beurteilen, sieht man an der dritten, völlig anderen Auslegung: Der Felsbildexperte Jakob Ozols vermutet (19), daß die netzartige Zerteilung des Delphinkörpers von Drammen mit der »Zerstückelung« im Sinne des Schamanenritus zu tun haben könnte. Zerstückelung ist die absichtliche Vernichtung des Leibes als erste Voraussetzung zur Wiedergeburt. Vielleicht ist dieser Ritus eine Rechtfertigung des Tötens. Die Notwendigkeit, andere Lebewesen töten zu müssen, um deren Körper zu verzehren, nahm die Altmenschheit als große Schuld auf sich. Das Jägertum mußte sich deshalb mit die-

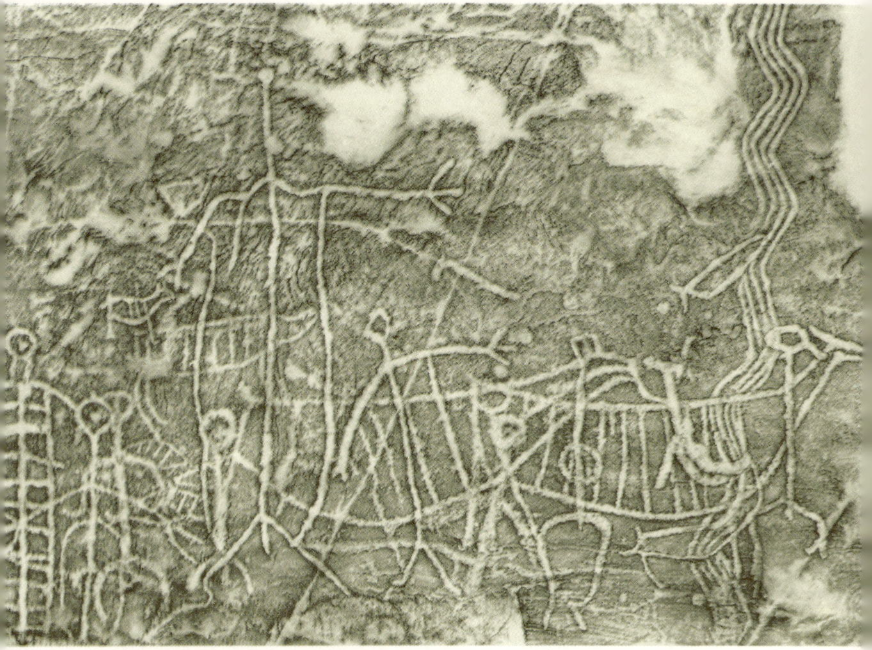

Rechts ist die mythische Grenze, die das Diesseits vom Jenseits trennt: der Wasserhorizont. Dementsprechend befinden sich links davon, im westlichen »Jenseits«, die Toten, die auf ihre Wiedergeburt warten. Alta: Amtmannsnes, Finnmark/Norwegen, 2700–1700 v. Chr.

ser Schuld auseinandersetzen. Die befreiende Idee war die einer Wiedergeburt. So unterlag das vom Fleisch befreite Gerippe bei alten Völkern einer genau präzisierten Zeremonie. Um die Wiedergeburt zu fördern, mußte es restlos beisammen gelassen werden, denn fehlende Knochen schlossen die Wiederherstellung des Körpers aus. Diesem Knochenritus entsprechen viele der Felsbilder dieser Zeit, die im Röntgenstil das vereinfachte Gerippe, dann aber auch innere Organe zeigen. Da sich der Wiederbelebungsgedanke sowohl auf Menschen wie auf Tiere erstreckte, wird das Fehlen alt- und mittelsteinzeitlicher Bestattungen wohl darauf zurückzuführen sein. Tote Menschen wurden bei Naturvölkern des asiatischen Nordens noch im 19. Jahrhundert auf besonderen erhöhten Plattformen beigesetzt, Tierknochen im Wald zeremoniell abgelegt. Tierknochen in Siedlungsabfällen dagegen zeigen, daß sie nicht dem Wiederbelebungs- und Knochenritus unterworfen waren.

SIE KAMEN AUS SIBIRIEN
Rentierjäger im Norden

Vielleicht war es die größte Völkerwanderung aller Zeiten, die die Jäger des Westens veranlaßte, über Jütland hinweg dem Ren bis nach Skandinavien zu folgen. Zur gleichen Zeit brachen die Rentierjäger in Sibirien, zum Beispiel am Altaigebirge und am Baikalsee, auf, dem begehrten Wild zu folgen. Während große Teile der Jägervölker nach Osten, frühzeitig schon über die noch trockenliegende Beringstraße hinweg nach Amerika einwanderten und später zu »Indianern« wurden, zogen andere Jäger die Flüsse hinab in jahrhundertelangen Land- und Bootswanderungen ans Nördliche Eismeer, die Barentssee, und in Küstenfahrten über Karelien bis nach Nordnorwegen zur heutigen Finnmark. Um 8000 v. Chr. müssen sie die Finnmark bei dem heutigen Alta erreicht haben. So wurde die Nordkalotte Kareliens und Skandinaviens noch vor der Ausbreitung einer Pflanzenwelt durch Leute der Eisjagdschicht besiedelt, denen die Küste eine unvorstellbar harte Lebenschance bot. Da war der Fisch, der von den Robben gejagt wurde, und diese wiederum vom Eisbären. Alle drei wurden Beute dieser Jäger.

Im Jahre 1909 fand der Lehrer Anders Nummedal, der in Kristiansund lebte, an der Küste Norwegens erste Feuersteingeräte im Bereich der Trondheim vorgelagerten Halbinsel Fosna. Schaber und Rillenkratzer zeugten von einer primitiven Technologie, die er bis 1922 auf einer Länge von 500 km an der Küste nachweisen konnte. Er nannte dieses unbekannte Volk nach der ersten Fundstelle »Fosnavolk«. Die Fundstellen waren durchweg aus dem Meer 30 m tektonisch angehoben worden, also recht alt. Nachdem die von Alfred Rust bei Hamburg gefundenen Flintwerkzeuge bekannt wurden, konnte Nummedal feststellen, daß seine Funde mit denen der Hamburger Kultur identisch waren. 2000 Jahre hatten die Rentierjäger von Stellmoor gebraucht, sich bis Mittelnorwegen vorzuarbeiten. Sie blieben im wesentlichen südlich des Polarkreises.

Bis zum Beginn des Zweiten Weltkrieges hatte Nummedal auch im höchsten Norden Norwegens am Polarmeer über einhundert Siedlungen gefunden, die jedoch 60 m über dem Meer lagen, also gewiß noch älter als die der Fosnakultur waren. Die hervorragendste Siedlung dieser Art lag am Komsahügel von Alta, südlich des heutigen Hammerfest. So nannte er die neu gefundene Eismeerkultur Komsakultur (20). Sie ließ sich zurück bis 8000 v. Chr. datieren. Irgendwo werden Fosnaleute und Komsaleute einmal erstaunt aufeinander gestoßen sein. Nichts deutet daraufhin, ob sie sich freundlich oder feindlich gegenüber standen.

Aus der Frühzeit der Komsajäger sind Siedlungsreste und Steinartefakte gefunden worden, nicht aber Felsbilder. An den Lagerstätten der Komsaleute fand Nummedal auch Spuren von verbranntem Holz. Sibirische Flüsse lieferten Treibholz für das wärmespendende Lagerfeuer. Doch außer Erdgruben ist nichts von ihren Behausungen auf uns gekommen. Man vermutete, sie könnten bereits Vorfahren der Lappen gewesen sein, die fast bis zur heutigen Zeit Zeltnomaden der Polarzone geblieben sind. Die frühesten Steingravuren, die in der Finnmark und in Nordirland entdeckt wurden, also vielleicht den Komsaleuten zuzurechnen sind, setzten sehr viel mehr die zeichnerische Tradition des westeuropäischen Magdalénien fort, als das die primitiveren Zeichnungen der Fosnaleute taten. Seit jenen Tagen, da Rentierjäger zum Beispiel bei Mal'ta im Baikalseegebiet in ihren paläolithischen Feuerzelten ein reiches Bildgut an Kleinplastiken und Gravuren in Mammutelfenbein hinterließen, sind jene Gestaltungen über viele Generationen hinweg beibehalten worden. Es könnte durchaus sein, daß jene Jäger die Angara hinunter fuhren und dort Felsbilder hinterließen, die denen von Nordnorwegen sehr ähnlich sind. Wenn sie dann in den Jenissej gelangten, lag eine Bootswanderung vor ihnen, die sie bis zum Nördlichen Eismeer gewiß während langer Zeit in vielen Etappen hinter sich brachten. Immer auf der Suche nach geeigneter Beute müssen sie dann zur Finnmark gekommen sein. Das kulturelle Gut, das sie mit sich führten, war keinem Wandel unterworfen. Die ersten Weidmannsbilder des Hohen Nordens waren lebensgroße, durch Reiben mit Geröllsteinen auf ausgealtertem Gneis und Schiefer heller sichtbar gewordene Tierbilder, kaum nennenswert eingetieft. Diese Spätbeute endeiszeitlicher Kunst ist jedoch jünger als die mesolithischen nordafrikanischen und ostspanischen Felsmalereien, aber eng verwandt mit den Felsbildern der sibirischen Flüsse.

Es mag uns nicht verwundern, daß Gänse, wie sie bei den Ausgrabungen von Mal'ta am Baikalsee als Amulett gefunden wurden – denn sie waren als Anhänger durchbohrt – auf einem Felsen bei Bossekop in der Nähe von Alta wieder zu finden sind. Bei diesen Gänse- oder Schwanenbildern erweckte eine sodomietische Szene eines Menschenmannes mit einem der Vögel unsere Aufmerksamkeit. Eine wahrscheinlich uralte Legende, die über

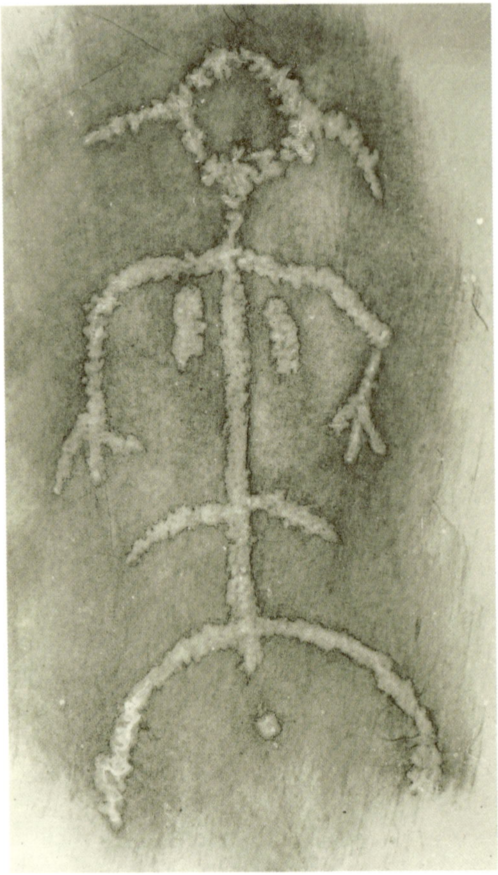

Am Ende der Steinzeit wurden Frauen nur noch selten dargestellt. Diese Frau mit Zöpfen, Brust und Rock ist vermutlich eine Tänzerin. Altafjord: Isnestoften, Finnmark/Norwegen, Monolith, 2700–1700 v. Chr.

ganz Sibirien hinweg bis nach Nordamerika verbreitet ist, könnte das Liebesverhältnis zwischen Mensch und Tier verständlich machen: die berühmte Schwanfrau-Erzählung (21). Sie berichtet von einem Zug Schwänen, die an einem See die Schwanengewänder ablegten, um zu baden. Als hübsche Mädchen tummelten sie sich im Wasser. Ein junger Jäger beobachtete sie dabei und nahm eines der Schwanengewänder weg. Als die Schwäne dann wieder fortflogen, blieb eines der Mädchen zurück. Die Burjäten, die im Baikalseegebiet siedelten, erzählten, daß dieses Mädchen gezwungenermaßen des Jägers Frau wurde und daß sie Kinder mit ihm

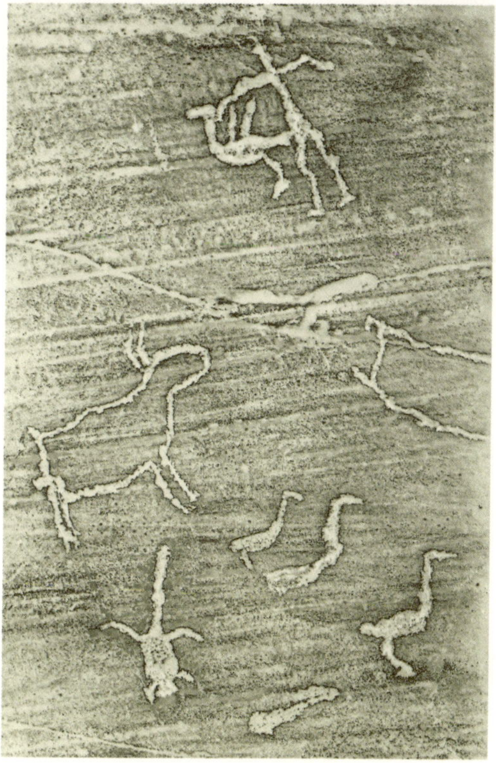

Erzählungen berichten von Gänsen und Schwänen, mit denen sich der Mensch vereinigen und Kinder zeugen konnte.
Bossekop: Bergbukt, Finnmark/Norwegen, 4200–2700 v. Chr.

hatte. Eines Tages aber entdeckte sie das versteckte Schwanengewand und flog davon. Die urtümliche Erzählung schließt dann, daß die Schwanfrau, über dem Haus des Jägers schwebend, zurückgerufen habe, sie würde in den Himmel zurückfliegen. Doch jeden Frühling, wenn die Schwäne nach Norden fliegen, und jeden Herbst, wenn sie zurückkehren, sollten die Jäger ihnen zu Ehren besondere Zeremonien verrichten.

So ist das tiermenschliche Liebesverhältnis der zentrale Gedanke eines Mythenkreises vom sterbenden und wiederauferstehenden Tiere, wie es in der Glaubenswelt archaischer Jäger weltweit wiederzufinden ist. Die Zusammengehörigkeit von Tier und Mensch muß von den Jägern überall gleich stark empfunden worden sein, so daß beide sogar durch einunddieselbe Ahnenreihe verbunden waren. Dessen ist sich der frühe Mensch immer bewußt gewesen: Ursprünglich gab es nur das Tier. Dann wurden die Menschen von Tieren gezeugt. Vor seiner Geburt lebte der Mensch nach den Mythen vieler Völker in tierischer Gestalt, um nach einem zeitweiligen Aufenthalt als Mensch nach seinem leiblichen Tode wieder in tierischer Gestalt weiterzuleben. Die Seelen, die ihn während seines Menschendaseins bewohnten, sind nichts anderes als Tiere, die sie schon im Jenseits waren. Die Welt ist also ihrem Wesen nach zoomorph. Der Ursprung aller Dinge liegt im überlegenen Tier. Tierahnen treten dementsprechend oft in menschlicher Gestalt auf und sind dann nur an gewissen Attributen als Tier zu erkennen. Diese Gedanken sind wohl auch der erste Schritt zu den bekannten Totemkulten mit Tiertotems gewesen.

Wilhelm Radlow schildert 1885 in seinem Werk »Aus Sibirien« den Vorgang eines altaiischen Opferrituals, bei dem der Schamane noch zu Beginn des 19. Jahrhunderts zuerst seine Hilfsgeister um sich versammelt haben soll, dann aber die Jurte verließ, um eine »Vogelscheuche« in Gänsegestalt zu ergreifen und sich singend rittlings darauf zu setzen. Er ruderte dabei heftig mit den Händen, als würde er auf der Gans fortfliegen, und ahmte selbst den Schrei der Gans nach. Von einer Schamanin wurde berichtet, daß sie auf einem Steckentier davonflog. Ist das angebliche »Fliegen« der Hexen auf einem Besen vielleicht eine Erinnerung an solche archaischen Flüge?

Bei den Jakuten, die am Unterlauf der Lena siedelten, trug der Schamane zu den Zeremonien eine Tracht, die ein vollständiges, aus Eisen nachgebildetes Vogelskelett aufgenäht bekam (36). Selbst die Stiefel waren Nachbildungen von Vogelfüßen. Diese Vogeltracht sowie die Symbolik des magischen Fluges sind ein notwendiger Bestandteil des sibirischen wie auch des nordamerikanischen Schamanentums. Indem der Schamane diese Tracht anlegte, gewann er den mystischen Zustand wieder zurück, den er in langen Initiationserlebnissen und in vielen Zeremonien offenbart bekam. Wenn der Schamane sich in seiner Tracht erhob, bedeutete das, daß er seine magische Reise fliegend aufnahm. Tanzschritte und Gesten ahmten den Vogelflug nach. Waclaw Sieroszewski, der als Pole im Zarenreich eine langjährige Verbannung in Sibirien zu überstehen hatte, schrieb über die jakutischen Schamanen: »Der Tanz ist immer eine Reise durch die Luft, die in Geisterbegleitung durchgeführt wird. Der Legende nach gab es vor gar nicht langer Zeit Schamanen, die wirklich zum Himmel aufflogen ...«

So sahen wir nicht weit von den Felsgravuren der Gänse ent-

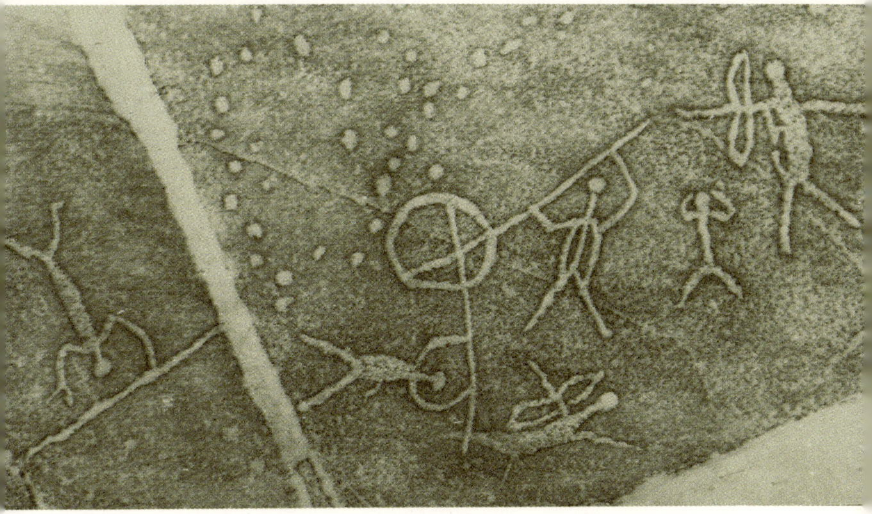

Weithin über den Felsen laufen die als Pünktchen gravierten Fährten des Bären bis zum kreisförmig gezeichneten Höhleneingang. Zwei Jäger versuchen mit Speeren den Bären herauszulocken. Etwas abseits stehen Bogenschützen bereit, den Fangschuß abzugeben.
Bossekop: Ole Pedersen, Finnmark/Norwegen, 4200–2700 v. Chr.

fernt, bei Bossekop, das Bild tanzender Schamanen, die ganz dieser Vorstellung entsprachen – sie schienen selbst auf dem Fels zu »fliegen«. Alles paßte genau zusammen, wenn man imstande war, die mystische Lebenswelt archaischer Schamanen des eurasiatischen Nordens nachzuvollziehen.

Die meisten Tänze beansprucht der Bär bei den zu seinen Ehren gefeierten Festen. Der Bär ist auf den Felsen von Bossekop besonders häufig zu sehen. Wenn man den Änderungen im Gravurstil folgt, kann man klar erkennen, daß er in der Finnmark sehr lange Zeit verehrt worden ist. Der »Bärenkult« ist als Brauchtumskomplex bei den gesamten nordeurasiatischen und nordamerikanischen Völkern zu finden, bei den Lappen ebenso wie bei den Ostjaken, Samojeden, jenisseischen Ketô, transbaikalischen Tungusen und vielen anderen südsibirischen Stämmen, bei den Jakuten und Tschuktschen und selbst bei den Alaska- und Zentraleskimo wie bei den indianischen Kwakiutl. Fast alle sind seit der Zeit der festgestellten eiszeitlichen Bärenriten überzeugt, daß sich im Bär ein besonderer Geist aufhält. Die Urjanchaj der Sojoten, die Karagassen und die Minussinsker Tataren behaupten sogar, daß der Bär früher ein Mensch war und in einen Bären verwandelt wurde (22). Der Pelz stellte bei ihm eine Art Verkleidung dar. So haben sich bei den einzelnen Völkern zwar Sonderheiten des Bärenzermoniells gebildet, doch ist es in seiner Grundkonzeption erstaunlich einheitlich, so daß man annehmen muß, es rühre von einem einzigen Ursprung her. Anhand prähistorischer Funde muß man den Ausgangspunkt ins europäische Paläolithikum, in die Altsteinzeit also, verlegen.

Anučin berichtet: »Die Ketô glauben, daß von den Tieren nur der Bär dem Menschen ähnlich sei und eine ›ulvej‹, menschliche Seele, besitze. Wenn die Todesstunde des Bären kommt, geht er zu seinen menschlichen Verwandten, damit diese ihn töten und seine ›ulvej‹ befreien. Deshalb versucht der Jäger an irgendwelchen Merkmalen zu erfahren, wer da gekommen sei: der Großvater oder die Großmutter. Die Verwandlung geschieht sieben Jahre nach dem Tode eines Menschen. So wird der Bär auch ›Großvater‹ oder ›Großmutter‹ genannt. War der Verwandte böse, so wird auch dieser Bär besonders boshaft.«

Während die Ketô die Vorstellung haben, aus einem Menschen wäre ein Bär geworden, neigen die meisten anderen Völker dazu, die Abstammung des Menschen von einem Bärenvorfahren im Totemsinne zu glauben. Der Bär ist schlau, er hört und weiß alles, was die Menschen von ihm sprechen, sagt Anučin, auch wenn sie weit von ihm entfernt sind. So ist es überall verboten, den Bären zu schmähen. Der Bär wird nur mit umschreibenden Worten benannt; auf russisch heißt er »medved«, Honigschlecker. »Wenn du ihn ›Bär‹ nennst«, sagt Munkácsi über den Brauch der Wotjaken, »fügt er dir irgendeinen Schaden zu.«

Wahrscheinlich hängt der Brauch, den Namen des Bären nicht zu nennen, damit zusammen, ihn nicht wissen zu lassen, daß man von ihm spreche und eine Jagd auf ihn vorbereite. So geht alles, was mit der Bärenjagd zusammenhängt, mit äußerster Höflichkeit dem Bären gegenüber vonstatten. Dem Körper des getöteten Bären wird höchste Ehrerbietung zuteil. Das Abziehen des Fells, an dem der Kopf belassen wird, gilt als Abnahme eines Pelzrockes. Der Mann, der diese Arbeit verrichtet, unterbricht sie siebenmal, indem er bei jedem Schnitt davon spricht, den nächsten Knopf des Rockes zu öffnen. Dann gibt man an der Festtafel dem Bären den Ehrenplatz und stützt das ausgestopfte Bärenfell dort mit einem Holzgestell ab. Das Fest dauert einige Tage. Der Hausherr muß alle Gäste von nah und fern bewirten. Doch der Bär bekommt die besten Leckerbissen vorgelegt. Jeder Gast, der den Raum betritt, küßt – wenn er ein Mann ist – die Schnauze des Bären, der selbst auch als »Gast« behandelt wird. Man steckt ihm

Neben einem mächtigen Felsriß häufen sich die Motive: Rene, Bären, die Spuren hinterlassen, ein Bär mit Fötus im Leib, aber auch Jäger mit Speer und Jagdbogen, ein Schamane, den magischen Tierkopfstab beschwörend erhoben.
Bossekop: Bergbukt, Finnmark/Norwegen, 4200–2700 v. Chr.

gute Speisen zwischen die Zähne und ruft: »Sage deinen Brüdern, wie gut man in diesem Hause Gäste aufnimmt. Wir werden deine Brüder nicht schlechter bewirten, wenn sie kommen würden.«

Die »Tierschicht« hatte in der Geisteshaltung der Altmenschheit ihre Grundlage. So mußte für den archaischen Jäger, der sich mit dem Tier auf der gleichen Stufe wähnte, das Töten und Verspeisen eines Tieres eine ganz andere Bedeutung haben als für uns, die wir uns dem Tier überlegen fühlen und dem Tier keine Seele zugestehen. Deshalb glaubte sich der Jäger der Rache des entkörperten Geistes oder aber aller anderen Tiere jener Gattung ausgeliefert. Bei den Leuten von Kamtschatka, berichtet James George Frazer, »schob man beim Bärenfest nach dem großen Tanz die Schuld am Tode des Bären den Russen zur Last – weil denen

Koitus als magische Zeremonie zur Wiedergeburt der bereits gefangenen Fische. Ähnliche Szenen fanden wir am Nämforsen in Schweden und unter den Indianer-Petroglyphen der Nordwestküste Nordamerikas. Bossekop: Bergheim, Finnmark/Norwegen, 4200–2700 v. Chr.

sowieso jedermann Schlechtes zutraute – und bat den Bären, seine Artgenossen zu veranlassen, ihre Wut an denen auszulassen« (23).

Einer der Bären auf den Felsen von Bossekop hat die »Lebenslinie« in den Körper gezeichnet bekommen, wohl als eine Zeremonie der erwünschten Wiedergeburt nach einem Bärenfest. Die »Lebenslinie« geht vom Maul augenscheinlich durch die Luftröhre bis zum Herzen. Sie verbindet also »Luftseele« und »Blutseele«, die das Leben ausmachen. Noch heute sagt man: »Er hauchte das Leben aus«, wenn jemand gestorben ist. Dem Jäger mußte das Herz als Medium des Blutes bekannt sein und die Tatsache, daß das Wild starb, wenn es »verblutete«. Ein anderes großes Bild zeigt eine Bärenmutter mit einem Jungbären sowie dicht dabei die phallische Gestalt eines kräftigen Mannes, der offenbar eine weibliche Puppe vor sich hochhält: Möglicherweise simuliert er damit Geschlechtsverkehr als magische Zeremonie zur Förderung der Wiedergeburt jener Bären.

In der gleichen Küstenzone sind recht umfangreiche Jagdszenen mit kleiner dargestellten Renen und Bären zu finden, die sämtlich landeinwärts zu streben scheinen. Jäger mit Spießen und Jagdbogen sind dabei. Mit verschiedener zeichnerischer Handschrift sind Bären dargestellt, die man sogar minutiös mit einer Fährte versah, die irgendwo, weit über den Felsen hinweg, an einem gravierten »Höhlenloch« mündete. Irgend jemand hatte jedoch wenig Geduld, Bären in den recht harten Gneis zu meißeln, und so funktionierte er einfach eine alte Rentierzeichnung zur Bärengestalt um. Nicht nur das: Er setzte in den alten Renkörper einen Bärenfötus ein, um hier magisch gleich die Nachkommenschaft zu sichern.

EISJAGDSCHICHT UND SCHNEESCHUHKULTUR

Sie kamen in kleinen und kleinsten Gruppen von weither – oft vielleicht nur als Überlebende eines vom Hunger in den arktischen Wintern aufgeriebenen Stammes. Alle kamen sie in Booten – jahrtausendelang. Die Boote machten auffallende Wandlungen durch, doch noch immer scheint man die Tierhaut in Skelettbauweise verarbeitet zu haben. Man kann deutlich die schnellen kleinen Jagdboote von den behäbigen großen Reisebooten unterscheiden, die dazu bestimmt waren, auch das wenige Gepäck zu transportieren. Das Boot, das erste Verkehrsmittel der Erde, war gleichzeitig das größte Gerät dieser Jägergruppen geworden. Und es wuchs immer mehr. Es nahm die Gedanken dieser Menschen so gefangen wie uns unser liebstes Spielzeug, das Auto. So sieht man bei Bossekop und am Ångermanelv Geisterboote auf den Felsen.

Noch heute kennen wir durch das Eskimovolk die primitive Art, sich bei vereister Küste, wenn die Boote nicht eingesetzt werden können, zu verproviantieren: Man macht ein Loch in die Eisdecke und wartet geduldig in schneidender Kälte, bis ein Seehund die Nase da herausstreckt, so daß man ihn mit der Harpune überraschen kann. Oder aber man hält die Angel in das Eisloch und hofft auf Beute. Man nennt diese Art, das Leben zu fristen, die Verhaltensweisen von Menschen der »Eisjagdschicht«. Wir können annehmen, daß die Sibirier durchaus solche primitiven Überlebenstechniken beherrschten.

Die Küstensiedlungen müssen zumindest kurzzeitig immer wieder aufgesucht worden sein, wofür auch die immer wieder

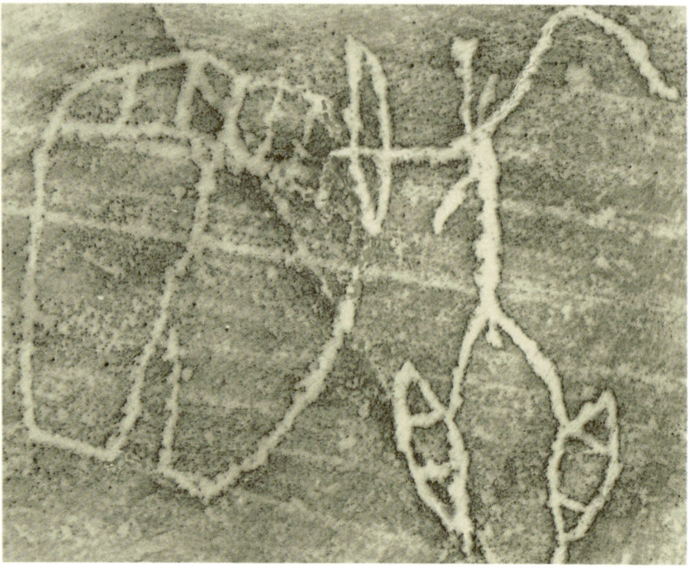

Im tiefen Schnee konnte der Jäger auf Schneeschuhen das Wild leichter verfolgen. Er hat den Jagdbogen in der Hand. Neben ihm sind – vielleicht lange vor seiner Gravur – ein Paar Füße abgebildet.
Alta: Bergheim, Finnmark/Norwegen, um 1100 v. Chr.

feststellbare Felsbildtätigkeit spricht. Man findet Spuren einer Steinzeitkultur, die auf Jagd und Fischfang basierte: Keulenköpfe, Schuhleisten-Beilform, schließlich sogar kammkeramische Tongefäße, Schiefermesser und gegen Ende der Periode Schlitten und Ski. Jeder Beweis von Rentierzucht hingegen fehlt völlig. Schneeschuhe – Rahmen aus Weidenrutengeflecht, die man sich unter die Füße band –, haben sich von ihrer wahrscheinlichen Heimat im südlichen und südöstlichen Sibirien entlang von Flüssen und Meeresküsten westlich und ostwärts bis nach Amerika über den ganzen nördlichen Waldgürtel verbreitet.

Es ist festgestellt worden, daß im 4. vorchristlichen Jahrtausend eine weitere Klimaverbesserung stattfand, so daß teilweise eine üppigere Vegetation zu finden war als heute. Das erklärt zusammen mit dem Vorrücken von Buschwerk und Baumbewuchs die überaus rasche Verbreitung des Elchs und etlicher anderer Waldtiere wie Auerochsen und weiter südlich von Hirschen in ehemalige Rentierreviere. Nur der Winter mit seinem tiefen Schnee hatte landeinwärts für die Jäger seine Tücken. Das aber veränderte sich durch die Erfindung der Schneerahmen. Endlich konnte man

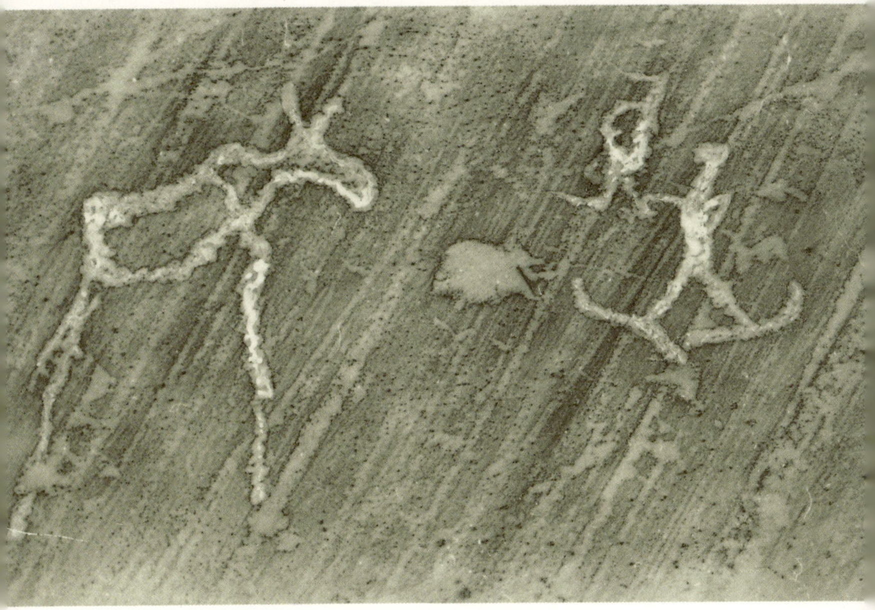

Der Elch mit den bemerkenswert verlängerten Beinen und der ungewöhnlich im Grätschschritt bergan schreitenden Skiläufer sind in gleicher Weise im Baikalseegebiet zu finden.
Apana Gård, Bossekop, Finnmark/Norwegen, um 1100 v. Chr.

das Wild bis in die Tiefe des Landes verfolgen. Doch die »Schneeschuhkultur« sollte noch vieles anderes ändern.

Noch vor dem Ende der Steinzeit des Nordens datieren Ski-Funde in Skandinavien wie auch in Sibirien (24a). Felsbilder der Skijagd sind in Karelien in großem Umfang bekannt, und sie zeigen sogar gewissenhaft die Jagdmethoden. Der Elch hatte im tiefen Schnee keine Chance, dem schnelleren Jäger zu entkommen, der sein Wild an Ablaufstrecken drängte, um ihm auf Skiern an Geschwindigkeit überlegen zu sein. In Norwegen dagegen war nur eine einzige Ski-Darstellung bekannt, die schwer zugänglich auf der Insel Rødøy bei Tjøtta direkt neben dem schon genannten kleinen Jagdkanu liegt. Als Knut Helskog mit seiner Mannschaft weitere Felsbildpartien bei Bossekop aufdeckte, gelang es mir, den zweiten norwegischen Skiläufer als Parallelstück zu einem ebensolchen besonderen Bild auf den »Rybnajafelsen« am südsibirischen Angarafluß zu identifizieren: ein Skiläufer, der im Grätschschritt einen Hang hinauf zu laufen scheint. Überraschenderweise befindet sich neben diesem Skiläufer ein Elch mit nachträglich verlängerten Beinen, wodurch er genauso zum Stelzenläufer wird wie Elche auf den »Steinernen Inseln« in der Angara. Gibt es eigentlich so gehäufte Zufälle?

Doch auch von den Schneeschuhen haben wir schöne Darstellungen. Wieder gibt es ein deutliches Beispiel, daß man zum Jagen gern auf die vorgelagerten Inseln übersetzte. In einem Jagdboot steht ein Mann mit Jagdbogen, den Pfeil aufgelegt, und hinter ihm möglicherweise eine größere Frau, die zwei Schneeschuhe über den Kopf hält. Diese Szene ist über eine ältere Bootsgestaltung hinweg als Ergänzung graviert worden, denn ursprünglich hatte das Boot eine Mannschaft, die als Strichmännchen dargestellt war.

Zwanzig Kilometer südlich von Narvik entdeckten wir in der ehemaligen Küstenzone, jetzt tektonisch fast 30 m angehoben, am Hang den einstigen Hafen der Nordleute, heute eine Wiese. Am flankierenden Felsgrat machten wir einen unerwarteten Fund: Im Felsbild wurde deutlich gezeigt, wie man einst mit dem Knebel geangelt hatte, noch bevor man den Angelhaken erfand: Der Knebel wurde einem Köderfisch eingegeben. Wenn dieser von einem Raubfisch verschlungen wurde, stellte sich der Knebel beim Anziehen der Leine quer, und die Beute konnte aus dem Wasser gezogen werden. Bislang ist es nur eine Hypothese gewesen, daß die aufgefundenen Knebel dem Fischfang gedient hätten. Endlich war uns ein schöner Beweis in die Hand gegeben worden, dargestellt von jenen Jägern, die gewiß auch im Fischfang erfolgreich waren. Doch auch der Angelhaken mit Widerhaken war im Norden vorhanden, mühsam aus Rentiergeweih geschnitzt. Schöne Beispiele davon hat das Museum Tromsø.

Nördlicher an dieser Küste befinden sich mystische Bilder: Die Tiermutter ist als großer Elch dargestellt, vor dem mehrere Schamanen mit völlig überdimensionierten Tierkopfstäben ihre Zeremonie vollführen, während dicht daneben eine Reihe von Männern einen Gruppentanz tanzen. Tierkopfstäbe sind uns von Ausgrabungen des steinzeitlichen Gräberfeldes Oleni ostrow, einer Insel im Onegasee in Karelien, bekannt (25), wo einer, aus einer Elchschaufel geschnitzt, sozusagen ein Steckenpferd mit Elchkopf darstellt. Solche Kultstäbe und zugleich Hilfsgeister wurden dem Schamanen mit ins Grab gegeben. Vom heutigen Schamanen kennen wir die gleichen Stäbe, jedoch mit Pferdeköpfen versehen. Man kann davon ausgehen, daß diese dargestellte Zeremonie mit Hilfe der archetypischen Steckenpferde seit altersher die gleiche geblieben ist. Der hervorragende Schamanenforscher Hans Findeisen sagt: »Die jagdmagische Komponente ist

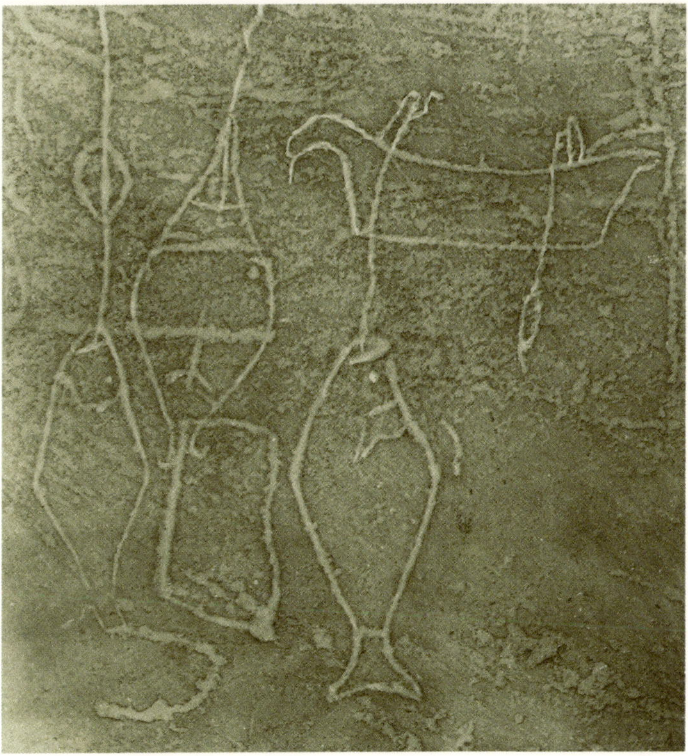

Ein schöner Beweis: Der Knebel, von dem man nicht genau wußte, ob wirklich damit Fische geangelt wurden, hatte, wie das Felsbild zeigt, wirklich diesen Gebrauchswert.
Skjomen: Forselv, Nordland/Norwegen, 4200–3600 v. Chr.

eine zäh beibehaltene, traditionsreiche älteste Aktionsschicht« (26). Der Tierkopfstab ist der Hilfsgeist, der den Schamanen befähigt, seine Flüge zu den Geistern oder Gottheiten des Himmels – ähnlich dem Flug auf dem Gänsestab – oder auch in die Unterwelt durchzuführen. Die am Onegasee aufgefundenen Tierkopfstäbe der Gräber waren zwischen 30 und 40 cm lang. Auf dem Felsen übertrafen sie jedoch die Menschengestalten beträchtlich an Höhe.

Damit stoßen wir auf ein volkskundliches Phänomen, das am deutlichsten in der Südsee mit »mana« bezeichnet wird, was mit »Kraft« oder auch »Macht« übersetzt werden könnte und doch in unserem heutigen Sinne beides nicht meint. Wenn diese »Macht« durch zauberische Manipulation gestohlen wurde, nannte der schwedische Bauer das »maktstulen«. Die alten Nordländer sprachen von »hamstoli«, wenn »es« entwendet wurde (27). »Es« ist die geheimnisvolle Kraft, die ebenso wertvoll wie auch gefährlich sowohl Menschen, Tieren und Gegenständen als auch Seelen innewohnt. Dieser urtümliche Begriff der Altmenschheit scheint sogar noch älter als der der Seele zu sein. Wenn man also einen kleinen Gegenstand, wie den Tierkopfstab auf dem Felsen, riesengroß, größer als einen Menschen, darstellte, sollte er dieses unaussprechliche Etwas – mana, makt oder ham – gewinnen, um seiner lebenserhaltenden Aufgabe gerecht zu werden. Dieser Begriff wird uns bis in die Bronzezeit oftmals begegnen.

Der Jäger der Vorzeit legte größten Wert auf das Wissen um das Verhalten des Jagdwildes in jeder Situation. Alles in seinem Leben drehte sich um diesen gleichberechtigten Partner Tier. Aus archäologischen Funden läßt sich trotz des intellektuellen Zugs in der Entwicklung des Jagens nur auf eine unglaublich langsame Verbesserung der Jagdwaffen schließen. Der Forscher Laughlin benennt eine große Reihe nordamerikanischer Indianerstämme sowie die Eskimo, Adamanesen, Buschmänner und Pygmäen, die, gemessen an einem modernen Sportbogenschützen, eine geradezu lächerlich geringe Treffsicherheit aufwiesen. Dennoch würden wir heute in der polaren Wildnis viel wahrscheinlicher verhungern als der an dem tierischen Verhalten geschulte steinzeitliche Jäger.

Waffen und Werkzeuge dürften nur ein Anzeichen für menschliche Intelligenz sein, nicht aber ihre Ursache. Deshalb muß man in Hinblick auf die vorzeitliche Jagd in Skandinavien sagen, daß das Jagen um so höhere geistige Anforderungen stellt, je mangelhafter die Waffen und Fanggeräte sind. Man könnte diese erstaunliche Regel unter die einfache Formel bringen: Raffinesse statt Waffentechnik.

Eines wird heute bei der Beurteilung der Jagd im Hohen Norden viel zu wenig beachtet: Nach drei Monaten zauberhafter Mitternachtssonne folgen die Dämmerung und schließlich Monate der Dämmerung und der Nacht. Die Jagd in der Dunkelheit hatte zwei Aspekte: Der Jäger konnte zwar das Wild nicht rechtzeitig sehen, er konnte aber, wenn er »außer Wind« – also außer Witterung – war, vom Wild selbst auch nicht wahrgenommen werden. So wird man, beschleunigt durch Schneeschuh und Ski, die Witterungsflucht ganz geschickt in den gut durchdachten Treibplan einbezogen haben. Die Dunkelheit verlangte nach kluger Kooperation der Jäger. In Bergbukt sieht man ein 14 Quadratmeter großes Felsbild eines sogenannten Fangzeugs. Deutlich erkennt man

Teil eines Fangzeugs. Die im Gatter eingeschlossenen Rene werden mit dem Spieß getötet.
Bossekop: Bergbukt, Finnmark/Norwegen, 4200–2700 v. Chr.

einen Gatterzaun aus Stäben mit einem reusenartig aufgestellten Einlaß. Waren die Rene und Elche erst dort hinein getrieben, fanden sie nicht wieder hinaus. Die Rene waren in der Zeichnung durchweg ohne Gestänge und die Elche ohne Schaufeln dargestellt, das heißt, daß sie in der Winterzeit, wo sie ihre Kopfzier verloren hatten, eingetrieben worden sind.

An der Küste bei Bossekop hat man etliche Fallgruben entdeckt, die mit großer Wahrscheinlichkeit von den steinzeitlichen Jägern angelegt wurden (28). Nicht weit davon entfernt haben sie dann das begehrte Ren und die Fallgrube mehrmals in den Felsen graviert. Eine Zeichnung zeigt ganz klar, wie soeben eines der Rene in die Grube einbricht.

Diese uralten vorzeitlichen Jagdmethoden wurden durch ein norwegisches Gesetz erst im Jahre 1899 verboten. Man untersagte, Fangzeug für Ren, Elch und Hirsch aufzustellen, Fallgruben anzulegen und Schwerkraftfallen zum Fang des Bären zu errichten.

Ein großes Boot, vermutlich bei der Zeremonie des Anfischens im Frühjahr. Die Männer tanzen im Takt der Schamanentrommel, die in ihrer Mitte geschlagen wird.
Bossekop: Apana Gård, Finnmark/Norwegen, 1100–400 v. Chr.

Außerdem wurde es verboten, das Wild über die Steilhänge zum Meere hin zu treiben, so daß es dort abstürzte. Alle diese Jagdarten waren steinzeitliche Jagdmethoden, die sich in entlegenen Gegenden lange erhalten hatten.

War die lange Nacht des Winters dann vorüber, wurde das erste Auslaufen der Boote zusammen mit dem Schamanen gefeiert. Er mußte die Geister der Tiefe um stets gute Fahrt bitten. Ein Bild eines langgestreckten Bootes zeigt die Männer tanzend an Bord, wobei sie jedoch nicht auf dem Boden des offenen Bootes, sondern oben auf der Kante des Dollbords gezeichnet sind. Man verstand noch nicht Überschneidungen wiederzugeben. In der Mitte der Tanzenden sieht man den Schamanen, der seine tamburinartige Trommel schlägt.

Wie so manches andere war auch die Schamanentrommel ein »beseelter« Gegenstand. Bei den oft zitierten Jakuten stellte die Trommel ein Tier dar, manchmal ein Pferd. Nach einer burjatischen Legende ist die Trommel eine Art Fluggerät, die wie der Tierkopfstab benutzt werden konnte (11b). In der Trommel – soweit sie nicht wie ein Tamburin offen war – sammelte der Schamane auch seine Hilfsgeister, damit sie bei der Zeremonie zur Verfügung standen. Dabei wurde das Innere der Trommel als ein Mikrokosmos angesehen. Jedenfalls ist die Trommel das wichtigste Instrument des Schamanen. Ebenso wird dem sehr verbreite-

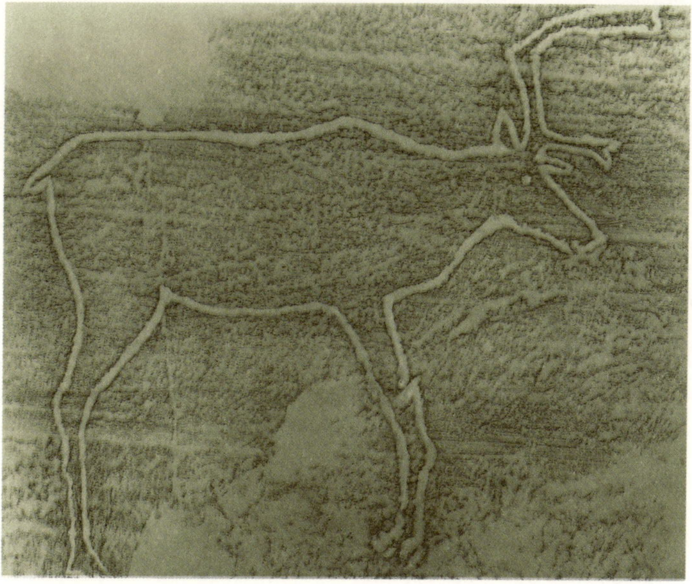

Das Bøla-Ren ist oft als berühmtestes und schönstes Renbild Skandinaviens gewertet worden.
Snåsavatnet: Bøla, Nord-Trøndelag/Norwegen (bisher nicht sicher datiert).

ten T-förmigen Trommelschlägel Hilfscharakter bei schamanistischen Aktionen eingeräumt, so daß er sogar ohne Trommel von Bedeutung sein kann, wie wir auf einigen Schiffsbildern sehen. Ein solcher Trommelschlägel in T-Form ist auch im schon erwähnten Gräberfeld Oleni ostrow im Onegasee gefunden worden, so daß wir über seine Form gut unterrichtet sind.

Ging die Jagd auf Gewässern vonstatten, hatte man es wieder leichter. Vom Boot aus wurde das schwimmende Ren erlegt. Ein Bild zeigt eine schöne Renzeichnung, die nachträglich in anderem Stil mit einem Boot zur Jagdszene ergänzt wurde. Auf dem Landwege nach Hammerfest am Repparfjord ist auf einem Monolithen zu sehen, wie zwei Jäger mit einem kleinen Hautboot ein Ren in Schwimmhaltung verfolgen. Dieses Bild gehört zu den nördlichsten in Europa.

Wie weit diese Männer in ihren leichten Booten von der Finnmark nach Süden vordrangen, sieht man an der Zeichnung eines der schönsten Felsbild-Rene Skandinaviens, dem Bøla-Ren. Die Bøla ist ein wilder Bach, der steil zum Snåsavatnet hinab fließt, einem langgestreckten See in der Gegend von Steinkjer nördlich von Trondheim. Das Ren ist an der äußeren Steilfassung des Baches eingraviert und zeigt noch ganz den klassischen alten Jägerstil, den man bedenkenlos als »Kunst« bezeichnen kann. Waren diese Leute aus dem Hohen Norden also ins Gebiet der Halbinsel Fosna vorgedrungen – anscheinend ohne sogleich in Kämpfe verwickelt zu werden –, so waren umgekehrt auch Menschen des Südens, die inzwischen bereits in der Bronzezeit lebten, in die Gegend des berühmten Komsahügels bei Alta in die Finnmark gekommen. Denn plötzlich erscheinen unter den althergebrachten Schiffstypen der Jäger völlig anachronistische und konstruktiv sinnlose Voluten-Verzierungen an der Stelle des Bugs, wo die Kufenboote der südskandinavischen Bauern ihren Stevenschmuck hatten. Man war im Hohen Norden entzückt von den neuen, bisher unbekannten Spiralformen und nahm sie begeistert auf.

Noch nicht geklärt ist die Herkunft vieler küstennaher Felsbilder von Vingen und Aussevik im Gebiet Sogn und Fjordane westlich des letzten Restes von Inlandeis, des Jostedalsbree. Allein in Vingen am Felshang der Steilküste, nur mit dem Boot zugänglich, sind über 800 Tiere und Menschenskelette in stark stilisierendem Stil tief in den Stein graviert worden. Es ist damit eine der größten und bedeutendsten Fundstellen Norwegens. Hier sowie im flacher liegenden Bezirk von Aussevik finden wir außer der vom Süden neu übernommenen Spirale auch den vom Norden kommenden sibirischen Tierkopfstab und im Röntgenstil meist Hirsche und Menschen, denen oft das Gerippe in den Körper gezeichnet wurde, deren Darstellung also dem Knochenritus diente (29a). Andere Figuren wiederum zeigen in stark vereinfachter Form innere Organe, die bis zum reinen Ornament reduziert wurden. Dieser Stil ist über den ganzen sibirischen Raum sowie Fernost verbreitet und setzt sich, wie wir uns selbst überzeugen konnten, über Alaska und die ganze Nordwestküste Amerikas fort. Ganz besonders können die Felsbilder am Amurfluß bei Sakatschi Aljan und die von der oberen Lena bei Schischkino im Baikalseegebiet zum Vergleich herangezogen werden. Ebenso fand diese Art, die inneren Organe zu Ornamenten umzufunktionieren, im fernöstlichen »Tierstil« seinen Niederschlag. Das betrifft sowohl die chinesischen Bronzen und großartige indianische Arbeiten, wie auch die Kunst der Reitervölker, denen der »skythische Tierstil« besonderen Ruhm einbrachte, aber auch die keltisch-germanische Tradition in der nordischen Holzbauweise. So möchte ich vorerst einmal empfehlen, die Felsbilder am Balsfjord im Gebiet von Tromsø mit jenen von Aussevik und Vingen zu vergleichen, um mir zuzustimmen, daß sie wohl doch aus

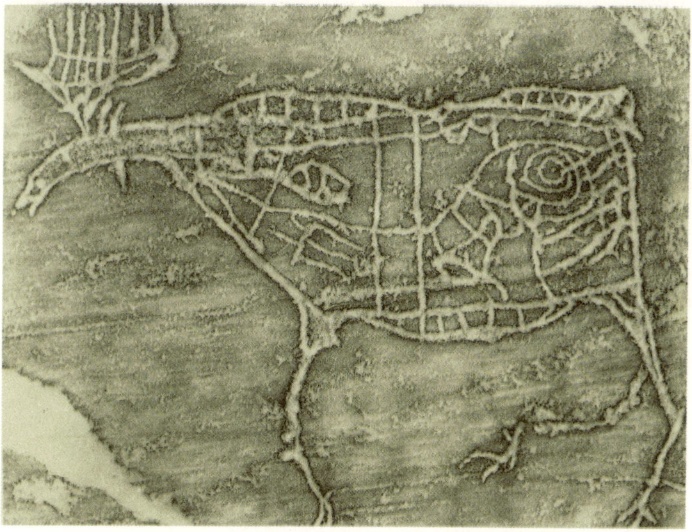

Bis in die Gegend von Oslo kamen nördliche Jägervölker. Der im Röntgenstil gravierte Elch ist Ausdruck ihres Knochen- und Wiedergeburtsritus.
Drammen: Åskollen, Buskerud/Norwegen, 4500–3000 v. Chr.

dem Hohen Norden und von ferner her nach Sogn und Fjordane gekommen sind.

Als auf das schönste Felsbild im Röntgenstil muß nun noch auf die große Elchdarstellung von Åskollen bei Drammen im Gebiet von Oslo aufmerksam gemacht werden. Sie liegt nicht weit von dem schon beschriebenen großen Delphin entfernt und hat auch ganz dessen Stil, nämlich alles linear zu zeichnen, außer dem Kopf, den man flächig ausspitzt, um den Schädel zu betonen. Ganz in der gleichen Manier kommen Bilder in Aussevik und Vingen und in der Finnmark vor, und ebenso sind sie in Sibirien verbreitet. So wäre es angebracht, auch hier von einem Werk zu sprechen, das zumindest von der Gestaltungsart des Hohen Nordens beeinflußt wurde. In Åskollen läßt sich der einmalige Elch wie ein Lehrstück für die inneren Organe aufgliedern. Und dennoch ist hier wiederum rituell ein Akt der gewünschten Wiedererweckung vollzogen worden, an dessen Wirksamkeit man keinen Zweifel hegte. Wir dürfen die Bereitschaft des Menschen, zu glauben, nicht unterschätzen.

DAS KULTHOLZ DER WIEDERGEBURT AN DEN TOSENDEN WASSERN

Jägerkulte am Nämforsen in Nordschweden

Als wir das erstemal das tief eingeschnittene Tal des Ångermanälvs bei Näsåker aufsuchten, wurden wir angesichts der Wasserfälle an Caspar David Friedrichs Begriff der »heroischen Landschaft« erinnert. Diese Wasserfälle, Nämforsen genannt, und ihre prähistorische Hinterlassenschaft an Felsgravuren haben uns seither in ihren Bann gezogen. Und gerade hier kann man sich so wie kaum anderswo vorstellen, daß Menschen der Vorzeit mit den Felsen, den mächtigen, polternden, gischtenden Wassermassen, mit den unerreichbar scheinenden Inseln zwischen den Katarakten und mit dem alles umgebenden dichten Nadelwald Übernatürliches verbanden und an die Anwesenheit unsichtbarer Wald- und Wassergeister glaubten.

Damals, als sich erste Jäger an den Wasserfällen niederließen, verlief die Meeresküste nur wenige Kilometer vor den Katarakten. Seehunde gingen in dem sich ausweitenden Strom unterhalb der Fälle auf Fischfang. Der Lachs fand in den gewundenen, zum Teil flachen Durchflüssen längs der Insel Laxön günstige Aufstiegsmöglichkeit, um in seine bergwärts liegenden Laichgebiete zu schwimmen. Zwischen dem Nordufer und Laxön müssen die Jäger gute Fangerfolge gehabt haben, so daß sie lange Zeit am Nämforsen blieben. Heute jedoch hat der durch das Abtauen kilometerstarker eiszeitlicher Firneismassen bewirkte tektonische Auftrieb die Landmasse so weit gehoben, daß der Bottnische Meerbusen nahezu 100 km vom Nämforsen entfernt ist.

Archäologen gruben am Südufer der großen Fälle eine kleine prähistorische Jägersiedlung aus. Und auf der Insel Notön wurde eine steinerne Speerspitze entdeckt, auf der einige Spitzzelte (Čum) eingraviert waren. Es ist gut vorstellbar, daß die Jäger sich hier in diesen leicht transportablen Zelten niederließen. Zweifellos waren sie in Booten, vom Bottnischen Meerbusen her, an den Nämforsen gekommen. So haben sie diese Boote auch als Felsbilder auf den wassergeglätteten, ausgedehnten Steinplatten am Ufer, auf den Klippen inmitten des reißenden Stromes und auf den schwer zugänglichen Inseln hinterlassen. Nirgendwo in Skandinavien sind so wie hier alle drei nordischen urtümlichen Bootstypen beieinander zu finden,

1. das in Skelettbauweise hergestellte Hautboot aus Holz- und Geweihgerüst, überzogen mit der Haut der Jagdtiere,
2. der Einbaum, der erst geschaffen werden konnte, als es wieder starke Bäume gab, sowie nach der Erfindung von Axt und Dechsel,
3. das in Schalenbauweise konstruierte Rindenboot der Bauern, zu dem man die Rinde starker Bäume benötigte. Von ihm werden wir noch viel hören.

Was den Motivreichtum betrifft, wird dieser Wasserfallbezirk nur noch durch die Felsbildlagen von Alta in der norwegischen Finnmark übertroffen. Am Nämforsen sind es vorwiegend kultische Darstellungen, bei denen der Mensch schon in der Jägerzeit im Vordergrund steht: eine Kopulationsszene zweier Menschen direkt neben einem Elch. Eine von einem magischen Kreis eingeschlossene Geburtsszene, von einem bösartigen Dämon bedroht, der offensichtlich von einem Ahnenboot abgewehrt wird. Jagd- und Fischfangsujets mancherlei Art bereichern die Motive, u. a. eine Darstellung, wie ein Jäger in Maskierungsjagd mit übergeworfenem Elchfell kriechend die Elche beschleicht. Dann ist ein Schamane zu sehen, der mit Hilfe seines Tierkopfstabes einen Jungelch angebunden aus der Unterwelt in die mittlere Welt holt, den Jägern zur Beute. Da sind Männer mit zwei merkwürdigen Stäben in den Händen, die unten in je einem Ring ausmünden, dem samischen Windgott Biggolmai ähnlich, wie er noch im 18. Jh. als Bild auf den Zaubertrommeln der Lappen vorkommt. Immer wieder ist der Tierkopfstab an Bord der Schiffe zu sehen oder in der Hand des Schamanen. Dieser Zauberstab mit dem Tierkopf, der bis in die Neuzeit unter nördlichen Naturvölkern erhalten blieb, ist ein unerläßlicher Hilfsgeist des Schamanen, der ihm ermöglicht, fliegend außerirdische Welten magisch zu erreichen. Schließlich sahen wir auch gehörnte Schamanen mit einem eindeutigen Bumerang in der Hand, einem nordischen, nicht etwa einem australischen.

Bei diesem Bild wurde ich an die bekannten karelischen Felsbilder erinnert, die in Salawruga am Weißen Meer nahe ähnlicher Katarakte wie der Nämforsen liegen (30): ein gehörnter Schamane mit dem Bumerang in der Hand; die absonderlichen Einbäume mit dem Elchstevenkopf und dem Schwanz am Heck; die schon beschriebenen Männer mit den beiden Stäben in den Händen; die Elche mit vorn und hinten je einem Kopf und andere Motive, die es sonst nirgendwo anders gibt. Diese Jäger müssen von Salawruga am Weißen Meer einen großen Stellungswechsel nach Nordschweden durchgeführt haben. Meiner Meinung nach ist es sehr wahrscheinlich, daß sie vom Weißen Meer zum Onegasee über den Swir-Fluß abwärts zum Ladogasee, mit der Strömung der Neva in den Finnischen Meerbusen gelangten, um an der Finnischen Küste entlang zu den Ålandinseln quer über den Bottnischen Meerbusen zum Mündungsgebiet des Ångermanälv zu kommen. Es ist möglich, daß dieser Jägerstamm die Fahrt über den ganzen langen Wasserweg mit Einbäumen bewerkstelligt hat, vermutlich innerhalb eines größeren Zeitraumes. Ob die Männer auch den Bumerang im leichten Gepäck mitbrachten ... wir wissen es nicht. Doch ist es sehr wahrscheinlich.

Die ersten sichelförmigen Geräte fanden wir bereits hinter dem offiziellen Zugang zum Nämforsen am Nordufer in Lillforshällan. Dort stellten wir uns schon die Frage, ob es sich vielleicht um Sicheln oder Sensen handeln könnte. Doch sämtliche Bilder dieser Lage mußten ikonographisch der Jägerzeit zugewiesen werden. Was sollten Jäger und Sammler mit bäuerlichen Geräten, etwa 2000 Jahre bevor die ersten Bauern hierher kamen? Da wir aber inzwischen den ersten Schamanen mit Bumerang in der Hand abgebildet gefunden hatten, ähnlich dem in Karelien, gab es eine vernünftige Interpretation, obgleich wir uns über den Nutzungswert eines Bumerangs bei diesen Jägern nicht im klaren waren. Auf der Felsplatte von Lillforshällan war besonders ein Bumerangpaar auffällig, das durch eine Linie verbunden ist. Hanns Peter, ein Wiener Wissenschaftler, beschreibt unter den australischen Bumerangs ein solches Paar, das so lange seine magische Kraft bewahrte, wie die zwei Hölzer zusammen blieben. Sein Besitzer würde durch dieses Bumerangpaar vor Verwundung und vor Tötung sicher sein. Erst wenn einer der beiden abhanden käme, wäre der Zauber getilgt und der Besitzer verletzlich (31).

Neugierig geworden, gingen oder fuhren wir häufiger auf die beiden Strom-Inseln Brådön und Notön hinüber. Oberhalb des Kataraktbezirks ist heute ein Stauwerk. Wenn die Staumauer um 22.00 Uhr die Schützen schließt und das Flußbett annähernd trokken fällt, kann in der hellen Nacht um 1.00 Uhr ein sportlicher Forscher durch die steile Wasserrinne des Wasserfalls hinüber nach Brådön klettern. Das geht ohne Weg und Steg durch eine Mondlandschaft von bodenlos eingeschliffenen Strudellöchern, deren tiefstes 11 m Versenkung aufweisen soll. Diese Szenerie ist im überall glucksenden, tropfenden nächtlichen Halbdunkel – 100 km südlich des Polarkreises – unheimlich und beklemmend. Wirklich schlimm ist aber der Algenbesatz an allen nassen Felsen, glatt und schlüpfrig, wie mit Schmierseife bedeckt. Da wird jeder kleinste Sprung zur unmittelbaren körperlichen Gefahr.

Bumerangpaar, aus magischen Gründen mit einer Linie verbunden. Nämforsen: Lillforshällan, Ångermanland/Schweden, 3500–3000 v. Chr.

Nicht weniger aufregend ist es, mit dem schweren Ruderboot durch die Strudel und unübersehbar wechselnde Strömung unterhalb der Fälle zu den Inseln hinüber zu rudern. Drüben auf beiden großen Inseln sieht der Suchende in der Nacht ebenso wie am Tage zuerst nichts an Felsbildern, es sei denn, jemand hätte einige Gravuren ausgemalt. Selbst das fast 2,40 m lange, von Gustaf Hallström (32) ausgewiesene größte aller Boote ist bei bedecktem Himmel nicht auszumachen, auch wenn man getrost unmittelbar davor steht. Dieses riesenhafte Hautboot mit 69 Mann Besatzung wurde zu unserem Schlüssel-Bild. Ein derartig großes Hautboot hätten die Jäger mit den ihnen zur Verfügung stehenden Mitteln in Skelettbauweise nie bauen können. Fazit: Es muß ein Phantasiefahrzeug sein. Also kann es sich nur um ein Toten-, Geister- oder Ahnenboot handeln. Wenn in die Überlegungen einbezogen wird, daß eurasische nordische vorzeitliche Völker ihre Toten aus Gründen des Knochen- und Wiedergeburtsritus nicht begruben, sondern offen beisetzten, ist es recht wahrscheinlich, daß zumin-

Das mythologische überdimensionierte Ahnenboot, über dessen Totenmannschaft die Bumerangs zu schweben scheinen.
Nämforsen: Insel Notön, Ångermanland/Schweden, 3500–2000 v. Chr.

dest die Strominsel Notön eine Toteninsel war. Dann wären die »Mannstriche« an Bord des Ahnenbootes jeweils beim Ablegen = Beisetzen des Toten um einen Zählstrich ergänzt worden.

Über den Köpfen dieser Toten-Mannstriche waren sehr auffällig dieselben sichelförmigen Hakenhölzer eingraviert (33), wie wir sie bereits in Lillforshällan gefunden hatten. Was aber hatten Rückkehr-Bumerangs in unmittelbarer Verbindung mit einem Toten- oder Ahnenboot zu bedeuten? Als »Spielzeug« darf man ein solches Gerät in der Vorzeit nicht ansehen. Selbst die Übung war zur Zeit der Jäger als Waffenübung oder Kampfübung bitterer Ernst und kein Spiel. Waren es also Jagdwaffen, diese Bumerangs, die den Verstorbenen mitgegeben worden waren, damit sie sich im Jenseits ihrer bedienen könnten? Nie zuvor war die Mitgabe von Waffen auf Felsbildern dargestellt worden.

Wir begannen die Bumerangarten vom Nämforsen zu Hause nachzubilden. Dazu benutzten wir Astkrümmer und Steinwerkzeuge, so wie die Jäger es gemacht haben dürften. Nach vielen, sehr vielen mühsamen Versuchen war es endlich soweit: Die nordischen Bumerangs kamen, bis auf wenige geradeausfliegende Jagdwurfhölzer, wie magisch zurück. Gleichzeitig entdeckten wir, daß alle Rückkehr-Winkelhölzer unweigerlich beim Abwurf kontinuierlich nach oben steigen und dann vom Gipfelpunkt aus fallend wieder die Rückkehr antreten.

Daß man nach einem vergeblichen Zielwurf den Bumerang nur

aufzufangen braucht, um erneut auf das Wild zu werfen, ist ein immer wieder verbreitetes dummes Jägerlatein. Man kann Bodenwild nur mit einem geradeausfliegenden Jagdwurfholz treffen, wie sie auch am Nämforsen unter den Felsbildern zu finden sind, nie aber mit einem Rückkehrholz.

Alle Bilder auf den schwierig zu erreichenden Fluß-Inseln galten der Jagdmagie und damit der Wiederkehr des Wildes. Unmengen dicht beieinander stehender Elchbilder zeugen nicht etwa davon, daß es so viele Elche gab. Nein, im Gegenteil: Sie fehlten für die Jagd. Also übten die Jäger die Bildmagie aus. Sollten diese Krummhölzer etwa auch etwas mit den Gedanken der Wiederkehr zu tun haben, mit der Wiedergeburt von Tieren und Menschen? Das würde genau in die Weltauffassung der Wildbeuter und in ihr Denken in Symbolen passen, denn sie dachten anschaulich, in Bildern. Ein Stück krummes Holz, das, nach vorn geworfen, wieder zurückkam, war geradezu ein Symbol der Wiederkehr in die Welt der Lebenden. Es muß also – so glaube ich – ein Kultholz der Wiedergeburt gewesen sein (29b).

Und das ist genau der Inhalt des bereits erwähnten karelischen Bildes eines Schamanen mit dem Bumerang: Eine Schar von Gänsen wird von einem Boot aus mit Pfeilen beschossen und getroffen. Der stehende Schamane will den Bumerang nicht zur Jagd, sondern zur Wiedergeburt einsetzen. Die Ernährung des Stammes muß gesichert bleiben. Dafür ist er zuständig.

Fest verwurzelt ist der Irrglaube, daß Bumerangs Jagdwaffen wären und nur in Australien beheimatet sind. »Durch die Unglaubhaftigkeit entzieht sich die Wahrheit dem Erkanntwerden«, meinte Heraklit um 500 v. Chr. Wir sollten uns daran gewöhnen, in bezug auf die Bumerangs umzudenken.

Aus Kraukau bekam ich den Auftrag, die Flugeigenschaften eines zum Wurfgerät gearbeiteten über 70 cm langen Mammutstoßzahnes aus einer Höhle der polnischen Karpaten zu erforschen. Paweł Valde-Nowak, der dieses an beiden Enden zugespitzte, halbierte Geradeauswurf-Gerät gefunden hatte, datierte es auf etwa 23000 v. Chr. (34). Das bedeutet, daß die Jäger des Jungpaläolithikums, also in tiefer Eiszeit, mit der Gestaltung dieses plankonvexen Wurfgerätes eine gewisse Vorstellung von dem, was wir heute »Aerodynamik« nennen, gehabt haben müssen, die sie nur aus Erfahrungen im Umgang mit ihnen gewonnen haben konnten. Erstaunlicherweise gehen auch die Schnitte modernster Flugzeugflügel von der plankonvexen Form aus. Die Luft muß entlang der konvexen Seite einen weiteren Weg zurücklegen als auf der planen Seite, dadurch entsteht der Auftrieb.

Noch einmal wollen wir, wie zum Abschied, auf die Strom-Insel Bradön treten. Denn nur hier sehen wir im Palimpsest Bilder der Bauern: ihre Kennung, die Birkenrinden-Kufenboote, Fußsohlen eines unbekannten, vielleicht unsichtbaren Gottes (?) und das vierspeichige Sonnenrad. Eindeutiger hätten sie sich gar nicht bemerkbar machen können. Es ist nicht zu ermitteln, ob sie noch auf jägerliche Bevölkerung trafen, ob sie mit ihnen kämpften oder friedlich Handel mit ihnen trieben, oder ob nur die Möglichkeit, hier Lachse fangen zu können, Grund dafür war, den inzwischen weiter gewordenen Weg von der Küste her anzutreten, kräftig gegen die Strömung des Ångermanälv anpaddelnd. Die große Zeit der jägerzeitlichen Felsbilder am Nämforsen war längst vorüber.

Und damit möchte ich die unvorstellbar lange Zeit der Wildbeuter beenden und in die junge Periode planender Wirtschaftsweise eintreten. Der Übergang zum Bauern, Viehzüchter und Seefahrer vollzog sich nur langsam. Nicht alles, was der Mensch bisher erdacht und erfahren hatte, wurde sogleich über Bord geworfen.

PLANEN UND PFLÜGEN
Ökonomische Veränderungen in Skandinavien

Als die Grundsätze natürlicher Auslese nicht mehr beachtet wurden, wuchs die Jägerbevölkerung so beängstigend an, daß trotz ständiger Wanderung das Jagdwild nicht mehr ausreichte. Da kamen die Kenntnisse von Tierzucht und Pflanzenanbau aus dem Osten gerade zurecht, größere Bevölkerungsmassen zu ernähren. Doch, wer erst einmal das Tier, das den Fleischbedarf deckte, in den Pferch oder Stall gestellt hatte, wer die Pflanze, die einst an wohlbekannten Stellen der Natur sicher zur Verfügung stand, auf einem schnell verbrauchten Feldstück zog, wurde die Furcht vor einer Mißernte und vor dem Überfall mißgünstiger Nachbarn nicht los. Nun gab es kein Zurück mehr! Der Bauer war ein Vertriebener aus dem Paradies.

Immer, wenn wir auf dem Bauernhof Bardal am Beitstadfjord vor der großen Felsplatte seitlich der Scheunen standen, wurde uns bewußt, welch ungeheurer Kulturwandel vor sich gegangen sein mußte, als aus den Jägernomaden des Nordens seßhafte Men-

Der Jäger stellte das von ihm als Beute gewünschte Wild in natürlicher Größe dar. Zart und voller Leben waren die von ihm gravierten Linien. Viel plumper wirkten dagegen die von den Bauern tief eingeschlagenen Bootsbilder.
Beitstadfjord: Bardal, Nord-Trøndelag/Norwegen, 3600–750 v. Chr.

schen geworden waren. Das meist lebensgroß wiedergegebene Wild der Jäger, wirklichkeitsnah und realistisch, wurde Jahrtausende später überlagert von Felsbildern der Bronzezeit: Schiffe, Menschen, Pferde, hieroglyphenhafte Symbole, scheinbar ungeschickt in breiten Strichen hingraviert. Man ist bei dieser unmittelbaren Gegenüberstellung erstaunt und allzuleicht geneigt, von kulturellem Rückschritt, Dekadenz und mangelhaftem Können zu sprechen.

Die Bilder von Bardal zeigen die interessantesten Überlagerungen. Ganz klar unterscheidet man die großflächigen Weidmannsbilder von den wesentlich kleineren Ackerbauzeichnungen. Doch auch innerhalb der Felsgravuren der Jäger kann man deutliche Unterschiede feststellen, die sich in ganz Skandinavien verfolgen lassen: Als erste Stufe finden wir die monumentalen Tierbilder, fast immer in Lebensgröße, flach in die Felsoberfläche geschabt und geschliffen, ohne diese einzukerben. Sie scheinen noch den Nachweis ihrer Herkunft aus der Höhlenkunst zu erbringen. In der zweiten Stufe werden die Zeichnungen kleiner, eckiger, schematisierter, und in der dritten zeigen die Tierkörper in Art des Röntgenstils ornamentale Aufgliederungen, Teilungen. Abstrakte Menschengestalten kommen hinzu, die sich bemerkenswert weit von der Naturform entfernt haben.

Der Jäger machte keinen klaren Unterschied zwischen dem Bild des Wildes und dem Tier selbst. Dementsprechend sollte die mit den Sinnen erfaßte Wiedergabe zumindest ursprünglich der physischen Wirklichkeit so weit wie möglich entsprechen, sie sollte »physioplastisch« sein (35). Man hat nur das wiedergegeben, was man unmittelbar *sah*.

Die neue Generation der Ackerbaubilder erklärte einmal jemand mit einem netten Vergleich: Bauen Kinder einen Schneemann, dann ist die Rübe die Nase, Kohlenstücke die Augen, ein Holzstück der Mund. Beliebige Gegenstände sollen die Idee von Nase, Augen, Mund vermitteln. Die Figur ist nicht mehr ein ganz bestimmter Mann, sondern nur die Idee eines Mannes, nicht physische Wirklichkeit, sondern allein das, was man von dem Begriff »Mann« weiß: Körper, Kopf, Arme usw. Und eben diese Darstellungsart nennt man etwas unklar »ideoplastisch«. Man stellt das dar, was man von einem Gegenstand *weiß*.

Viele verschiedene Faktoren trugen zur Änderung der Anschauungen bei. Da kamen Einflüsse von außen, aus dem Mittelmeerraum, aus Spanien, aus dem Donauraum und dem Osten. Die Klimaveränderung hatte die Nahrungsgrundlage Skandinaviens derartig verbessert, daß eine beängstigende Bevölkerungszunahme eintrat. Damit entwickelten sich völlig neue ökonomische Lebensbedingungen und mit ihnen Unsicherheiten, wie sie die Wildbeuter nie erlebt hatten. Als dann gegen 2200 v. Chr. mehrere Wellen fremder Einwanderer von Dänemark und Schweden her in das Oslogebiet eindrangen, brachten sie das Wissen um den Bau von Steinkistengräbern, Ganggräbern, einzelstehenden Menhiren und im Kreis gestellten großen Steinen mit. Allein in Dänemark gibt es heute noch 3500 Steingräber dieser monumentalen Megalithkultur, und in Schweden registrierte man 4000. Die zuvor ansässigen Schnurkeramiker hatten ihre Toten in Einzelgräbern beigesetzt. Die Neuankömmlinge brachten andere religiöse Anschauungen mit, was besonders in den Bestattungsbräuchen zu einem totalen Wandel führte. Die neuen Steinbauten für die Toten glichen einer künstlichen Unterwelt. Sie nahmen alle Toten einer Gruppe ohne soziale Unterschiede auf. Man dachte, der Leichnam »lebt«, und gab ihm Wegzehrung mit, damit er nicht Not litte. Sein Geist sollte auch weiterhin den Zurückgebliebenen hilfreich zur Verfügung stehen. Die Angehörigen beteten zu ihm, flehten ihn um Unterstützung an, um Fruchtbarkeit für Stall und Feld. Die frühen Grab- und Kultanlagen dieser Epoche waren nicht allein Ausdruck eines neuen Jenseitsglaubens und Totenbrauchs, sondern andererseits auch sichtbares Zeichen erster umfassender Kollektivarbeiten der Gruppe.

In dieser Zeit scheint die bäuerliche Gemeinschaft zu einer jahreszeitlichen Wechselsiedlung gekommen zu sein, dem Setersystem, unserem Almwesen vergleichbar. Das ist ein deutliches Zeichen, daß Viehzucht begonnen wurde. Die Behausungen müssen noch recht primitiv gewesen sein. Wo heute große Höfe stehen, fanden sich Reste von Wohngrubenhäusern vorzeitlicher Wintersiedlungen. Auf diese Weise repräsentieren viele heute noch bewohnte Bauernhöfe seit fast viertausend Jahren benutzte Siedlungsplätze. Es wurden Rinder, Schweine und Schafe gehalten. Zugleich mit dem Erscheinen der Megalithbauten traten erste Zeichen von Ackerbau auf. Das muß man sich zuerst bestenfalls in der Art unseres Gartenbaus vorstellen. A. W. Brøgger schrieb (36): »Es waren mehr Ackerlappen als wirkliche Acker, so klein, daß man darüber hinwegspucken konnte.« Im Altnorwegischen hießen diese Äckerchen »Reiter«. Sie wurden bei Bodenerschöpfung einfach weiterverlegt. Bei der Bodenbearbeitung wird der von der ehemaligen Sammlertätigkeit der Frauen bekannte Grabstock zuerst noch eine wichtige Rolle gespielt haben. Doch aus dem Grabstock entwickelten sich Spaten und Hacke. Wenn man einen Menschen oder ein Zugtier vor ein derartiges Gerät spannte, war es bereits ein Hakenpflug, entweder vom Spatentypus oder vom Hakentypus. Erst der von Rindern gezogene Pflug brachte es mit sich, daß sich der immer noch mit der Jagd beschäftigte Mann überhaupt der Landwirtschaft zuwendete, die zuvor allein von den Frauen wahrgenommen worden war, da man sie als eine Fortsetzung der Sammlertätigkeit angesehen hatte. So kam es, daß zu einer Zeit, in der hinter allem und jedem ein tieferer Sinn gesucht wurde, der Pflug als größtes bäuerliches Gerät auch kultische Bedeutung erhielt. Er blieb ein Symbol der Fruchtbarkeit. Mit ihm wurde im Anpflügen im Frühjahr das Gedeihen von Saat und Wachstum beschworen. Außerdem waren die vom Pflug gezogenen Grenzfurchen unverrückbar geltendes Recht.

Dementsprechend wurden Pflüge aber auch den Göttern zum Opfer gebracht. In Dänemark versenkte man derartige Opfer be-

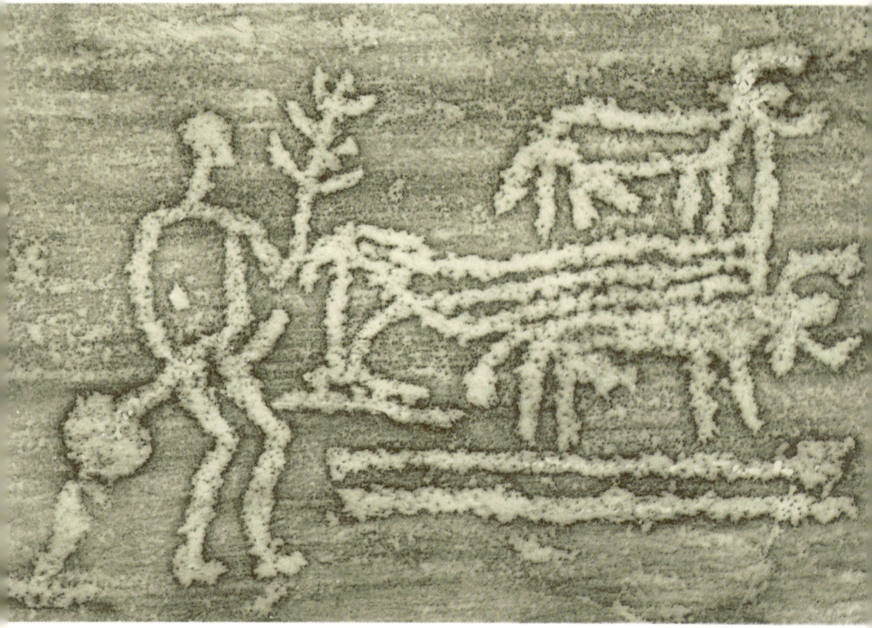

Unter dem Sohlenpflug im Rinderzug sieht man die bereits gepflügten Furchen. Der erigierte Phallus des Bauern und der Zweig in seiner Hand deuten auf einen Fruchtbarkeitszauber hin.
Tanum: Bro, Bohuslän/Schweden, 1200–900 v. Chr.

sonders häufig im Moor, und das Holz erhielt sich in der Moorsäure so gut, daß die Dänen die größte Sammlung prähistorischer Pflüge in der Welt besitzen. Unter jungsteinzeitlichen Grabhügeln fanden sich über Kreuz laufende Pflugspuren, die also älter als das Grab waren. Die hölzerne Pflugschar riß jedoch nur den Boden auf, ohne ihn zu wenden, denn noch fehlte die Kenntnis des Scharbretts. Pflüge auf den Felsbildern werden stets von Rindern gezogen (37). Das Pferd, das später in den Norden kam, war zu edel für den Pflug. An Kornabdrücken auf keramischen Scherben kann man leicht feststellen, daß seit der Jungsteinzeit Emmer, Einkorn und Gerste angebaut wurden; Weizen kam erst in der Bronzezeit dazu. Aus kultischen Gründen lagen die Bilderfelsen stets kurz oberhalb der Feldstücke, als sollten sie auf die Frucht Einfluß nehmen.

Obgleich die Männer die Jagd niemals ganz aufgaben, drehte sich bei den Felsbildern nicht mehr alles ausschließlich um das Jagdwild. Jetzt stand der Mensch im Mittelpunkt des Interesses, er und seine Waffen, die rituell genutzten Boote mit ihrer oft großen Mannschaft, Prozessionen und kultische Kämpfe, die Sonne und alles, was mit ihr zusammenhing, und zuletzt auch die Götter, von denen wir nicht wissen, wie sie hießen. Uns fehlt das geschriebene Wort, das im Mittelmeergebiet längst das, was wir »Geschichte« nennen, festhielt. Gerade deswegen ist die Aussagekraft der Felsbilder in vorgeschichtlichen Bereichen unersetzlich.

War der Mensch als Jäger und Sammler ein Teil der Natur gewesen, der er sich, weil er in ihr geborgen war, nie hilflos ausgeliefert sah, so löste er sich jetzt langsam und unaufhaltsam aus dieser Einheit. Er lernte zu planen, vorauszuberechnen und nach Besserem zu forschen. Von der aneignenden Wirtschaft der Wildbeuter waren die ersten Schritte zur erzeugenden Wirtschaft der Ackerbauern und Viehzüchter getan worden. Größere Gruppen als je zuvor waren zu ernähren. Damit aber war der Weg zurück zum Wildbeutertum für immer versperrt. Wie damals, als er mit viel Geschick und Mut die ersten Boote baute und sich mit ihnen aufs Wasser wagte, wurde sich der Mensch jetzt mehr und mehr seiner Fähigkeiten bewußt, seines Könnens und seiner Kräfte. Er lernte forschen und nach Gesetzmäßigkeiten zu suchen. Erstaunt müssen wir erkennen, daß damals, als man die Megalithbauten errichtete, schon Grundstrukturen unseres Gesellschaftslebens, Urformen technischer Dinge und der Architektur gefunden wurden. Nachdem der Mensch 99 Prozent seiner Entwicklung als Wildbeuter zugebracht hatte, vollzog sich im Ablauf nur weniger Jahrhunderte eine geistige und materielle Wandlung, ein erster und zugleich durchgreifender Umsturz der Menschheit, die »Neolithische Revolution«.

Beim Forschen und Experimentieren werden fern im Osten des Mittelmeerraumes die Besten auf Metalle gestoßen sein. Zuerst war es Kupfer, doch alsbald fand der Suchende eine härtende Legierung, die Bronze. Auf welchem Weg auch immer diese Kenntnisse, die wir Metallurgie nennen, in den Norden gelangt sein mögen – für den gesamten nordischen Kreis hat der Begriff »Bronzezeit« einen anderen Sinn als auf dem europäischen Festland, in den Mittelmeerländern und im Vorderen Orient (38). Im Norden fanden sich weder Kupfer noch Zinn. Erst im Mittelalter entdeckte man die schwedischen Kupfervorkommen. Die Periode der Steinkistengräber ist oft als Steinkupferzeit, Aeneolithikum, bezeichnet worden. Doch eigentlich begann die erstaunliche Entwicklung noch vor dem Ende der Jungsteinzeit, als fischschwanzförmige Dolche und Doppelbeile der Streitaxtleute auftauchten, die zwar aus Stein waren, aber gewissenhaft Bronzeformen ein-

Die Bauern der Bronzezeit gravierten angesichts ihrer Felder die kultischen Bilder auf den anstehenden Felsen.
Tanum: Aspeberg, Bohuslän/Schweden, 1200–900 v. Chr.

schließlich der Gußnaht kopierten. Die Völker, die sie mitgebracht hatten, mußten auf ihrem Weg in den Norden also schon Kontakt mit Kulturen gehabt haben, die den Bronzeguß kannten. Zu Anfang wurden in Skandinavien dunkelgraue und schwarze Fahlerz-Erzeugnisse und Arsen-Kupfer-Gegenstände hergestellt, bis sich die reine Zweistofflegierung aus 90 Teilen Kupfer und 10 Teilen Zinn durchsetzte. Während sich das reine Kupfer nur schwer zum Guß verwenden ließ und nicht richtig fest wurde, konnte man die Bronze erstaunlich leicht gießen, und sie war von ausreichender Festigkeit. Es kam zu einer Entwicklung, die ganz besonders den Norden zum Zentrum einer hochstehenden eigenständigen Bronzekultur werden ließ (39), der nur eine höchst bemerkenswerte donauländische Kultur im heutigen ungarischen Raum ebenbürtig war.

Am Ende der Bronzezeit machten sich die Kelten in ganz Europa bemerkbar und zerschnitten fruchtbare alte Kulturbezie-

Das Springen als kultische Handlung ist selten so wie hier dargestellt worden. Im Boot rechts daneben sind Männer mit bolaähnlichen Wurfgeräten aus Riemen mit Steinen zu sehen.
Hogdal: Torp, Bohuslän/Schweden, 1000–900 v. Chr.

hungen Skandinaviens zum Süden (40). Dadurch hat der Norden ein halbes Jahrtausend länger an der Bronze festgehalten als der Kontinent, wo schon Eisen verwendet wurde. Eisen gab es überall, Transportprobleme entfielen. Doch das zu Anfang verwendete Eisen in mangelhafter Qualität hat die Nordmänner nicht überzeugt, die Bronze aufzugeben. Über die Bronze- und Eisenzeit hinweg wurde auch der Stein weiterhin gebraucht, denn, wenn er recht verwendet wird, ist er ein gutes Werkzeug.

Gustav Kosinna und seine Schule (41) hatten die Träger der nordischen Bronzekultur bedenkenlos als Germanen bezeichnet. Die Germani waren jedoch ein einzelner Stamm, der den Rhein westwärts überschritt. Seinen Stammesnamen übertrugen die Römer auf alle jene Stämme, die nördlich und östlich der Kelten beheimatet waren und sich von deren Kultur deutlich abhoben. Es muß eine relativ einheitliche indoeuropäische Ursprache gegeben haben, aus der sich Teilsprachen, also auch das Germanische als nördlicher Zweig, durch Lautverschiebung herauslösten. Der bronzezeitlich nordische Formenkreis und die germanische Ursprache haben zwar die nördliche Randlage gemeinsam, doch ist immer noch nicht klar, ob sie miteinander identisch sind (42). Die Träger der nordischen Bronzezeit können nicht einfach als Germanen bezeichnet werden, wenn sie auch deren unmittelbare Vorfahren gewesen sein könnten. Historisch wie auch sprachwissenschaftlich ist das Vordringen der germanischen Sprache nach West-, Mittel- und Ostdeutschland sowie gegen die Kelten, Illyrer und Veneter durchaus gesichert. Doch alle Versuche, sie auch mit der Ausbreitung des Nordischen Kreises zur Deckung zu bringen, führen zu vielen Unstimmigkeiten. Mit Sicherheit kennen wir nicht einmal die Träger der Hallstatt-Kultur, der Urnenfelder- und der Hügelgräberkultur.

Erst zu Beginn der Eisenzeit zeichnet sich um etwa 400 v. Chr. in Skandinavien eine verhältnismäßig einheitliche Kultur ab, die nicht nur die ganze südnorwegische Küste, Südschweden mit den Inseln Öland und Gotland und Südwestfinnland umfaßt, sondern auch ganz Dänemark und die norddeutsche Tiefebene zwischen Weser und dem Unterlauf der Weichsel. Hier war die Wiege des Germanentums, das in das Licht der Geschichte trat, als es Kontakt mit dem Römischen Reich bekam.

DAS HEIDENKREUZ, DAS ZUM KREUZNIMBUS WURDE

Sonnenkult auf Felsbildern Schwedens und Norwegens

Von Anfang an hatten die Menschen dieser neuen Zeit verstanden, welche Bedeutung die Sonne, der Regen, der Sturm und alle Naturgewalten für das Wachstum hatten. Der Bauer begann das Wunder des Wuchses zu beobachten, zumal er nunmehr ortstreu lebte. Das Korn, das scheinbar tot in den Boden gesteckt wurde, die Feuchtigkeit, die es zum Leben erweckte, der Keim, aus dem wie durch Zauberkraft der Sonne die Pflanze wuchs, größer wurde, blühte, eine Frucht entwickelte ...

Im Hohen Norden kam noch eine Besonderheit hinzu, die wir in Mitteleuropa nicht kennen: Es gibt dort ein so ungeheures

Wachstum, daß man an Sonderformen der Pflanzen glauben möchte. Doch die Größe der Pflanze erklärt sich allein aus dem »langen Tag«. Die Sonne scheint fast rings um die Uhr und die Pflanze reagiert mit einem Treibhauswuchs. So ist es gar nicht besonders erstaunlich, daß besonders hier im Norden die Sonne als der große Regulator allen Lebens erkannt wurde.

Es mag sein, daß während der Altsteinzeit und der Mittleren Steinzeit dem Mond mehr Beachtung als der Sonne geschenkt wurde, diesem Himmelskörper, der so auffällig seine Form veränderte. Unverkennbar war die Tarnzeit des Mondes, jene drei Tage, an denen er nicht zu sehen ist. Mit der Drei war der Anfang zu einer klaren zeitlichen Gliederung gegeben. Neunmal drei Tage dauert eine Periode von der ersten bis zur letzten Sichtbarkeit der Mondsicheln. Diese Rechnung wurde möglicherweise durch die bildhafte Anschauung gestützt, daß der Mond in drei Gestalten erscheint: als zunehmende Lichtsichel, als Vollmond und als abnehmende Lichtsichel. Die unbezweifelbaren bzw. vermuteten Einwirkungen des Mondes auf Pflanzenwuchs, auf Ebbe und Flut, auf die Periode der Frau usw. ließen den Mond zu einem mystischen Kalendergestirn werden, dem wir in der Berechnung mancher kirchlichen Feiertage merkwürdigerweise heute noch folgen. Wie sehr sich die Menschen des Megalithzeitalters mit den Gestirnen beschäftigten, erkennt man durch Untersuchung und Rekonstruktion von Anlagen wie dem berühmten Stonehenge in England und an vielen anderen Orten.

Auf welchem Wege der Sonnenkult von Mesopotamien und Ägypten nach Norden gelangte, ist schwer zu sagen. Jedoch kann man für das Neolithikum bereits den Seeweg in die Überlegungen mit einbeziehen. Die Sassaniden-Könige nannten sich »Brüder der Sonne und des Mondes«. In Ägypten galt der Pharao als Sohn des Sonnengottes. Die religiöse Verehrung der Himmelskörper, besonders natürlich der Sonne, des Mondes und der Planeten, nennt man Astraltheologie. Sie gründet sich auf der Überzeugung, daß die Himmelskörper Einfluß auf das Weltgeschehen und das Menschenleben haben. Charakteristisch für Gestirnsreligionen sind die von Babylonien und Assyrien, von denen Kunde bis in den Norden gedrungen sein muß, denn es gibt viele Parallelen in den Auffassungen, die nicht zufällig sein können. Die nordische Bronzezeit könnte man z. B. mit Hilfe orientalischer Religionslehren rekonstruieren, da diese bereits durch schriftliche Überlieferungen gut bekannt sind.

Der Sonnenkult vereinigt eine verwirrende Vielzahl von Auslegungen. Allein die Erklärung, wie es der Sonne möglich wäre, über den Himmel zu schweben, führte zu verschiedenartigen Deutungen. Im vorderen Orient und in Ägypten glaubte man, daß die Sonnenscheibe Flügel haben müsse. Deshalb wurde der Sonnengott auch als Falke dargestellt oder mit Flügeln versehen. Vielleicht ist deshalb die Vogelfeder zum Symbol der Macht geworden. Die Krönung verlieh dem Herrscher göttliche Weihe. So begegnet uns auf römischen Münzen die Zackenkrone noch zu einer Zeit, als sich die Cäsaren mit dem »Sol invictus«, dem unbesiegbaren Sonnengott, identifizierten. Die Isispriester hatten glattrasierte, glänzende Schädel wie leuchtende Gestirne, und selbst die heute noch gebräuchliche Mönchstonsur könnte auf der gleichen Tradition beruhen. Der Heiligenschein, der Nimbus, ist ursprünglich ein Sonnensymbol hinter dem Kopf des Herrschers gewesen, Zeichen der Macht und Würde zugleich. Dann kommt in Mesopotamien in vorchristlicher Zeit der Nimbus in Radform auf: die Sonne als ein Rad, das über den Himmel rollt.

Da die ältesten Räder aus massiven Holzscheiben bestanden, die ein Achsloch in der Mitte hatten, wurden auch die Sonnensymbole zuerst nur als Scheibe mit zentralem Punkt dargestellt, eigentlich noch das gleiche eiszeitliche Symbol des Rondells mit der Durchbohrung in der Mitte, ein kosmisches Miniaturmodell (43a), das jeder bei sich tragen konnte. Und noch heute ist das astronomische Zeichen für die Sonne ein Kreis mit dem Achsenpunkt im Zentrum. Das Sinnbild für den Vollmond dagegen ist ein Kreis ohne Punkt. Erst als die Länder zwischen Euphrat und Tigris das Speichenrad entwickelten, wandelte sich das Sonnenzeichen zum Rad mit Speichen und Felge. Das Rad mit vier oder mehr Speichen erscheint genauso hinter dem Kopf des Sonnengottes wie hinter dem gekrönten Haupt Assurs. Die astronomisch sehr bewanderten Mesopotamier erfuhren durch Beobachtung, daß der Tierkreis durch die vier Haupt-Sonnenstände, den höchsten und den tiefsten sowie durch die beiden mittleren, in vier gleiche Abschnitte geteilt wird. Verbindet man diese Kardinalpunkte – die Sonnenwend- und Nachtgleichpunkte –, dann entsteht das weltweit verbreitete Symbol des Kreuzes. Das Kreuz wird durch einen umlaufenden Kreis begrenzt und damit als »Sonnenrad« nicht ganz zutreffend für die Sonne selbst gehalten.

Noch viele christliche Jahrhunderte hindurch bis in die Jetztzeit rollten die schweren eichenen Sonnenräder, mit Stroh umwickelt, brennend bei Lügde den Berg hinunter ins Tal der Emmer, als ein Orakel, ob die Ernte der Bauern gut würde oder nicht. Am gleichen Tage bekamen die Kinder Gebildbrote in Form des Radkreuzes, sogenannte »Osterkrängel«. Ähnlich wurden in Günsterrode bei Melsungen zu Ostern Feuerräder ins Tal gerollt und auf dem Questenberg im Südharz wurde am dritten Pfingsttage die »Queste« in Gestalt eines Mals mit Radkreuz und Quasten daran aufgestellt, dieses Symbol gilt bis in afrikanische Gebiete als phallisches Zeichen.

Wenn das gleiche Rad hinter dem Kopf des Gekreuzigten zu sehen ist, wird es als »Kreuzglorie« bezeichnet, so daß man annehmen müßte, es wäre ein zur Kreuzigung gehöriges Symbol. Wenn aber Christus am Kreuz hängt, weshalb braucht man dann noch zusätzlich ein Symbol für seine Kreuzigung (44)? Nein, das Sonnenrad ist das Zeichen, darauf aufmerksam zu machen, daß der Gekreuzigte göttlich ist. Und genau wie beim Rad des Sonnengottes wird auch oft bei der Darstellung Christi die Sonnenhaftigkeit des Kreuzrades durch Strahlen betont. Die großen abendländischen Kirchenväter Ambrosius und Origines waren unsicher, wie sie die allgemein als göttlich verehrten Gestirne in das christliche Lehrsystem einordnen sollten, man wollte doch den Bekehrten eine Brücke bauen. So empfahlen sie die Sonne als Symbol für Christus und den Mond als Sinnbild für die Gottesmutter Maria.

Das sogenannte Sonnenrad begegnet uns nicht nur in Skandinavien, sondern über ganz Europa und Asien hinweg. In Skandinavien wird es von Menschen in Prozessionen getragen, wie es z. B. auf einem Felsbild von Kalleby im Bohuslän zu sehen ist. In der Gegend von Tanum im westschwedischen Bohuslän sind mehr oder minder große flächige Sonnenscheiben zu sehen, die ringsumher von Vögeln getragen werden. Wenn man jedoch ausschließlich nur von der flüchtig gezeichneten Vogelstilisierung einer einzigen dieser Sonnen ausgeht, die besonders an diesem Stück schwer zu entschlüsseln ist, kann man, wie Hermann Wirth (45), zu der Auffassung kommen, es würde sich um ein Kalendersystem handeln. Herbert Kühn verglich gesprächsweise das Rund mit den Zeichen ringsumher mit indianischen Kultraumdarstellungen, bei denen die teilnehmenden Männer auch außerhalb gezeichnet worden waren. Felsbilder lassen sich oft nur nach jahrzehntelangem Arbeiten am Felsen und niemals am grünen Tisch klären.

Oftmals wurde die Sonnenscheibe dadurch personifiziert, daß man ihr Kopf, Arme und Beine gab, so daß sie den Eindruck eines Kriegers mit riesigem Rundschild macht. Die Sonne wird aber auch von einem Hirsch gezogen, wie das eine Gravur von Lilla Gerum zeigt. Überhaupt hat der Hirsch infolge seines strahlenförmigen Geweihs stets mit der Sonne zu tun. Das Rad erscheint auf Felsflächen mal allein, dann wieder in großen Mengen, auf Schif-

Hier wird das große Radkreuz als Symbol der Sonne und zugleich des ewigen Wandels vermutlich im Frühlingsumzug von phallischen Männern getragen.
Tanum: Kalleby-Longemyr, Bohuslän/Schweden, 1000–750 v. Chr.

fen und von Pferden gezogen, und selbst die einachsigen Wagen stehen genaugenommen im Dienste des Sonnenkults. Es scheint so, daß die Sonne in älteren nordischen Vorstellungen vom Hirsch oder vom Pferde in einem Wagen gezogen wird, dem Sonnenwagen des Sol ähnlich.

Auch das Julfest hat mit dem Rad zu tun, denn Jul heißt Rad. Das nordische Julfest war ein Sonnenfest, das auf den ersten Vollmond des dem 6. Januar folgenden Neumonds fiel. Später, im Laufe des christlichen 10. und 11. Jahrhunderts, wurde das Julfest auf den 25. Dezember verlegt, den die Kirche für den Tag der Wintersonnenwende hielt. Bereits 354 n. Chr. verlegte man die »Geburt« Christi (eigentlich jedoch den Tag der Taufe im Jordan) vom 6. Januar auf den 25. Dezember. Der Grund dafür war das Ringen zwischen Christentum und Mithraskult um die Vorherrschaft. Der 25. Dezember war nämlich der Tag der leibhaftigen Ge-

Einmalige Darstellung des Sonnengottes mit Flügeln, der auf seinem unsichtbaren Wagen mit »Sonnenrädern« den Himmel überquert. Echtheitsbeweis ist nicht zu erbringen.
Strömstad: Anneröd, Bohuslän/Schweden

burt des Mithras-Lichtgottes wie auch des unbesiegbaren Sol, den die Römer mit dem griechischen Sonnengott Helios gleichsetzten.

Im großartigen Werk Homers ist Helios ein Gott, der alles sieht und alles hört, Zeuge aller Taten und Rächer jeden Frevels ist. Er ist ein Gott des Augenlichts, der Blindheit heilt, doch auch mit Blindheit strafen kann, wenn seine Strahlen, Speeren gleich, verletzen. Der berühmte Koloß von Rhodos, der als bronzenes Riesenstandbild von 40 m Höhe mit seinen Beinen die Hafeneinfahrt überspannt haben soll, war als Abbild des Helios eines der »Sieben Weltwunder« der Alten.

In der griechischen Mythologie lenkte Helios den feurigen, von vier Pferden gezogenen Sonnenwagen bei Tag über den Himmel. Nachts kehrte dann die Sonne, gemäß der ägyptischen Auffassung, durch die Unterwelt in einem Boot wieder nach Osten zurück.

Außer auf skandinavischen Felsen kennen wir Sonnenboote nur noch auf bronzezeitlichen Rasiermessern. Zwei dieser kunstvoll gestalteten Bronzemesser, nämlich das von Vester Lem in Jütland und das von Ketting auf Laland (46), die aus der Zeit zwischen 1100 und 700 v. Chr. stammen, zeigen eben diesen Vorgang: Auf der Unterkante sieht man das typische Kufenboot des Nordens mit seinen geschwungenen, hohen Steven, darüber dann aber umgedreht das zum Signum reduzierte Pferd, das die strahlende Sonne als Symbol des Wagens hinter sich herzieht.

Im Laufe der Jahrhunderte machte das Radkreuz einen Wandel vom reinen Sonnensymbol zum Bild des Jahreslaufes durch, der ja durch den Umgang der Sonne bestimmt wird. Somit wurde es sogar ein Zeichen des gestaltenden Prinzips im biologischen Sinn: zum Weltenrad. Wann eigentlich das Radkreuz auch den Sinn eines Ortungskreuzes bekommen hat, ist nicht bekannt. Diese Bedeutung nimmt das Radkreuz auch bei den Indianern an, die bei kultischen Zeremonien den Rauch ihres Kalumets nach den vier Himmelsrichtungen ausstießen. Das Sandbild der Navaho-Indianer zeigt das Weltenrad mit gehörnten Köpfen an den vier Kardinalpunkten.

Darüber hinaus wird es verständlich, daß dieses Weltenrad mit seiner erkannten Jahreseinteilung auch als Kalenderscheibe einen Sinn hatte. So zeigt die bekannte »Kalenderschale von Leitmeritz« einen Schalenkörper, der von einem eingeritzten Sonnenrad eingenommen wird, umfaßt von den Tagesritzungen wie die Strahlen der Sonne. Man könnte sich denken, daß in dieser Schale einst ein kultisches Feuer entzündet wurde.

In Schweden wie auch in Norwegen fanden wir einige Male die Metamorphose von Sonnenrädern, die aus zwei zusammengestellten Schuhsohlen der bronzezeitlichen Bundschuhe gebildet werden. Die merkwürdige Art der Riemenbefestigung unter dem Fuß hindurch ergibt die Stegtrennung, wie man sie auf den Felsbildern findet. Sie kennzeichnet also nicht etwa einen Absatz, sondern den Bundriemen. Zwei zusammengestellte Sohlen ergeben deutlich ein Sonnenrad.

Gravierte Fußsohlen finden sich erstmals in der Jüngeren Steinzeit. Man könnte vermuten, sie sollten die Gegenwart eines Gottes demonstrieren, den man sich unsichtbar in menschlicher Gestalt vorstellte. So könnte es naheliegen, die Sohlen des Sonnengottes zum Symbol des Sonnenrades zusammenzufügen. Es wäre denkbar, daß die Fuß- oder Schuhsohlen die Gegenwart des Gottes beschwören, ihn herbeibitten und seine segenbringende Anwesenheit an diesem Ort festhalten sollten. Das Darstellen von Sohlen hat sich um die ganze Erde verbreitet. Da gibt es die Spuren Buddha's als Symbol des Wahrheitspfads. Herodot berichtete, daß man auf einer Klippe des Flusses Tyras, einem Seitenfluß des Denjestr, »Herakles' Fußspur« zeigte. Im Alten Testament ist zu lesen: »Laßt uns an der Stelle beten, da seine Füße standen.«

Eine ganz andere Auslegung läßt es möglich erscheinen, daß

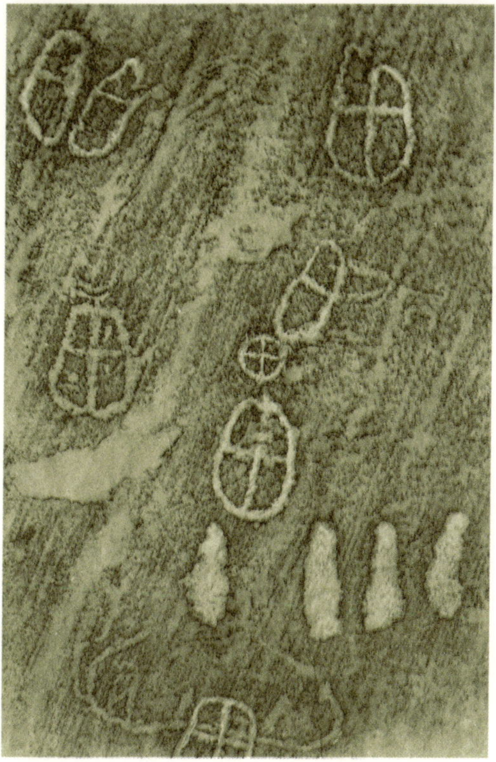

Sollten diese Fußspuren, die sich neben einem »Sonnenrad« zu eben einem solchen zusammenfügen, die Anwesenheit des unsichtbaren Sonnengottes verdeutlichen?
Boglösa: Rickeby, Uppland/Schweden, 900–750 v. Chr.

der Fuß oder die Schuhsohle als Symbol eines Abwehrtrittes gegen die Unholde, die Unterirdischen, gemeint ist. Der symbolische Tritt sollte einen Dämon zur Flucht veranlassen. In Italien und Nordafrika trägt man den Schuh als Amulett gegen das »mal occhio«, den Bösen Blick. Vidhar setzte seinen beschuhten Fuß in den Rachen des Fenriswolfs und bezwang ihn damit – steht in der Saga. In Schlesien wurde noch 1865 der Zauberkreis durch den Geisterbanner mit dem rechten Fuß verschlossen, so daß die Dämonen in ihm gefangen waren und nicht entfliehen konnten. Die Missionare der Merowinger und Karolinger berichteten von hölzernen Füßen in den Heiligtümern der Germanen. Selbst die Schuhe, die man an das Auto der Neuvermählten heute noch spaßhalber hängt, dürften auf einem alten Abwehrzeichen beruhen.

DAS SONNENBOOT FÄHRT DURCH DIE UNTERWELT

Die besondere Bedeutung des Schiffs im Norden

Das Schiff hat ganz besonders im Norden einen hohen Stellenwert in bezug auf die Sonne gehabt. Es ist das Fahrzeug, das die Sonne über den Himmel zu fahren hatte. Ersparen wir uns eine Schilderung der recht komplizierten ägyptischen Auffassung von Sonnenkult und Sonnengottheiten. Am Nil gab es lange Zeit hindurch die Vorstellung einer täglichen Neugeburt der Sonne und ihrer Reise über den Himmelsozean im »Mandjet-Boot«, das auch »Barke der Millionen Jahre« genannt wurde. Unkomplizierter als in Ägypten wird man sich die Reise der Sonne im Norden vorgestellt haben. Das Schiff brachte sie ebenfalls über den Himmelsozean und verschwand dann im Westen in der Tiefe, die irgendwo in rudimentären Glaubenssätzen seit der Eiszeit haften geblieben war. Die Höhle, das war die Unterwelt, die die Schamanen aufsuchten, um ihre magischen Rituale mit Hilfe der Bilder durchzuführen. Die Seen und Teiche bei Hamburg waren den Rentierjägern der Eingang zu eben dieser Unterwelt, wo sie ihre Opfer steinbeschwert versenkten oder eine Jagdmagie ausübten (13). Irgendwo da unten war eine andere, eine dunkle, eine Antiwelt, in die die Sonne jeden Tag am Abend einging. Und je weiter südwärts die Menschen wohnten, desto steiler schien die Fahrt des Schiffes in die Unterwelt vor sich zu gehen. Und wie die Ägypter werden die Nordleute eine genau definierte mythologische Vorstellung von der Weiterfahrt gehabt haben, voller Schwierigkeiten und mit vielen Hindernissen.

So ist der Gang der Sonne und alles, was damit zusammenhängt, wie Helligkeit, Fruchtbarkeit, Leben und Wärme mit dem Schiff gekoppelt. Dieses Fahrzeug bringt die Sonne sicher über den Himmel, dessen physische Beschaffenheit natürlich damals unbekannt war. Es ist nicht geklärt, ob die vielen tausend Boote auf skandinavischen Felsen überhaupt mit Seeschiffen identifiziert werden sollten. Vielleicht sind es nur »jenseitige« Schiffe, übernatürliche Boote der Sonne, der Fruchtbarkeit und der Toten oder einfach Erinnerungen an kultische Schiffsumzüge. Zweifellos wird man sich dabei an der Form der damals üblichen Seeschiffe orientiert haben.

An manchen Felsbildern ist ganz klar zu erkennen, daß die dar-

Erinnern diese tanzenden, fröhlichen Menschen mit den Blashörnern aus Birkenrinde nicht an die Narrenschiffe, die immer noch im Karnevalsumzug über unsere Straßen rollen?
Tanum: Lycke, Bohuslän/Schweden, 900–750 v. Chr.

gestellten Boote Attrappen waren, die beim Umzug leichter über die Felder gezogen werden konnten. Wie man auf einer Gravur in Ekenberg im schwedischen Östergötland sieht, spannte man auch Pferde vor solche Umzugsboote. Wir können nur ahnen, was sich bei solchen Feldumgängen abspielte. Sie waren vermutlich keine traurigen Veranstaltungen. Ganz im Gegenteil sieht man auf manchen Felsbildern fröhliche tanzende Menschen auf den Booten. Ist uns das eigentlich nicht geläufig? »Helau« und »Alaaf« ... wie kommt das Narrenschiff denn nur aufs Land und in unsere Straßen? Kaum einer macht sich Gedanken darüber – aber dieses Kultschiff hat seit der Bronzezeit einen langen Weg hinter sich. Viele uralte Bräuche der letzten Jahrhunderte vor der Zeitenwende sind uns durch das Fastnachts- und Karnevalsbrauchtum erhalten geblieben, das einem großen Frühlings- und Wachstumsfest entstammt. Noch sind sich die Gelehrten nicht ganz einig, ob Karneval = carrus navalis = Schiffswagen bedeutet. Sicher aber ist, daß Fastnacht, Fasenacht, Faselnacht etwas mit Fruchtbarkeit zu tun hat. Denn noch gibt es z. B. in Hessen die Faselhöfe, auf denen das Mutterschwein zum Eber geführt wird. In den Alpen wird das Zuchttier »Fasel« genannt. Fasal (althochdeutsch) und vasel (mittelhochdeutsch) bedeutet Fortpflanzung unter Tieren, und Faselvieh ist das junge Zuchtvieh. Aber »faseln« ist auch das Irr-Reden, so wie einst die Schamanen in der Ekstase der Zeremonien »faselten«.

Aus einem Edikt des Bischofs von Arras weiß man von einer Schiffsprozession durch die Straßen der nordfranzösischen Stadt Douai, die am dritten Sonntag im Juni stattfand, also gegen Sonnenwende. Man führte noch im Jahre 1770 ein großes Rad mit herum, das man »Roue de fortune«, Schicksalsrad, nannte. Riesen folgten ihm, und der Zug endete mit einem Schiffswagen, der mit lustig gekleideten Menschen besetzt war. Der Bischof verbot diesen Umzug als heidnisch (47a) – womit er recht hatte. In Charroux bei Cannat fand man ein Bronzeamulett, das ebenfalls einen Schiffswagen darstellt, mit Tierköpfen auf den Steven, Rädern darunter und mit einem großen Sonnenrad an Deck. Das zeigt eindeutig eine langwährende Tradition.

Als die Prinzessin Isabella 1235 von England nach Köln zog, um dort Kaiser Friedrich II. zu heiraten, kamen ihr in langer Reihe Schiffswagen entgegen gefahren, die, von verdeckten Pferden gezogen, den Eindruck machten, als führen die Schiffe auf See. Sie waren mit musizierenden Priestern besetzt.

In diesem Zusammenhang erinnern wir auch an einen Bericht von Tacitus (48a). Er schreibt von einem germanischen Brauch, dem Herumfahren des Nerthusbildes auf einem Wagen von einem Dorf zum anderen. Bei einem Teil der Sueben habe es einen Kult der Göttin gegeben, deren »signum« die Gestalt eines Bootes hatte. Wenn Tacitus diese Göttin für Isis hielt, so vermutete er möglicherweise, daß der Kult von auswärts eingeführt worden sei, denn auch Isis hatte als Attribut das Boot. So fand man denn im Rheindelta auf der Insel Walcheren mehr als 20 lateinische Votivtafeln. Sie waren in vielen Fällen offenbar von römischen Kaufleuten einer germanischen Göttin Nehalennia geweiht, die auf einigen der Tafeln dargestellt ist, wie sie den Fuß auf ein Boot setzt. Gleich der Göttin Isis hatte sie Hund, Fruchtkorb und Füllhorn als Beiwerk dabei.

Die Sonnenverehrung hatte viele Formen gefunden und ging nicht nur vom Gestirn selbst oder von seinem Vehikel, dem Boot oder dem Wagen, aus. Wir wissen aus schriftlichen Belegen, daß noch zu geschichtlicher Zeit der sonnenläufige zeremonielle Umritt des neuen Königs um sein Land üblich war. Das galt bei den Franken und Sachsen, aber auch bei den Dänen, Norwegern und Schweden als eine Art Sonnenhuldigung, mit der Hilfe für den König erbeten wurde. Noch älter ist das kultische Kreisreiten in sonnenläufiger Richtung bei Germanen und Kelten. Das hat auch im Wortschatz des Nordens seinen Niederschlag gefunden: Im Altnordischen bedeutet »ganga at solu«, also »mit der Sonne gehen«, soviel wie »alles geht nach Wunsch«.

In den Vorstellungen der Skandinavier war das Kultboot oft eng mit der Fruchtbarkeitssymbolik verbunden. Besonders im westschwedischen Bohuslän, dort, wo im Gegensatz zu dem kulturlandarmen Norwegen recht viel Ackerland zwischen den gletschergeschliffenen Felsbänken liegt, ist auf dem Achtersteven der Felsbild-Schiffe häufig ein Pflug gebunden.

In der deutschen Stadt Ulm hat es noch 1550 – wie auch anderswo in den Donauländern – ein Schiff mit Kufen gegeben, das mit Musik und unter fröhlichem Lärmen zur Adventszeit durch die Stadt gezogen wurde. Prompt verboten daher kirchliche Autoritäten, sich während der Adventszeit zu verkleiden und zu »Pflug und Schiff« umherzuziehen (47a). Die Kombination des Schiffes mit dem kultischen Pflug erscheint dabei bemerkenswert.

So wie sich viele griechische Sagen aus Kultbräuchen erklären, werden auch manche unserer Sagen ihre Vorstellungen aus kultischen Umzügen haben. In der Gegend von Judenburg in der Steiermark erzählt man von der Göttin der »Wilden Jagd«, die auf einem Schlitten einherfährt, der die Form eines Schiffes hat, an dessen Bug eine Pflugschar befestigt ist.

Fruchtbarkeitssymbolik ist auch dort im Spiel, wo unter den Felsbildern von Sandåker im nördlichen Bohuslän das Anfischen mit Wurfnetz im Frühjahr gezeigt wird. Ein Menschenpaar im Coitus steht am Bug des Bootes und der Mann wirft in voller Aktion das Netz.

Das großartigste Beispiel eines Baum-Schiffs findet man in Lökeberg im südlichen Bohuslän. Es sind gleich zwei Bäume, die über dem Schiff stehen, eine große Tanne und ein kleiner entlaubter Laubbaum. Sind hier wohl Sommer- und Winterhalbjahr gemeint? Auf den Spitzen der Zweige sitzen Vögel, die Geister der Verstorbenen symbolisieren. Ein viel kleineres Boot, wieder mit einem großen und einem kleinen Baum, findet sich versteckt im Wald bei Kalleby-Longemyr. Ursprünglich war der Baum ein einfaches Symbol der Jäger-Schamanen für die kosmische Dreiteilung. Bäume spielen in ähnlichem Zusammenhang auch in den Schöpfungsmythen vieler Völker eine beherrschende Rolle. Die germanische Weltesche Yggdrasil der nordischen Mythologie verkörpert ebenfalls den Kosmos und bildet die Brücke zwischen den Lebenden und dem Himmel beziehungsweise der Unterwelt. Als Weltenbaum war dieser Kultbaum aus dem zirkumpolaren nordischen Kreis mit der Mondzahl 9 verbunden.

Der Baumkult wurde auch in Verbindung mit dem Schiff fortgesetzt. In den Bäumen sieht man Vögel als Mittler zu den Himmlischen oder als Ahnengeister. Am Hecksteven des Bootes ist ein Pflug angebracht. Munkedal: Lökeberg, Bohuslän/Schweden, 1200–900 v. Chr.

Das änderte sich, als der Baum, nicht mehr als kosmisches Modell gemeint, im Orient mit der dort heiligen Zahl 7 verbunden wurde. Er hat 7 Zweige, es gibt 7 Himmel, 7 Planeten usw. Der Baum wurde in den meisten Religionssystemen zur Personifikation nie versiegender Lebenskraft, ja als Spender jeglichen Lebens angesehen. Er wurde zum »Lebensbaum«. Wir kennen ihn aus der Bibel als »Baum der Erkenntnis«. In ihm wohnen die skandinavischen Vårdar, die das persönliche Wohlergehen überwachen (49). Die Vård dieser Wohnsitzbäume oder Schutzbäume werden als Genien des Lebens und Schicksalsverkünder gedacht. Das Leben der Menschen war an das Wohlergehen dieser Bäume geknüpft. Noch im Jahre 1744 wurde ein Mann im Kirchspiel Foss im südlichen Bohuslän, der einem solchen Wohnsitzbaum, dem Boträd, einen Zweig abgehauen, dann aber vor dem Baum einen Kniefall getan und um Verzeihung gebeten hatte, in der Beichte zu einer Buße verurteilt. Entsprechend dem alten Analogiegedanken, daß die Baumkrone der Himmel sei, wohnen in ihm auch Götter. So finden wir in der Lage Balken bei Tanum ein Felsbild, das den

Gott im Baum zeigt. Doch es ist ein bronzezeitlicher Gott und wir wissen seinen Namen nicht.

Im Sinne des uralten Jenseitsdenkens ist der Baum auch ein Symbol des Todes, der kein endgültiger Tod ist. In seinen Zweigen sitzen die Seelen Gestorbener in Vogelgestalt. Die Schiffe tragen je einen lebenden und einen toten Baum, den des Sommers und den des Winters. So steht denn eigentlich der Lebensbaum der Ackerbaukulturen immer noch in enger Beziehung zum Weltenbaum der Hirtenvölker und dem noch älteren der archaischen Jägerkulturen. Deshalb sind die Bäume im Zusammenhang mit Schiffen möglicherweise auf einen Anstoß aus dem Orient zurückzuführen, wie viele andere Symbole, die in Skandinavien den Kontakt zum Orient ahnen lassen.

Evans berichtete 1909 über einen großen Siegelring der minoischen Bronzekultur, der auf der kleinen Insel Mochlos gefunden wurde. Die Stempelfläche zeigte ein Boot mit Pferdekopfsteven. Eine weibliche Figur, vielleicht die Fruchtbarkeitsgöttin, hält einen kleinen Baum – oder aber den heiligen Weinstock. Ein ähnliches Steinsiegel entdeckte man in Palästina, darauf ein Schiff mit zwei Vogelköpfen auf den Steven und eine männliche Figur, die von zwei Lebensbäumen flankiert war. In einem Saale des Grabes Ramses IV. in Theben sieht man die nächtliche Fahrt des Sonnenbootes, das von Männern an Seilen gezogen wird. Im Vorderteil des Schiffes steht ein Baum, an dessen Seiten zwei Falken sitzen. Der Totenbuchtext an der Grabwand berichtet von den Toten, die darum bitten, auf der Fahrt des Abend- und Morgenbootes mitgenommen zu werden.

Und hier haben wir die Fahrt in die Unterwelt, die Welt der Toten vor uns. Auch bei den Nordmännern hängt das Boot mit der Fahrt ins Totenreich zusammen, so, wie wir es von der Legende vom Fährmann aus dem klassischen Altertum kennen. Die Vorstellung vom Totenschiff, das die Seelen »weit hinaus in den Ozean«, also dorthin fährt, wo die Sonne jeden Abend ins Dunkel verschwindet, muß zum Glauben der Skandinavier gehört haben. In der Eisenzeit war es üblich, Steinsetzungen in Schiffsform anzulegen, die die Originalgröße eines Schiffes besaßen oder größer waren. Ein anschauliches Beispiel dafür ist das Schiffssetzungsgrab von Lugnaro im südschwedischen Schonen, das mit erhöhten steinernen Steven und mit Ruderbänken versehen ist. Mittendrin lag das Grab. Das alles wurde von einem Erdhügel überfangen. Die Fahrt ins Jenseits wurde später gekoppelt mit der Vorstellung vom Boot als Heimstatt des Seefahrers. Man setzte die Toten in Booten bei und grub diese ein. Bei Vendel im Uppland in Mittel-

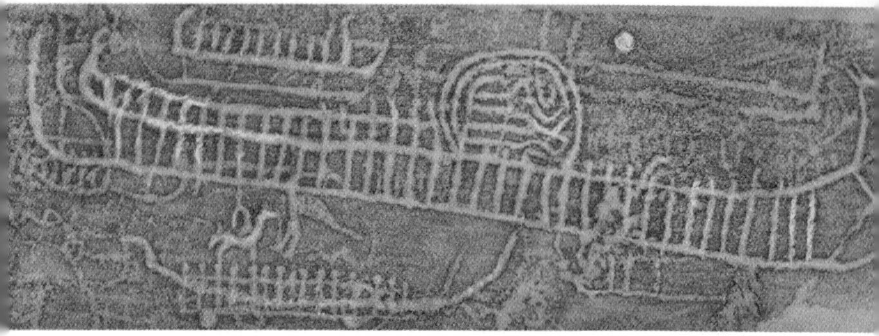

In einem tonnenförmigen Bordzelt scheint der Tote auf einem besonders prächtigen Rinden-Schiff dem Weg der Sonne ins Jenseits gefolgt zu sein, möglicherweise in Begleitung der Ahnen.
Stjørdal: Hegra, Nord-Trøndelag/Norwegen, 900–750 v. Chr.

schweden liegt ein großes Gräberfeld der Völkerwanderungszeit, wo jedem Toten sein Boot mitgegeben wurde. Am bekanntesten sind die großen Schiffsbestattungen der Vestfolddynastie am Oslofjord aus dem 9. Jahrhundert n. Chr. mit berühmt gewordenen Fundstätten wie Gokstad, Tune und Oseberg. So wie dort in den Schiffsmitten die Toten aufgebahrt wurden, muß bereits – viel früher – in der Bronzezeit im Stjørdal im norwegischen Nord-Trøndelag ein riesengroßes Boot mit einer Grabkammer versehen worden sein, genau wie auf den Felsen. Wir wissen aber auch von in Booten aufgebahrten Toten, die allein auf die große Reise in den Ozean gestoßen wurden, zur Fahrt ohne Wiederkehr.

Da in der dritten Periode der Bronzezeit sich in nördlichen Gebieten Europas die Sitte der Leichenverbrennung verbreitete, könnte man annehmen, daß den Lebenden aus Gründen der Pietät die Pflicht erwuchs, die Fahrt des Toten ins Schattenreich zu erleichtern. Die Ursache dieser Wandlung im Totenkult ist wissenschaftlich umstritten. Auf jeden Fall dürfte die Leichenverbrennung eine Folgeerscheinung des großen weltanschaulichen Umbruchs gewesen sein, der zwangsläufig mit dem Beginn des Sonnenkults erfolgte. Zur Zeit des Knochenrituals der Jägerschamanen, das wir in Verbindung mit den »Röntgenbildern« kennenlernten, wäre eine Verbrennung der Toten undenkbar gewesen. Deshalb dürfte die Einäscherung nicht mehr und nicht weniger bedeutet haben, als die Möglichkeit, daß die Toten und manchmal sogar auch Lebende in das Reich des Sonnengottes gelangen konnten. Und eben dort beginnt der Glaube vom »Himmel«, dem wir als Licht- und Seligkeitsreich noch immer anhängen.

DAS SCHIFF ERSCHLOSS DEM MANN DIE WELT

Hautboote – Einbäume – Rindenboote – Plankenboote

Wenn wir uns bislang nur bei Kultbooten, Sonnenbooten, Seelen- und Totenbooten aufhielten, so wollen wir uns jetzt den für profane Nutzung bestimmten Booten zuwenden. Da sei noch einmal grundsätzlich geklärt, daß die Boote der Felsbilder selbst dann, wenn sie aus leichteren Materialien gebaute Umzugsfahrzeuge darstellen sollten, genau den Stand der zeitgenössischen Schiffskonstruktionen entsprochen haben werden. Man konnte sich das Boot, das ins Jenseits fuhr, nicht anders vorstellen als jene Schiffe, die vor der Siedlung am Meer oder im Fjord lagen.

Im Jahre 1981 eröffneten wir mit unseren Felsbildabreibungen im Deutschen Schiffahrtsmuseum in Bremerhaven die aufsehenerregende große Ausstellung »Als die Schiffe Köpfe hatten«. Bereits die Vorbereitung sollte ein Abenteuer werden. Der Direktor des Museums, Detlev Ellmers, klärte anhand unseres umfangreichen Bildmaterials irrige Auffassungen von der Entwicklungsgeschichte des prähistorischen Bootsbaues. Es war jetzt verständlich geworden, daß in der Zeit eiszeitlicher Tundren die ersten Schiffe in Skelettbauweise hergestellte Hautboote gewesen sein mußten, einfach deshalb, weil der Jäger gezwungen war, jenes Material zu nutzen, das ihm zur Verfügung stand. Und das war primär alles, was das Ren an Geweih, Knochen, Sehnen und Därmen, vielleicht aber auch an Haut bot. Die Flora lieferte schlank wachsende Stäbe. So baute man sozusagen »aus dem Nichts« perfekte winzige Einmann-Boote. Später vergrößerte man sie zu Reisebooten, die auch der Waljagd dienten, so wie das heute noch bei den Eskimo mit ihrem Umiak der Fall ist. Als sich dann nach dem Ende der Eiszeit die Wälder ausbreiteten, stellte der Jäger der Mittleren Steinzeit aus Baumstämmen Einbäume her. Doch der ausgehöhlte Baum bot nicht viel Nutzraum. Man erhöhte deshalb die Dollborde durch aufgesetzte Leisten. Noch mehr Platz erhielt man durch das Aufspreizen der Seitenwände zu einem breiteren Bootsraum und durch das Aneinanderbinden zweier oder mehr Einbäume zu einer größeren Einheit. Und damit war man schon auf dem Wege zum Plankenboot.

Am Ende der Jungsteinzeit wurde entdeckt, daß sich aus der Rinde der Bäume nützliche Dinge herstellen ließen. Und so lag es nahe, daß in Schalenbauweise aus Rinde Boote gebaut wurden, die auf den südskandinavischen Bilderfelsen schon immer die Phantasie der Betrachter erregten. Meistens sah man sie für Schlitten an, denn wozu sollte sonst wohl eine Kufe nötig sein? Andere sprachen von Auslegerbooten oder Flößen. Vorgeschichtler wie Schiffsbaufachleute versuchten immer wieder, die Wahrheit herauszufinden. Sie ließen sich aber durch die im Röntgenstil gezeichneten Teile irritieren und verirrten sich in reichlich phantastischen Lösungen. Als dann 1922 auf der dänischen Insel Alsen auf der Hirschsprungkoppel ein Boot ausgegraben wurde, das nach pollenanalytischer Untersuchung in das 4. bis 2. Jahrhundert v. Chr. datiert werden konnte, gelangte man zu des Rätsels Lösung. Dieses über 15 m lange Boot gab erstmalig einen Einblick in die Bauweise jener Schiffsfahrzeuge, die mit einer Kufe und bogenförmig hochstrebenden Steven versehen gewesen waren. Das »Hjortspringboot« war ein Plankenboot und offenbarte eine lange Entwicklungslinie. Es zeigte noch deutlich diese merkwürdige Kufe, und seine in Klinkerbauweise einander überlappenden Planken waren mit Basttau regelrecht vernäht worden – ebenso, wie man einst die Hautboote und später auch die Rindenboote vernähen mußte. Man hatte sich technisch also noch nicht von den althergebrachten Konstruktionen gelöst, obgleich Kufe und Nahtverbindung inzwischen sinnlos geworden waren. In unserer Ausstellung konnte man eine über 15 m lange Kopie des Hjortspringbootes bewundern, wobei vor allem auffiel, welche hohen handwerklichen Leistungen diese Nordmänner zu vollbringen vermochten.

Das einzigartige Felsbild des über 4 m langen Brandskogschiffes aus dem schwedischen Uppland stellt mit seiner sechsköpfigen Paddelmannschaft ein Lehrbeispiel dar, das möglicherweise bereits in recht früher Zeit ein Plankenboot wie das Hjortspringboot zeigt. Es wird achtern unten von einem Geist oder einer Gottheit gestützt, wie das auch auf anderen Felsbildern zu sehen ist.

Da war es der Schiffsbauingenieur Gerhard Timmermann, der erklärte, weshalb die Vorgänger des Hjortspringbootes Rindenboote gewesen sein müßten (50). Er nahm einfach ein Stück Briefpapier im Seitenverhältnis 1:7 und kniffte nur die Schmalseiten in der Mitte durch: Es entstand ein Schiffskörper, der an beiden Enden mit einer Briefklammer zusammengehalten wurde. Die Mitte bog sich weit auseinander und ergab an beiden Enden einen V-förmigen, offenen Querschnitt. Da die Unterkanten beider Steven eine geringe Hebung des Bodens anzeigten – wie jeder in eigenem Versuch leicht feststellen kann –, so fielen Bug- und Heck-

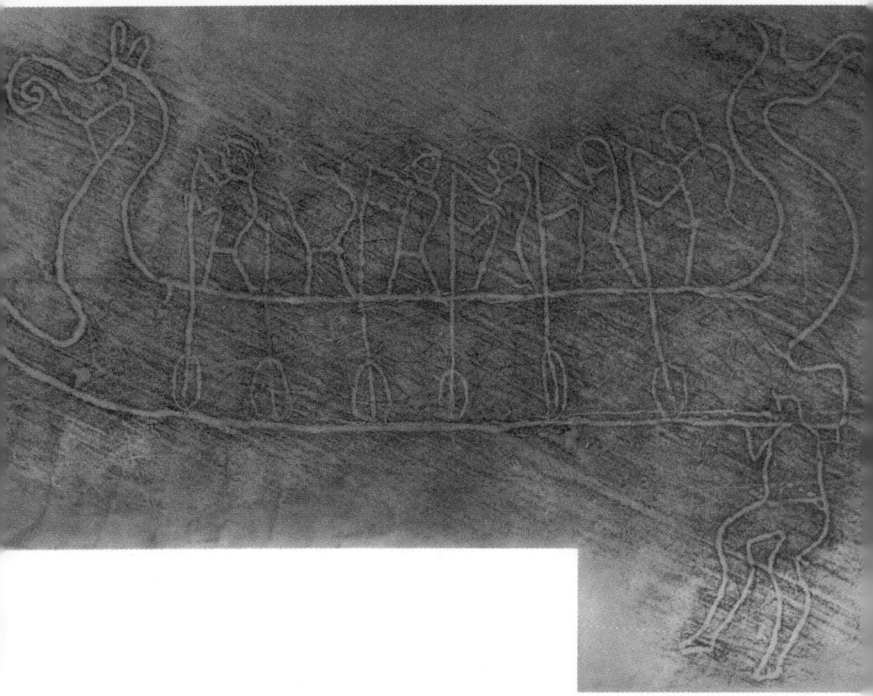

Dieses Boot von 413 cm Länge ist das größte, das bisher auf Felsbildern entdeckt wurde. Es wäre möglich, daß es sich bei diesem Bootstyp bereits um ein Plankenboot handelt. Ein Geist oder eine Gottheit stützt helfend das Fahrzeug.
Rickeby: Brandskog, Uppland/Schweden, 500 v. Chr. – Zeitenwende.

steven oben leicht nach innen, schrägten also so aus der Senkrechten ab, daß sich die untere Spitze nach außen vorschob. Und genau das war das Hauptmerkmal fast aller Kufenboote der Bronze- und Eisenzeit auf den Felsbildern. Da man Baumrinde beim Abschälen stets in großen rechteckigen Stücken gewinnt, lag es nahe, daß diese Boote einst auch Rindenboote gewesen waren.

Baumrinde – in Skandinavien vermutlich Birkenrinde – ist ein empfindlicher Baustoff. Man mußte sie also beim Fahren in flachen Küstengewässern und beim Anlandziehen durch eben jene auffällige Kufe schützen, die wir immer auf den Felsbildern sehen und die uns in so vielerlei Formen bekannt ist. Die gewaltige massive Holzausbildung beider Schiffsenden beim Hjortspringboot brachten mich auf die Idee, wie eigentlich man um das Kniffen der Birkenrinde an Bug und Heck gekommen sein mochte. Jede scharfe Falzung hätte die Rinde unweigerlich durch Bruch undicht machen müssen. An Bug und Heck mußte man in Stemmlöcher der Kufe starke hölzerne Halbzylinder gesetzt haben, deren Höhlung unten in einem kugelig runden Lager endete. An der Zusammenführung beider Dollborde und Steven wurde oben ein Kolben eingehängt, der derartig in den Halbzylinder paßte, daß er die Endung der Rinde, unten im weichen Rund des Lagers durchgebogen, ringsherum festklemmte. Damit war also bereits die »Schale« der Schalenbauweise gegeben, die innen nachträglich gestützt werden mußte.

Von den noch im Anfang unseres Jahrhunderts gebauten Rindenkanus der Indianer lernte ich die Grundlagen des Bootsbaues mit Birkenrinde kennen (51). Die Birkenrindenkanus in Nordamerika waren unter den primitiven Wasserfahrzeugen die am höchsten entwickelten und ursprünglich mit steinzeitlichen Werkzeugen gebaut worden. In gleicher Weise stellten sicher auch die Südskandinavier ihre Kufenboote her. Nur die Form war eine andere. Für Indianerkanus wurden Birken benutzt, die am besten im Winter geschält wurden. Auch Rottanne konnte verwendet werden. Man goß heißes Wasser auf die Innenseite der Rinde, um sie geschmeidig zu machen. Selbst große Kanus, die aus vielen Rindenstücken zusammengenäht und geklebt waren, blieben so leicht, daß man sie bequem zu zwei Mann forttragen konnte. Das war wichtig, denn man trug sie bei Flußfahrten immer um Katarakte herum und bewahrte sie auch stets an Land im Schatten auf, damit sie nie ganz austrockneten.

Bei den südskandinavischen Kufenbooten müssen wir voraussetzen, daß sie ebenfalls aus vielen Stücken miteinander vernähter Birkenrinde gebaut waren. Dann mußten sie mit einer geeigneten Dichtungsmasse verklebt werden, die man auch zum Abdichten kleiner Astlöcher in der Rinde nahm. Diese Klebestellen wurden von außen mit einem passenden Rindenstück gegengeklebt.

Zur Herstellung der Dichtungsmasse sammelten die Indianer Tannenharz, das in einem hölzernen Trog mit heißen Steinen nicht zu stark erwärmt wurde. Zu dem weichgewordenen Harz gab man dann Tierfett und etwas gestoßene Holzkohle. Diese Klebmasse mußte in sämtliche Nähte verstrichen werden, bei unserem Kufenboot also auch an den Klemmstellen an Bug und Heck.

Bindearbeiten wurden mit Tannenwurzeln durchgeführt, die man aufspaltete. Wenn man zum Einsetzen von krummen Bauteilen nicht naturkrummes Holz fand, dann krümmte man das Holz unter Einsatz von heißem Wasser. Damit inzwischen die Rinde nicht austrocknete, wurde sie bis zur Fertigung aufgerollt im Bach bewahrt. Der Bauplatz war grundsätzlich im Walde, weil man seinen Schatten brauchte.

Die Birkenrinde konnte durch Zwickel, Schlitze, durch Falten oder Kräuseln in jede gewünschte Form gebracht werden. Sie wurde oben auf Dollbord, also längs der Oberkante nach innen gezogen und dort festgelegt. Zum Schutz wurde jedoch stets oben auf Dollbord eine Kantenleiste aufgesetzt. Diese Schalenkonstruktion wurde dann immer von Rippen gestützt, die wie Spanten von Bordwand zu Bordwand quer eingefügt werden mußten. Die Rippen bestanden aus gebogenem Spaltholz, das bereits vorher auf seine benötigte Form gebracht worden war. Hinter die vielen Rippen steckte man eine Bekleidung aus stark ausgedünntem Spaltholz, um zu verhindern, daß die Rindenhaut durchgetreten wurde.

Das größte Problem bei den Rindenbooten war, daß man sie nicht ständig im Wasser lassen konnte und daß sie, an Land gezogen, dort auch nicht ganz austrocknen durften.

Wenn wir uns über Gebühr lange bei indianischen Technologien aufgehalten haben, so deshalb, weil sie, als sie entdeckt wurden, immer noch in metallosen Vorgeschichtsperioden, die bei den europäischen Völkern in die Jahrtausende vor der Zeitenwende gehörten, lebten. Wir finden an der gesamten asiatischen Eismeerküste Bootsbautechnologien, die die Vermutung rechtfertigen, daß mit gleichen Mitteln gleiche Konstruktionen erzielt wurden, die nur in der äußeren Form unterschieden werden können.

Merkwürdigerweise wurden die großen skandinavischen Kufenboote weder mit Riemen (langen Rudern) angetrieben, noch waren sie jemals mit Segeln versehen. Wenn unter Tausenden von Bootsbildern zwei oder drei nachträglich einen Mast graviert bekamen, rechtfertigt das noch nicht das Gegenteil. Ihre Fortbewegung geschah noch immer mit dem Stechpaddel, dem Pagaie. Das trifft sogar noch auf die ersten Plankenboote vom Hjortspringtyp bis zum Nydambootstyp zu. Man saß in den Kufenbooten – wie die Bilder zeigen – auf Duchten (Sitzbänken). Es ist eigentümlich, daß die Felsbilder die Ruderer in Sitzhocke oben auf dem Dollbord zeigen. Das wird aber verständlich, wenn man weiß, wie schwer die Zeichner es hatten, Überschneidungen verständlich darzustellen. Auf jeder Ducht konnten im Gegensatz zu mit Riemen getriebenen Booten, nur stets zwei Ruderer sitzen. Sie blickten dabei alle in Fahrtrichtung, konnten bei kleinen Booten also

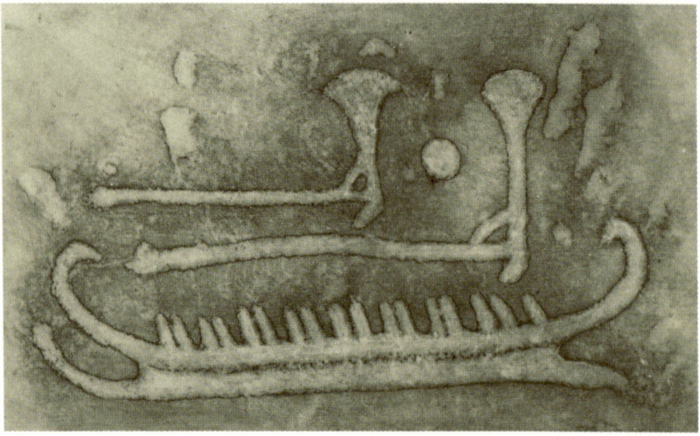

Unter zwei Bronzeäxten, die wohl als Votivgaben zu werten sind, sehen wir ein Kufenboot mit paarigen Ruderern und einem Steuermann, wie das ein mit Stechpaddeln getriebenes Boot erforderte.
Simrishamn: Steinbruch, Schonen/Schweden, 1200–1000 v. Chr.

auch steuern. Bei Schiffen mit einer großen Zahl von Paddlern wurde die Steueraufgabe von den beiden Paddlern vorn und achtern wahrgenommen, die dazu auch anders geformte Paddel führten. Schließlich ging die Steuerfunktion an je einen Mann vorn und achtern steuerbords über.

Die Kufenboote waren vermutlich nur schmal gebaut, wie auch unsere Rekonstruktion auswies. Wenn wir heute sagen »Länge läuft«, dann war dieses Formprinzip für Schnelligkeit bereits damals erkannt worden. Man baute schnelle Schiffe. Und das rechtfertigt auch die Annahme, daß die Männer spätestens in der Bronzezeit recht beachtliche Strecken mit Stechpaddeln bewältigten.

Zu den frühesten Anzeichen, daß die Rojetechnik (das Rudern mit Remen oder Riemen) Eingang bei den Nordgermanen gefunden hatte, gehört das im 4. Jahrhundert n. Chr. gebaute Ruderschiff von Nydam. Offensichtlich hatte man noch wenig Erfahrung mit den langen Riemen, denn sie tauchten bei ihm viel zu steil ins Wasser.

Bei den Kelten besaßen Schiffe recht steife Ledersegel. Die jüngste Darstellung keltischer Segel stammt aus dem 3. Jahrhundert n. Chr. Die ältesten aufgefundenen Wiedergaben germanischer Segel sind aus dem frühen 8. Jahrhundert n. Chr. Es ist nicht zu verstehen, weshalb die Nordgermanen mit ihrer hochstehenden Bootsbautechnik nicht früher auf das Segel kamen.

NORDISCHE NAVIGATION
Vom Weltenrad zur Pinnpeilscheibe

Die Verwendung der Bronze, deren Rohstoffe nur an wenigen, weit auseinander liegenden Stellen der damaligen bekannten Welt gefördert wurden, zwang zu großen Seefahrten. Verhüttung, Guß und Bearbeitung des Metalls in fertige Ware führten zu einem Spezialistentum, das in diesem Umfang bei der Materialbearbeitung der Steinzeit nicht nötig gewesen war. Der Metallgießer, später der Schmied, genoß hohes Ansehen. Es entstand ein ausgedehnter Handel.

Der Vorsitzende des 2. Internationalen Archäologen-Kongresses in Oslo, A. W. Brøgger, sagte bereits 1936 in seiner Eröffnungsrede (52): »Man hielt es in meinen Studientagen geradezu für revolutionär, als Montelius auf Grund bestimmter Entdeckungen meinte, in der Steinzeit habe es eine ›direkte Verbindung‹ zwischen England und Schweden gegeben. Es fuhren ja damals noch keine Schnelldampfer durch die Nordsee. In Wirklichkeit mußte man unseren Begriff von Entfernungen revidieren, denn sie spielten für die Männer der Stein- und Bronzezeit keine Rolle.«

Unter unseren Felsbild-Abreibungen befinden sich Boote, die über 80 Mann Besatzung zeigen. Wenn auch etwas Seemannslatein dabei anzunehmen ist, so kann man wohl doch von bereits recht beachtlichen Großschiffen, von »großer Fahrt« und von »Berufsseeleuten« sprechen. Noch heute ist nur etwa 4 Prozent des norwegischen Bodens zum Ackerbau nutzbar. Es wird viele Männer gegeben haben, die zu Hause kein Auskommen fanden. Weder die wenigen Metallfunde noch der geringfügige Handel mit Fellen lassen so große, seetüchtige Schiffe notwendig erscheinen, zumal es nicht wenige gewesen sein werden. Vermutlich existierte eine Art »Dienstleistungs-Unternehmen Seetransporte«, das diesen Männern Verdienst brachte, gerade so, wie sich die Skandinavier noch heute mit ebensolchen Unternehmen vom Walfang bis zur Tankschiffahrt für die ganze Welt verdingen.

Eines sollte man natürlich nicht verkennen: Das Ende der Bronzezeit war nicht etwa der Anfang großer Seefahrten, sondern in Wirklichkeit das Ende. Es fiel mit einer starken Klimaverschlechterung zusammen, die viele Völker zur Wanderung zwang. Außerdem war diese Zeit von einer Wirtschaftskatastrophe gekennzeichnet: Hatten Kupfer, Zinn und Bronze große Transport-

Weil auch die Steven hier mit Mann-Strichen besetzt sind, könnte man von »Seemannslatein« sprechen. Aus ersten kleinen Birkenrindenbooten scheinen ausgesprochene Großboote entwickelt worden zu sein, die gewiß seetüchtig waren.
Beitstadfjord: Hammer, Nord-Trøndelag/Norwegen, 1500–500 v. Chr.

fahrten benötigt, so wurde Eisenerz nun fast überall gewonnen und verhüttet. Seetransporte wurden überflüssig.

Waren die schnellen Boote der Wikinger, die wir so sehr bewundern, um das Jahr 1000 n. Chr. mit Remen und guten Segeln versehen, die eine Fahrt nach Amerika möglich machten, so waren ca. 2000 Jahre zuvor die Kufenboote der Bronzezeit, wie schon erwähnt, ausschließlich gepaddelt worden. Wir fragen uns, wie es möglich war, mit diesen relativ kleinen Booten zu navigieren. Dabei muß man wissen, daß der Kompaß im Norden erst im 12. Jahrhundert n. Chr. bekannt wurde. Alle Paddelbesatzungen mußten verständlicherweise hin und wieder Ruhepausen einlegen. Dazu steuerte man die Küste an. Schon allein aus diesem Grunde war die Schiffahrt des Nordens küstengebunden. Die Küste blieb das beste Hilfsmittel für die Navigation. Es gab bestimmte Landmarken, die man sich merkte, in Holzstäbe oder Knochen schnitt, wie wir das von den Eskimo kennen.

Meeresüberquerende Fahrt fand möglichst im Inselsprung statt, um einen Richtungsanhalt zu haben. Verständlicherweise mußte dann jedoch stets eine größere Strecke »außer Landsicht« gepaddelt werden. Das setzte ein gutes Orientierungsvermögen nach den Sternen voraus. Da die Bronzezeit sehr viel günstigeres Wetter gehabt haben dürfte als die Zeit danach, war es sogar möglich, auch in der Nacht durchzufahren und dabei den Kurs zu bestimmen.

Im Gegensatz zur Mittelmeerschiffahrt war die nordische Seefahrt in erheblichen Maße auf die Ortsbestimmung in Nord-Süd-Richtung angewiesen. So haben die Nordleute die jahreszeitlich bedingten großen Unterschiede in der Dauer von Tag und Nacht beobachtet. Bei Fahrten in den Süden mußte es ihnen auffallen, daß diese Unterschiede in den Tag- und Nachtlängen immer mehr abnahmen und daß sich dort die Auf- und Untergangspunkte der Sonne im Laufe eines Jahres weniger stark entlang des Gesichtskreises verschoben. Auf Grund dieser Erfahrung vermochten sie die südwärts zurückgelegte Strecke nach der Horizontstelle des Sonnenuntergangs an Vergleichstagen »gissen«, das heißt: schätzen. Wenn man im Winter nach Süden fuhr, mußte am Vergleichstage die Sonne nördlicher untergegangen sein (53).

Der Grieche Pytheas von Massilia (Marseille) beschrieb 345 v. Chr. in seinem Buch »Okeanos« eine Reise, die ihn von Gallien über Britanien per Schiff nach Norden führte, vermutlich in die Gegend des Nord-Trøndelag beim heutigen Trondheim. Er bemängelte, daß die Nordleute nicht in griechischen Zeitabschnitten rechnen konnten. Dagegen zeigten sie ihm Landmarken in der ihnen wohlbekannten Südrichtung. Durch ein Handmaß konnten sie aus dem Gedächtnis die Breite eines Winkels angeben, indem sie die Finger in bestimmte Stellungen gegen die Nordkimm hielten. Pytheas bewunderte den großen Vorrat himmelkundlichen Wissens der Nordleute, der ihnen auch dann zur Verfügung stand, wenn die unmittelbare Beobachtung versagte. Die Positionen des Sonnenstandes am längsten Tage des Jahres hielten sie sich auf dem Himmelsrande im Gedächtnis fest, um alle Beobachtungen des jeweiligen Sonnenhalbjahres danach zu berechnen.

In diesem Zusammenhang ist auch die »sólskifu«, die Sonnenscheibe interessant, die auf der weiteren Unterteilung des Weltenrades mit seinen vier Kardinalpunkten beruht. Sie wurde irrtümlich »Pinnkompaß« genannt, hat aber mit einem Kompaß überhaupt nichts zu tun, sondern ist eine Gedächtnisstütze zum Festhalten des bereits gefahrenen Kurses und der Geschwindigkeiten (54). Die älteren hölzernen Peilscheiben, von denen wir zwei im Nordiska Museet in Stockholm fanden, bestanden aus dem 32teiligen Kreis, in dessen Löcher man an Schnüren befestigte Pinnen zur Kennzeichnung des Kurses stecken konnte.

Es ist nicht auszuschließen, daß das Rondell mit Teilstrichen am Bug des Großschiffes eine Pinnpeilscheibe sein sollte, mit der man den Kurs festlegte, so daß die einmal gewonnene Peilung später wieder aufgenommen werden konnte.
Tanum: Litsleby, Bohuslän/Schweden, 1200–900 v. Chr.

Darunter befand sich ein rechteckiger Teil zum Stecken der Geschwindigkeiten, ein Logbuch für Analphabeten schlechthin. Dieser eckige Anhang war sicher eine spätere Hinzufügung; die älteste »sólskifu« haben wir uns nur als kreisförmige Holzscheibe vorzustellen. Grundlage für den Einsatz des Gerätes war natürlich, daß man die Mittagssonnenhöhe festgestellt hatte.

Im Mittelmeerraum kam man in der klassischen Seefahrt von der vierteiligen nur bis zur achtteiligen Peil-Teilung. Allein im Norden mit seiner viel komplizierteren ozeanischen Seefahrt erweiterte man sie vermutlich schon lange vor der Wikingerzeit zur 32teiligen Peilscheibe. Aus dem einfachen Weltenrad als Ortungskreuz war ein nützliches nautisches Instrument geworden.

VON RIESEN UND MENSCHENFRESSERN

Mythos und Kult der Ackerbauern

Außer den sehr großen Menschen- oder Göttergestalten unter den Felsbildern, wie jener übergroße Speerträger von Litsleby bei Tanum oder der riesige Beilträger von Disåsen bei Brastad, gibt es

Mit 330 cm Höhe ist der Speergott riesenhaft dargestellt, denn Größe ist gleich Mächtigkeit und Kraft.
Tanum: Litsleby, Bohuslän/Schweden, 1200–900 v. Chr.

Riesendarstellungen in Prozessionen. Vermutlich waren sie so hergestellt worden, wie wir das von unseren großen Karnevalsfiguren kennen – vorausgesetzt, es waren nicht nur mythologische, also erdachte Riesen. Was stellten sich die Menschen alter Zeiten eigentlich unter »Riesen« vor?

Nach der Anschauung der Römer waren besonders die »nördlichen Gegenden« mit Riesen bevölkert (55). Sie waren anscheinend typische Gebirgsbewohner. Der Chumbaba des uralten Gilgamesch-Epos aus dem 3. Jahrtausend v. Chr. hauste im Libanon. Nach dem Riesen Atlas wurden die drei Gebirgsbarrieren Nordwest-Afrikas benannt. Im Hindukusch wohnten gleich drei Riesengeschlechter, die Kafiren, die Peri und die Golim (hebr. Golem). Die »furchtbaren Monster« der homerischen Odyssee, die Zyklopen, hatten ihre Heimstatt am Vesuv. Auch am Ätna gab es Riesen, die Lästrigonen. Doch Riesen scheinen nicht sehr gesellig gewesen zu sein. Sie waren ausgesprochene Einzelgänger. Höchstens drei hausten einmal zusammen, bekamen dann aber unweigerlich miteinander Streit.

In der griechischen Mythologie sind Giganten die Personifikation der Naturkräfte. Ähnlich sind in Skandinavien die Riesen Symbole des Ungetümen, Fürchterlichen, ja sogar Feindseligen in der Natur, wie zum Beispiel des Orkans, von Frost und Eis und des felderverwüstenden Unwetters. So erscheinen sie bei den alten Nordmännern in direkter Beziehung zu den Winterstürmen als Eis- und Frostriesen. Hier wie anderswo werden sie jedoch ursprünglich Naturdämonen gewesen sein, die im Gegensatz zu den Göttern und Lichtwesen gestanden haben, große Gestalten, die genausogut schaden wie gelegentlich auch nützen konnten.

Besonders bemerkenswert sind in diesem Zusammenhang Felsbilder im Nord-Trøndelag, auf dem großen Felsen von Leirfald im Stjørdal. Dort ist ein Umzug mit einem schwertgegürteten Riesen zu sehen, dem neun Männer folgen, seitlich von drei Frauen mit Pferdeschwanzfrisur flankiert. Es fällt sofort auf, daß weder der Riese noch die Männer oder Frauen Arme haben. Das ist gewiß keine Nachlässigkeit des Schöpfers dieser Gravurszene gewesen. Er wollte damit, im Sinne der neuen bäuerlichen Weltauffassung und des Symbolwerts dieser sofort sichtbaren körperlichen Besonderheiten andeuten, daß es sich nicht um lebende Menschen handelt, sondern um Jenseitige. Ihre Welt ist dort, wo die Sonne am Abend im Meer und in der Dunkelheit versinkt: im Jenseits. Welch' unglaubliches Bild. Dort hausen alle jene, die das Totenschiff hinüberbrachte – aber auch das Böse, das Unwetter, die Eis- und Frostriesen, alle jene, die die Winterstürme aus dem großen Spalt am Horizont über das Meer daher jagen lassen, die im Norden, wie der Troll, unsichtbar sein können. Sie müssen groß sein – stellten sich die Menschen vor – um solche Gewalt auszuüben.

Andererseits gab es damals ein Maßstabdenken, das sich in einer Skala abgestufter Größen ausdrückte. Wichtiges wurde größer dargestellt als Unwichtiges. Und bei der Prozession mit dem Riesen könnte folgendes der Fall sein: Die neun Männer sind das

Normmaß. Da ein selbstherrlicher Mann das Bild gravierte, sind die Frauen von untergeordneter Bedeutung und entsprechend kleiner gezeichnet. Der Ahnherr des Stammes – so wäre denkbar – würde dann als »machtvoller alter Herr« größer als alle wiedergegeben. Das wird Rang-Größe-Prinzip genannt.

Im Gegensatz zu den Jägern und Sammlern alter Zeiten, die ein Ding als solches naturhaft richtig wiederzugeben versuchten, stellten die Bauern nach der neolithischen Revolution Abstraktes dar: ihre Angstvorstellungen, ihre Furcht vor Unsichtbaren, vor dem Hunger, dem Tod, aber auch die Bitten um Fruchtbarkeit, Rückkehr der Sonne, um Regen. Das alles konnte man nicht einfach zeichnen wie der Jäger das Wild. Und so nahm man Zuflucht zum Symbol. Erst in unserer Zeit, da die Welt kleiner geworden ist und wir mit Sprachbarrieren fertig werden müssen, sind Symbole wieder stark in Gebrauch gekommen: Verkehrssymbole, Sportsymbole, Gebrauchs- und Verbotssymbole. Doch haben diese Zeichen heute keinen weltanschaulichen beziehungsweise religiösen Hintergrund.

Bei dem kleinen Gehöft von Ekenberg nahe Öster-Eneby im schwedischen Östergötland ist unter den Felsbildern ein weiterer Riesenumzug mit insgesamt 17 Gestalten zu sehen. Alle Figuren, unter ihnen der Riese, sind schwertgegürtet. Nur die beiden letzten Männer haben Arme, die deutlich seitlich abgewinkelt sind. Der Gigant ist gefesselt und wird an Seilen in der Prozession mitgeführt. Damit dürfte er als »Eis- und Frostriese« oder irgendeine Symbolisierung des Unwetters gekennzeichnet sein, auf jeden Fall jedoch als »Riese« und nicht als Ahnherr.

In der Edda (56) dominierten die beiden Riesengeschlechter der Yotnar und Thursar, die sich stets stritten. Im Norwegischen hießen die Yotnar Jotun, was »Fresser« oder eigentlich »Menschenfresser« heißt. Die Schweden nennen dasselbe gefährliche Riesengeschlecht Jätte. Dementsprechend sind die Dolmen – die wir Hünengräber nennen – in Schweden Jättebetten.

In Grimms Deutschem Wörterbuch, Ausgabe 1885 (57) findet sich die Feststellung: »Riesen sind fast immer Menschenfresser.«

In der heutigen Literatur ist oft in aufmacherischer Weise von »mörderischer und kannibalischer Lebensweise« unserer Vorfahren geschrieben worden. Herodot (58) berichtete um 430 v. Chr., also aus der großen Zeit heranwachsender Bauern- und Hirtengemeinschaften, »... daß einige Völkerschaften es für unverständlich halten, daß es Völker gibt, die ihre Toten nicht aufessen.«

Selbst als Kolumbus 1493 von einem Stamm der Karaiben –

Von den schwertgegürteten Figuren haben nur die zwei letzten Arme. In ihrer Mitte führen sie einen gefesselten Riesen.
Öster-Eneby: Ekenberg, Östergötland/Schweden, 1000–750 v. Chr.

nicht ganz zuverlässig, wie sich herausgestellt hat – berichtet wurde, sie lebten von Menschenfleisch, wurde durch einen Hörfehler offenbar daraus die Benennung Kaniben und davon abgeleitet Kannibalen. Leider gibt es noch immer recht wenige zuverlässige Berichte über Menschenfresserei.

Bei einer Ablagerung menschlicher Skelett-Teile aus der Eiszeit bis heute ist es nicht verwunderlich, daß auf natürliche Weise entstandene Defekte durch Gelände- oder Gesteinsdruck, durch Trampelmarken und Tierfraßspuren auftreten. Diese Gewalteinwirkungen sind meist menschlichen Eingriffen so ähnlich, daß ein ernster Meinungsstreit unter Anthropologen und Archäologen entbrannte, wie weit jeweils bei den Fundorten Zerstückelung und Kannibalismus anzunehmen sei oder nicht. J. Herrmann (59) sprach die Vorstellung vieler Forscher aus: »... daß die Menschen des Paläolithikums in rituellem Denken befangen, sich über die Körperlichkeit die physischen und geistigen Potenzen des überwundenen Gegners oder des verschiedenen Mitglieds der eigenen Sozialgruppe glaubten aneignen zu können ...«, das heißt, daß sie rituellen Kannibalismus ausübten.

In den letzten Jahren gab es systematische Untersuchungen an dem reichlich vorhandenen fossilen Fundmaterial in Hinblick auf Kannibalismus, Schädelkult und Bestattungsriten. Dabei gelangten etliche Forscher zu neuen Deutungsmöglichkeiten. Die Leichenzerstückelung kann für viele eiszeitlichen Menschenfunde als gesichert angenommen werden. Jedoch zeigten die Befunde am Schädel, an Knochen und Gelenken Schnittmarken, besonders an den Ansatzstellen von Muskeln und Bändern, die keinesfalls darauf hinwiesen, daß Fleischteile für kannibalische Verwendung gewonnen werden sollten. Dazu hätten einige kräftige Schnitte ausgereicht, die gewiß nicht diese enggestellten Schnittmarken am Knochen hinterlassen hätten. Es ist jedoch immer wieder deutlich zu erkennen, daß Haut, Muskeln und Fleisch sehr sorgfältig losgelöst wurden, vermutlich um Knochenbruchstücke zu erhalten, die eine Zeitlang – aus welchen Gründen auch immer – aufbewahrt werden sollten (60). Hierbei kam es sogar zur Eingravierung von Zeichen, wie die eines Tierumrisses. Diese am Toten bzw. seinem Skelett durchgeführten Manipulationen am Sterbeort dienten offenbar allein der Absicht, Knochenbruchstücke für uns nicht bekannte Zeremonien zu erhalten. Dies geschah aus völlig anderen rituellen Absichten als bei den im postglazialen mesolithischen und neolithischen Kulturabschnitt geschilderten Zerstückelungsriten (29c). Die Entwicklung war einen anderen Weg gegangen: Während die nacheiszeitlichen Jäger das Skelett eines Individuums aus weltanschaulichen Gründen beisammenließen, war in der Eiszeit für eine Reihe von Menschenresten charakteristisch, sie an exponierten Stellen unter Steinen, in Nischen oder an der Basis der Höhlenwände sichtlich vorsätzlich zu deponieren. Dabei sind, wie bei einem Fund bei Brno (Brünn) einzelne menschliche Skelettbruchstücke mit Ocker bestreut unter einem Mammutschulterblatt vorgefunden worden, zusammen mit 600 Dentalia, einer bearbeiteten Rengeweihstange, zwei großen Steinringen und 14 kleinen Steinscheiben sowie einer Elfenbeinfigurine (61).

Somit kann die These, daß Schnittmarken an Menschenknochen eindeutige Hinweise auf Kannibalismus seien, nicht weiter vertreten werden. Nur zwei Merkmale deuten auf kannibalische Manipulationen hin: die gewaltsam geöffnete Schädelbasis eines unzertrümmerten Schädels und die in der Längsrichtung aufgeschlagenen Langknochen des Menschen. Dies sind Anzeichen eines rituellen Verzehrs von Gehirn und Knochenmark. Für das Verspeisen von Menschenfleisch gibt es anhand von Knochenmaterial keine zuverlässigen Hinweise.

Besaß einst der Wildbeuter alles, was seine Bedürfnisse bei einem einfachen Wanderleben befriedigte, so hatten bereits die ersten Teil-Seßhaften das andauernde Problem, daß ausreichende Ernährung nicht allein von ihnen selbst, sondern oft viel mehr von der Natur abhing. Diesen neuen Realitäten versuchten die Bauern mit einer Fruchtbarkeitsmagie beizukommen, deren Höhepunkt – für uns nicht faßbar – in der Tötung lag.

Das augenscheinlich »tote« Samenkorn vergeht deutlich im Erdboden, nachdem es gesät worden ist. Es gebiert sozusagen, indem es stirbt, durch das Keimen neues Leben. Der Mensch der Jungsteinzeit hatte seine Kenntnisse erweitert und glaubte nunmehr, komplizierte Zusammenhänge des Lebens und Sterbens erkannt zu haben. Und so schloß er aus dem Samentod und Neuwachsen, daß gleichermaßen für Tier und Mensch der Weg zum Weiterleben durch den Tod gesichert sei. Bar jeden Kausalzusammenhangs wollte der Bauer in diesem Analogiedenken durch Opfer die Fruchtbarkeit für Mensch, Stall und Feld sichern. Dem Opfer von Früchten folgte das von Tieren. Als wirksamstes Opfer – das lehrt selbst die Bibel – wurde jedoch das Menschenopfer angesehen. »Durch Tötung zum Leben!« Welch' abstruse Vorstellung in der ersten Ackerbaugesellschaft. Der Mensch glaubte das Schicksal der Pflanze nachvollziehen zu müssen, um ihrer habhaft werden zu können. Die Pflanze wird verspeist – also muß auch der Mensch verspeist werden (24b). Abgesehen von dem höchst willkommenen Zuwachs an Kräftepotential, stehen wir hier vermutlich vor einer der archetypischen Wurzeln des Kannibalismus. Hinter dieser möglicherweise auch im Norden gelegentlich ausgeübten Sitte, Artgenossen zu verzehren, beziehungsweise nur bestimmte Teile von ihnen, steht natürlich auch der Wille zur mystischen Vereinigung mit dem Toten.

Der dänische Wissenschaftler Kai Birkel-Smith äußerte (24c): »Denselben Gedanken, der dem Kannibalismus in seiner ursprünglichen Form zugrunde liegt, treffen wir im Sakrament der Kommunion wieder, das zunächst eine rein magische Handlung ist. Die Gottheit tritt in Tier- oder Menschengestalt auf, und die Gemeinde nimmt am Wesen der Gottheit teil, indem sie ihr Fleisch ißt.«

MENSCHENOPFER UND HEILIGE HOCHZEIT

Vorstellungen über das Jenseits und die Erneuerung des Lebens

Der große Wandel, der die Menschen der Jungsteinzeit erfaßt hatte, brachte nicht nur eine Änderung der Wirtschaftsform mit sich, er war auch begleitet von einem Umdenken in Dingen des

Kults, in den Anschauungen über das »Jenseits«. Waren die Jäger noch überzeugt, daß ihre Seele zurück in die große, unterirdische Welt der Tiere gehen würde, um auf eine neue Inkarnation zu warten, so sandte der Bauer nunmehr die Toten mit Wegzehrung, mit ihrem Lieblingsschmuck, mit den Dingen des täglichen Bedarfs und manchmal auch mit ihren Hunden und Pferden auf den Weg in eine jenseitige Menschenwelt. Die Toten der Jäger waren auf Felsen oder Bäumen bestattet worden, gewiß, daß aus ihren Knochen nach Verwesung des Fleisches ein neuer Mensch wiedererstehen könne. Die Toten der Bauern wurden beerdigt und später im Sinne des Sonnenkults verbrannt. Wenn man auch weiterhin um ihre Hilfe bat, sie verehrte – der zurückbleibende Lebende hatte Furcht vor ihrer Wiederkehr und versuchte, diese zu verhindern (62).

W. Robertson Smith (63) suchte den Ursprung des Opfers in den großen sakramentalen Gemeinschaftsmahlzeiten. Sie sollten die Totembrüder mit ihrem Toten eins werden lassen. Dadurch, daß deren ursprünglich magische Eigenschaft in Vergessenheit geriet, konnte das Sakrament der Kommunion wirklich zum Opfermahl werden. Das Gefühl der Zusammengehörigkeit der Menschen mit ihren Göttern wurde mit dieser Vorstellung gestärkt. Damit könnte ein Brauch erklärt werden, über den sich die Gelehrten schon im klassischen Altertum wunderten: Weshalb eigentlich aß man das Fleisch der Opfertiere selbst, das doch dem Gott dargebracht werden sollte? Nur Knochen, Haut und Innereien wurden verbrannt.

In der Gegend von Simrishamn, dort, wo wundervolle Felsbilder der Bronze- und Eisenzeit gefunden wurden, entdeckte Lennart von Post 1919 zwei Opferteiche im Moor nahe der Kirche von Östra Vemmerlöv. Er grub Knochen von Menschen und Tieren aus, die vermutlich zeremoniell ertränkt worden sind. Die Knochenfunde lassen auf mindestens 4 Menschen, 1 Wildschwein, 1 Pferd, 2 Rinder, 2 Schafe oder Ziegen, 1 Edelhirsch, 20 Hunde und 5 Füchse schließen.

Gemäß der Schilderung Adams von Bremen (64) ertränkte man den gealterten Repräsentanten der Vegetationskraft anläßlich eines Volksfestes im Opferbrunnen des alten Uppsala. Ebenso wurde aus Uppsala bezeugt, daß während des Frühlingsfestes neun Männer geopfert worden sind, die anschließend im heiligen Hain aufgehängt wurden. Tacitus schildert (48b), wie auch die Sklaven, die beim Nerthuskult die Göttin gebadet hatten, anschließend im heiligen See ertränkt wurden. In der Edda berichteten Lieder über Menschenopferung, die dem Kriegsgott Tyr oder aber Odin als Totengott dargebracht wurden. Der griechische Geograph Strabon (65) erzählt, daß bei den Cimbern weißgekleidete, grauhaarige Priesterinnen die Kriegsgefangenen bekränzten, sie zu einem großen Kupferkessel führten, über den Kesselrand beugten und ihnen die Kehle durchschnitten, um aus ihrem Blut zu weissagen.

In Vitlycke im Bohuslän ist dagegen unter 250 Bildern einer einzigen Felsfläche ein ganz anderer Prozessionszug mit einem Riesen zu sehen, als wir im vorigen Kapitel schilderten. Voraus geht ein Gigant, dem anzusehen ist, daß er nicht aus Fleisch und Blut gedacht wurde. Zum besseren Verständnis wurde der Unterbau deutlich mitgezeichnet, in dem der oder die Träger versteckt waren, um in diesem Riesenleib durch die Siedlung und über die Felder getragen werden zu können. Hinter dem großen Kerl gehen in einer Reihe sechs gedrungene phallische Gestalten, die die Arme anbetend erhoben haben: Adoranten, Betende. Die Menschen sowie der Riese sind »Diesseitige«, denn sie haben alle Arme und Phallus.

In Paris führte man bis 1743 mehrere Tage lang eine 18 Fuß hohe, aus Weidenruten geflochtene und mit kostbaren Gewändern bekleidete Riesengestalt umher, bis sie am 3. Juni in der Rue aux ours in einem drastischen Schauakt verbrannt wurde. Diese Verbrennungszeremonie könnte einen makabren Hintergrund haben. Posidonius der Rhodier, Julius Caesar (66), der griechische Geograph Strabo (65) und der Historiker Diodorus berichten gleichermaßen, daß die keltischen Stämme in Gallien und in Britanien kolossale, aus Weidenruten geflochtene Bildwerke für ein Frühlingsfest aufbauten, die dann mit lebenden Menschen gefüllt und in einem schrecklichen Opferakt zusammen verbrannt wurden.

So wäre es denkbar, daß es sich bei der Darstellung von Vitlycke auch um einen Riesen aus Weidengeflecht handeln könnte, der einen so großen Unterbau gehabt hätte, daß sich darin einige Gefangene oder Auserwählte des eigenen Volkes befanden, um im Rahmen eines Opferfestes verbrannt zu werden.

Merkwürdige Dinge beschreibt Alexander Häusler (67) aus dem Sinel'nikovsker Rayon im Gebiet Dnepropetrovsk. In dem jungsteinzeitlichen Gräberfeld Mar'ivskoe auf einer Landzunge im Dnepr waren von 15 Bestattungen mit Beigaben die meisten Skelette unvollständig. »Am vollständigsten sind noch die wahrscheinlich weiblichen Skelette 1 und 15. Bei allen übrigen fehlen Arme, Beine, Schulter- und Schlüsselbeine, oft noch die Becken. Rippen und Wirbel sind häufig zerschlagen. Sie lassen die anato-

Dieser Riese, der den Umzug Betender anführt, ist ein Kunstgebilde. Zwischen seinen Beinen sieht man den Raum, in dem möglicherweise die Opfer mit ihm zusammen verbrannt wurden, um die Fruchtbarkeit zu fördern.
Tanum: Vitlycke, Bohuslän/Schweden, 900–750 v. Chr.

mische Reihenfolge vermissen. Sämtliche Schädel sind zertrümmert oder weisen Bruchstellen auf.« In seinem Bericht aus dem gleichen Rayon wird vom Gräberfeld Vasil'evka I festgehalten, daß im Grab 19 nur der Unterkörper eines Mannes beigesetzt war.

Das alles erinnert nachdrücklich an die von Herbert Ullrich im vorherigen Kapitel geschilderten Totenrituale des Paläolithikums zur Gewinnung von menschlichen Knochenteilen, die vermutlich gesäubert aufbewahrt werden sollten. Wäre es denkbar, daß sich derartige kultische Vorstellungen über Jahrtausende in abseitigen Gegenden erhalten hätten? Noch ist es rätselhaft, warum die ersten Ackerbauern Menschen zerteilten, welche Ansichten sie veranlaßten, halbe Männer zu begraben und schließlich auch noch auf die Felsen zu gravieren.

Denn wiederum in dem vielgenannten Bereich von Tanum im westschwedischen Bohuslän wurden in einem begrenzten Gebiet viele flächig gravierte menschliche Unterkörper abgebildet. Als ich vor über zwanzig Jahren bereits darauf aufmerksam machte, sahen mich die Betrachter stets ungläubig an, weil alle diese Unterkörper später linear in völlig anderer Gravurtechnik ergänzt worden waren. Obgleich bei der Bodenforschung Luren stets paarig gefunden wurden und auch auf vielen Bootsbildern paarig auf-

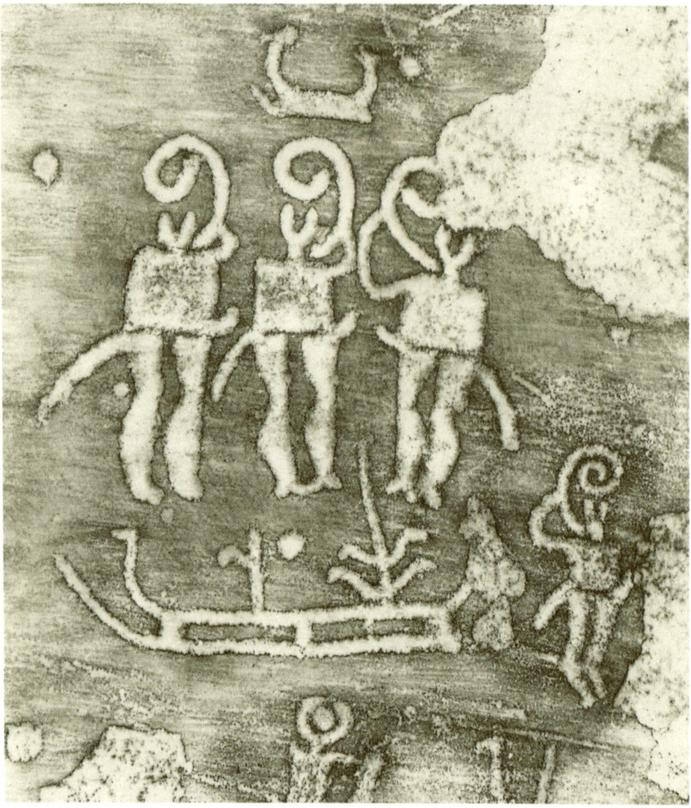

Aus eigentümlichen männlichen Unterkörpern mit ausgespartem Oberkörper vervollständigten spätere Zeichner durch viel zu kleine Zutaten in ganz anderer Gravurart drei Lurenbläser und fügte ein Baumschiff hinzu.
Tanum: Kalleby-Longemyr, Bohuslän/Schweden, 1000–750 v. Chr.

tauchen, kommen in der Lage Kalleby gleich zweimal drei Lurenbläser vor, die sich als Felsbildmotiv einer großen Beliebtheit erfreuen. Dennoch ist es bisher nicht aufgefallen, daß die quadratischen, flächig ausgepickten Körper dieser Figuren mit den wohlgeformten Beinen krüppelhafte lineare Köpfe mit Hörnern und Arme haben, die die geschlungenen Luren tragen. Linear wurden Schwert oder Schwanz auf der einen Seite des flächigen Unterleibs angesetzt und der Phallos an der anderen Seite, obgleich dort zwischen den Beinen, wo der Penis zu sitzen hätte, eine kleine Schalengrube zu sehen ist. Unsere Abreibungen klären ganz deutlich die Gravurtechnik: Die Körper mit den wadenbetonten Beinen sind sehr sauber mit dichtliegenden Schlägen flächig ausgepikt, während alles andere linear durch unsichere, oft grobe Schläge hinzugefügt wurde. Wir sind uns nicht sicher, was der Punkt bedeutet. Sollte es etwa der Unterleib einer Frau sein? In Kalleby sind auf den gleichen Felsflächen wiederholt nur alleinstehende Beine dargestellt worden, wie wir das – viel später zwar – von Votivbildern kennen.

Diese skandinavischen Menschentorsi nehmen in der Felsbild-Ikonographie, so meine ich, eine stilistische Sonderstellung ein, die weit über die regionalen Maniriertheiten hinausgeht. Das letzte und nördlichste Zeugnis dieser Art ist auf dem Hof Bardal im Nord-Trøndelag zu finden. Ein ausgeprägt fremder Stil mit einer gewissen Vollkommenheit scheint plötzlich für kurzzeitig einen Augenblick Fuß gefaßt zu haben, eine Besonderheit, für die es keine Vergleichsfakten gibt, außer bei den Felsbildern in Aserbaidschan, am Kaukasus und noch weiter entfernt in Kasachstan. Aber es erscheint mir zu abenteuerlich, nach dorthin Verbindungen anzunehmen. Die einstigen Unterkörper des Bohuslän sind bewußt als solche geplant und dargestellt worden. Dafür spricht allein schon ihre große Anzahl.

In der Nähe des Felsbildmuseums Underslös bei Tanum liegen im Wald versteckt einige Bilder mit Kopulationsszenen, die sich auch sehr deutlich auf den Unterkörpern aufbauen, zumal sie etwas über der Gürtellinie enden. Deshalb haben hier die anderen Zeichner den Leib ergänzt und den Brustkorb deutlich nachgraviert. Sie taten das nicht etwa in der flächigen Manier der Unterkörper, sondern müheloser linear mit einem umrandenden Strich. Während die eine Figur nunmehr seitlich Phallus und Testikel angesetzt bekam und die andere Figur im Koitus berührt, hält eben diese andere Gestalt, zur Frau umfunktioniert, mit Arm und Hand die Schulter des Mannes. Es ist die gleiche Gestik, die bei dem kopulierenden Paar neben dem großen Beilgott von Vitlycke zu sehen ist, nur daß dort der Mann die Hand auf die Schulter der Frau legt. Der Katalog der Heilsgebärden (68) muß einst umfangreich gewesen sein. Als Ausdruck natürlichen menschlichen Reagierens wurde die Gebärdensprache später ritualisiert. In unserem Falle bedeutet das Handauflegen auf die Schulter »Übernahme der Verantwortung« für den Berührten, aber auch »Beruhigung« oder »Heilung«. In Vitlycke wie am Fundort Underslös haben jeweils beide Gestalten, Mann und Frau, eine schnauzenhaft vorspringende Gesichtspartie, die man bei sämtlichen anderen Felsfiguren vermißt. Es kann also angenommen werden, daß hier Masken ge-

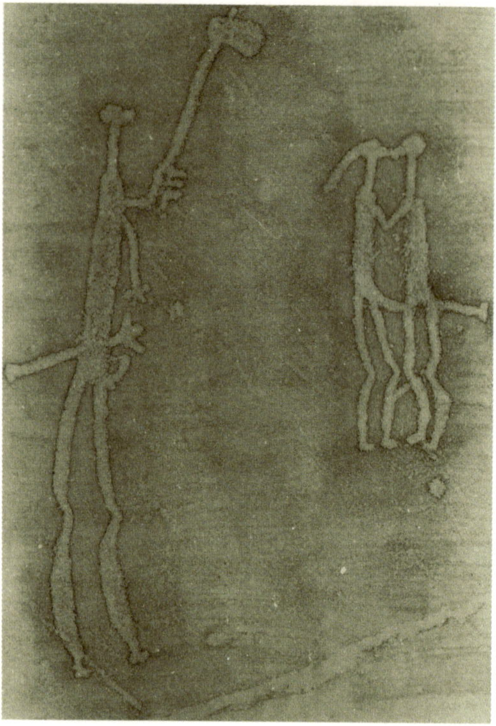

Der Axt- oder Hammergott, vielleicht identisch mit dem germanischen Thor, scheint ein kopulierendes Paar zu segnen.
Tanum: Vitlycke, Bohuslän/Schweden, 900–750 v. Chr.

meint sind, die bei der kultisch zelebrierten Kopulation (Hierogamie) das Erkanntwerden verhindern.

Die alten Kirchenschriftsteller klagen über anstößige Szenen der germanischen Frühlingsgebräuche. Sie wurden in alter Zeit pantomimisch in Tiermasken aufgeführt. Die menschliche Vereinigung als kultischer Akt läßt sich in der gesamten Menschheitsgeschichte nachweisen. Die griechischen Anthesterien wurden zu Ehren Dionysos', des »Gottes der Maske«, abgehalten, wenn im Frühjahr der neue Wein ausgegoren war. Dann wurde eine rituelle Hochzeit – hieros gamos – zwischen Dionysos und der Stadtkönigin in recht drastischen Formen gefeiert. Und so schreibt Heraklit (69): »... Denn wenn es nicht Dionysos wäre, dem sie die Prozession veranstalten und das Phallus-Lied singen – so wär's ein ganz schamloses Treiben.« Dionysos, der Gott des erotischen Lebensüberschwangs, war zugleich der Gott des Spiels und – der

Menschen maskierten sich oft bei kultischer Vereinigung. Hier nahm der Mann sogar Vogelgestalt an, bevor er sich dem Esel näherte.
Kville: Kallsängen, Bohuslän/Schweden, 1200–900 v. Chr.

Totengott. Tod und Leben bildeten, wie gesagt, keine Gegensätze.

Menschen der alten Welt sahen in erotischen Darstellungen Sinnbilder der geheimnisvollen, das Böse abwendenden und den Tod überdauernden Kräfte des Lebens. So wird auch in der Hierogamie das Leben der Götter und Menschen, ja des ganzen Kosmos auf die gleiche Weise erneuert, wie es einst vor Urzeiten geschaffen wurde: nämlich durch Kopulation. Kultischer Geschlechtsverkehr wurde nicht etwa im Sinne der Schwängerung vollzogen, sondern diente der Stärkung und Erneuerung von »Heil«, sagte Heinz Hunger (70) in einer eingehenden Studie über die Heilige Hochzeit. Worin dieses »Heil« für den damaligen Menschen konkret bestand, mag nach Ort und Zeit verschieden gewesen sein. Für den Wildbeuter war es zunächst das jagdbare Wild. Erst später, nach dem Übergang zu Ackerbau und Viehzucht, rückten Sonne und Regen sowie die Fruchtbarkeit und Vermehrung in den Mittelpunkt des Interesses.

Doch auch die Zoophilie, die Geschlechtsverbindung zwischen Menschenmann und weiblichem Tier, wie sie uns in der Finnmark schon in der Jägerzeit begegnete, ist in den Ackerbaubildern zu finden. Und wieder ist eine Maskierung dabei, diesmal sogar eine totale Verkleidung eines Mannes als Vogel, der in Kallsängen bei Kville mit einer Eselin kopuliert. Hier steht also die Vermummung so im Vordergrund, daß man an verlorengegangene mystische Vorstellungen denken muß. Es ist erstaunlich, wie selbstverständlich die Sexualität von jeher in den Kult naiver menschlicher Gemeinschaften einbezogen wurde.

ALS DIE GÖTTER WIE MENSCHEN LEBTEN

Götterwelt auf skandinavischen Felsbildern der Bronze- und Eisenzeit

Die Totemvorstellungen sind überall auf der Welt ganz offensichtlich sehr tief im götterlosen Jäger- und Sammlerdasein begründet gewesen, denn wie könnte es sonst möglich sein, daß Tiertotems bei weitem am verbreitetsten sind. Totemismus war ein magischer Bund zwischen Mensch und Tier. Der primitive Jäger wird zwischen sich und dem Tier noch keine Kluft erlebt haben. Nein, im Gegenteil: Er nahm zu eben diesem, seinem Totemtier als Vorfahr, zu seinem Stammvater, Zuflucht, denn das animalisch-menschliche Leben kam aus einer Quelle.

In Ägypten läßt sich die Entwicklung über das angebetete Tier, über den tierköpfigen Gott zum Gott in Menschengestalt kontinuierlich verfolgen. Vielleicht sind aber auch aus der anfänglichen Verehrung der Ahnen im Totenkult des Megalithzeitalters aus Stammvätern und Heroen ganz allmählich Götter erwachsen.

Der naive Mensch der Vorzeit fühlte sich in seiner Abhängigkeit von der Umwelt stets in der Gewalt unzähliger Wesen. Alle diese Unterirdischen, die Kobolde und Dämonen, die Elfen und Feen, sie waren weder unsterblich noch allgegenwärtig, nicht unüberwindlich und nicht allmächtig. Jeder von ihnen verfügte nur über bestimmte übernatürliche Kräfte. In der tiefsten Schicht religiöser Vorstellungen waren sie stets nur Jenseitige, selten Heroen, keinesfalls aber Götter. Und gerade weil sie den Grundvorstellungen des nordischen Menschen so sehr entsprachen, hielten sie sich so zählebig, daß sie noch vorhanden waren, als Odin, Thor und Baldr längst vergangen waren, ja, daß sie heute noch nicht überall verschwunden sind.

In den abseits liegenden Tälern und Küstenstrichen konnte sich so manches kulturelle und kultische Erbe auch dann noch erhalten, als in Mitteleuropa bereits schriftlich bezeugte Zeiten begannen. Landwichte waren Schutzgeister des Bodens, während die ihnen gleichenden Alfen ausgesprochen den menschlichen Verhältnissen nachgebildet erschienen. Sie konnten Beischlaf mit Menschen ausüben. Die Nachkommen galten dann als besonders zauberkundig. Aber auch Verstorbene, denen man Ungewöhnliches zuschrieb, wurden zu den Alfen gezählt. Disen waren ausschließlich weibliche Schutzgeister von Einzelpersonen oder ganzen Geschlechtern. Nach ihnen wurde die reichste Felsbildstelle bei Brastad im südlichen Bohuslän von altersher Disåsen genannt. Disen konnten auch zu Einzelgöttinnen der Fruchtbarkeit, zur Erdmutter schlechthin, werden.

Will man sich mit den Göttern des Nordens beschäftigen, so sollte man als späten Kronzeugen Tacitus heranziehen. Er sagt über die Heiligtümer der eisenzeitlichen Germanen (48c): »Im übrigen verträgt es sich nach germanischer Anschauung nicht mit der Hoheit der Himmlischen, die Götter in enge Tempelbauten zu sperren oder menschenähnliche Bilder von ihnen anzufertigen. Sie weihen ihnen Wälder und Haine und rufen jenes geheimnisvolle Wesen mit göttlichem Namen an, das man nur dann schauen zu können meint, wenn man in ehrfurchtvoller Andacht versunken ist.«

Wenn aber dennoch auf skandinavischen Felsen Gestalten zu sehen sind, die wir als Götter bezeichnen können, so entspricht das nicht Tacitus' Vorstellung, »menschenähnliche Bilder« seien tabu. A.W. Persson wies 1930 in Fornvännen darauf hin: »Die Göttergestalten der Felsbilder stellen keine beständigen Kultbilder dar, sondern teils zufällige Prozessionsfiguren, teils dramatische oder bloß gedachte Göttererscheinungen.«

Grundsätzlich ist natürlich nicht nachzuweisen, aus welchen Gründen überhaupt Göttergestalten auf den Felsen dargestellt sind. Es fehlen schriftliche Berichte. Doch allein schon die Beschäftigung mit all diesen alten Göttern läßt Auffassungen und Vorstellungen erkennen, die uns eine sonst unzugängliche prähistorische Welt verständlicher machen können.

Leider muß man zur Deutung der Götter auf skandinavischen Felsen auf recht späte Schriften zurückgreifen, denn die Schrift kam später hierher. Doch es scheint so, als könnten sich die alten Götter der Bronze- und Eisenzeit, deren Namen wir nicht einmal kennen, allein schon durch ihr Beiwerk und durch auffällige Attribute verraten, wenn sie in den uns bekannten Göttern der spätgermanischen Zeit aufgegangen sind. Da die Attribute männlicher Götter fast immer Waffen sind, haben wir es schwer, angesichts der waffenstarrenden Bilderfelsen zwischen Menschen und Göttern zu unterscheiden. Oft ist es wirklich nur die Größe einer solchen Götterfigur, die sie von den Menschen abhebt, ohne gleich zum Riesen zu werden.

Will man Snorri Sturluson, einem der bedeutendsten Männer in Islands letzter Blütezeit, folgen, der um 1200 durch seine Skaldendichtung berühmt wurde, dann wären drei der Felsbild-Götter (zwischen 1600 und 750 v. Chr.) vielleicht folgendermaßen zu benennen: Der eine von ihnen hat einen kugelrunden Kopf – es ist der Sonnengott Wulthuz. Der zweite trägt stets eine Axt – er ist der Donnergott Thunaran. Der dritte hält zwei große Hände hoch – er ist der Himmelsgott Tiwaz-tyr mit Sonne und Mond in den Händen. Oft hat er nur die Mondhand und einen verstümmelten Armstumpf, denn, der Mythe folgend, biß Fenrir, der Wolf, sie ihm ab. Snorri fuhr immer wieder von Island nach Norwegen, und es könnte sein, daß er jene Götter beschrieb, die Jahrtausende vorher auf die Felsen graviert wurden.

Es wäre also nicht auszuschließen, daß aus Snorris Thunaran der wichtigste spätgermanische Gott Skandinaviens, der Axtgott Thor, wurde. Auf dem großen Felsbildkomplex von Vitlycke fährt er den vom Bock gezogenen Wagen, ist also durch das rumpelnde Fahrgeräusch der »Große Donnerer«. Die dem Donner folgende befruchtende Wirkung des Regens machte ihn einst zum Fruchtbarkeitsgott. Die Edda nannte ihn den »Wagenthor«. Auf dem Felsen von Fossum ist er wiederholt mit einem Rad als Körper dargestellt worden. So gilt er denn als Befruchter der Erdgöttin und ist in Vitlycke phallisch, Sperma ausstoßend, dargestellt. Symbole mußten von allen verstanden werden. Er trägt den Hörnerhelm – oder sind es Hörner? – und einen Schwanz. Seine Attribute sind Weltenrad, Ziegenbock und die Axt oder der Hammer »Mjölnir«, mit welchem er die Kraft hatte, irdische Frauen fruchtbar zu machen. In der Edda wird Mjölnir, der »Zermalmer«, als Hammer vorgestellt. Noch heute wird mit dem Hammer das Haus geweiht, wenn der Grundstein gelegt wird; jede Versteigerung erfolgt bindend mit dem Hammer, und der Chairman der angelsächsischen Welt bedient sich des Hammers als Zeichen seiner Macht, seines Vorsitzes. Für Heiratswillige, die es eilig haben, empfiehlt sich Gretna Green in Schottland, wo die Ehe in der Schmiede durch den Schmied und Friedensrichter mit dem Hammer geschlossen wird. In den Versen der Thymsvida kommt die Kraft von Thors Axt wiederum zum Ausdruck: »... legt Mjölnir der Braut in den

Wegen des phallischen Charakters dieser Gestalten sah man in ihnen den oft dargestellten Axtgott, den Menschheitserhalter, dem Thor gleich. Doch da er zugleich auch Totengott sein konnte, wurde ihm der Hund beigegeben, der treue Begleiter des Menschen, der gleichzeitig Totengeleiter war.
Tanum: Fossum, Bohuslän/Schweden, 1000–900 v. Chr.

Schoß ...« Ebenso kennen wir einige Sitten, z. B. eine Axt unter das Brautbett zu legen oder das Brautpaar gemeinsam über eine Axt schreiten zu lassen. Vielleicht ist diese Axt einstmals, zur Megalithzeit, eine einfache Erdhacke gewesen, die das Merkmal der großen Erdgöttin war, wodurch sie als Zeichen der Fruchtbarkeit galt.

Nun finden wir, ebenfalls in Vitlycke, das erhabene Bild des Thunaran, das heißt des Thor, der mit der Axt in den Händen ein junges Paar, das im Koitus vereinigt ist, segnet – möglicherweise in einem Kultakt offener genitaler Kommunion. Wir sprachen schon davon, daß beide Tiermasken aufgesetzt haben.

Älter noch muß der Phallusgott Frej sein, Friedens- und Fruchtbarkeitsspender. Er gehört zu der älteren Göttergruppe nordischer Vanen, reitet den Eber Gullinborstin, den Goldborstigen, und besitzt das Wunderschiff Skidblatnir, das mit seinem Namen an die aus leichtem Schindelmaterial gebauten Umzugsschiffe erinnern könnte, die man als Attrappen über Land zog. In Schweden wurde Frej im Tempel von Uppsala verehrt, wo seinem Standbild Menschenopfer dargebracht wurden. Einer späteren Mythe gemäß, lebte Frej wie auch seine Schwester Freyja als Friedenspfand bei den Asen.

Das deutet auf die Überwinder-Religion der Südgermanen hin, die als sehr viel differenziertere Religion bei den Nordgermanen Eingang fand. Im »Kampf der Asen gegen die Vanen« dürfte die Erinnerung an die Religionskämpfe beider Gruppen fortleben. Die Asen waren nicht gerade Vorbilder, sondern übermächtige Ebenbilder des Menschen. Höchster nordischer Gott und Göttervater war der Speergott Odin – südlicher als Wotan bekannt, früher Ziu oder Tyr – Sturm- und Himmelsgott, Begründer der Kultur, Kriegskunst, Weissagung, Zauberei, und nicht zuletzt war er ein Totengott. Der Speer ist vergleichsweise ebenso ein Attribut des »karischen Zeus«, der ihn in der einen Hand trägt, wie der Blitz in der anderen. Der Speer oder die Lanze »Gungnir« der Edda wurde später wichtigstes Stück der deutschen Reichskleinodien; die heilige Lanze, mit der die deutschen Könige in ihr Amt eingesetzt wurden.

Breitgestreut finden wir in Skandinavien den anfangs als Himmels- und Mondgott Tiwaz-tyr benannten Gott mit den großen Händen. Was aber bedeutet diese Gebärde mit den überdimensionierten Händen – oder mit der einen Hand? Bei Homer liest man von der »rosenfingrigen Eos«, der Göttin der Morgenröte. Mit ihr vergleichbar ist der »goldfingrige Savitar« des Rigveda: »... gebietend hat Gott Savitar die Arme ausgestreckt, mit seinen Strahlen zur Ruhe bringend und wieder erweckend ...«. Hier wird die im Untergang und beim Aufgang am Horizont aufleuchtende Sonne, bei der nur ein Teil der Scheibe sichtbar ist, als Handfläche gedeutet. Das gleiche sagt auch die ägyptische Hieroglyphe »cha-ka« aus: »cha« ist das Ende und »ka« ist die Dunkelheit – durch das Symbol der großen Hand ausgedrückt. Der Weg der nächtlich durch die Unterwelt fahrenden Sonne bewegte die Phantasie alter Völker. Die Nacht ist erfüllt von der Kraft der Magie, die ägyptisch »heka« heißt. Die griechische Göttin Hekata war Herrin der Geister und Gespenster, besonders der Seelen derer, die gewaltsam ums Leben gekommen und nicht bestattet worden waren. Bezeichnenderweise war sie auch Mondgöttin. Fand so ein großer Magier des Orients den Weg auf die Felsen des Nordens, dorthin, wo man einst das Ende der Welt annahm?

Doch nicht nur der Wechsel von Tag und Nacht, nein, auch der Wechsel der Jahreszeiten bewegte die Menschen frühen Bauerntums. Im Mittelmeerraum ist dieser Wandel durch das Zwillingspaar der reitenden Dioskuren symbolisiert. Es scheint so, als kehrten sie im Norden besonders oft wieder, diese Lichtgötter –

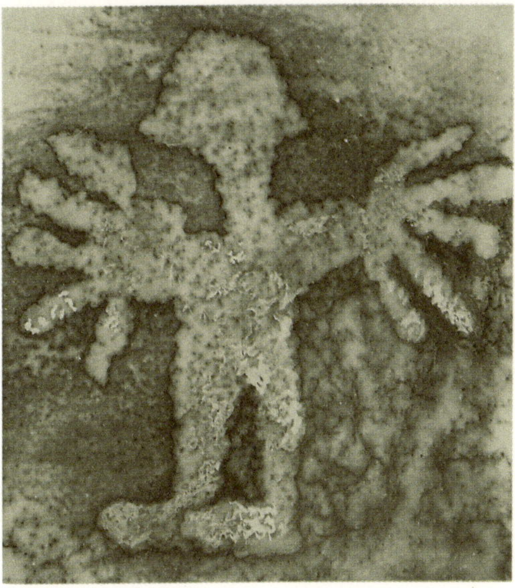

Der Rigveda berichtete: »Nun werden an SAVITAR besonders seine Hände hervorgehoben, wie dies bei keiner anderen Gottheit in dieser Weise geschieht ...« So dürfte auch der großhändige Gott zu den rein indogermanischen Zügen der nordischen Religion der Bronzezeit gehören.
Kville: Hamnetorp, Bohuslän/Schweden, 1000–900 v. Chr.

manchmal sind es aber nur ihre Pferde – den vandalischen Alkis gleich, Beschützern der Schiffahrt, Mitkämpfern in der Schlacht. Im griechischen Mythos sind die von dem listenreichen Zeus als Schwan mit der Leda gezeugten Söhne Kastor und Pollux die Dioskuren. Kastor galt als Rossebändiger und Pollux als Faustkämpfer. Als letzterer, sterblich geboren, im Kampf fiel, setzte Zeus beide Zwillinge als Abend- und Morgenstern an den Himmel. Und doch handelt es sich um ein und denselben Stern: die Venus.

Besonders in Schweden ist es auffällig, wie oft Götter auf den mit Paddlern bemannten Booten anzutreffen sind. Sie werden sehr viel größer und detaillierter wiedergegeben als die Mannschaft, die meist nur aus Strichmännchen besteht. Über 50 solcher Gottheiten auf Schiffen sind bekannt, ohne daß wir genau sagen könnten, wer sie waren. Manchmal sind sie aber auch unter dem Boot zu finden, dem sie augenscheinlich stützend helfen.

Am Wegrand der Straße nach Hamburgsund bei Kville ist ein Boot auf senkrechten Felsen graviert, auf dem stocksteif gezeichnete Männer nebeneinander stehen. Fast das gleiche Boot wurde in den Marschlanden von Holderness an der Mündung des englischen Flusses Humber, etwa dem Bohuslän gegenüber, gefunden. Dieses Fundstück ist aus Tannenholz geschnitzt (71). Vier phallische Männer stehen kerzengerade an Deck des Bootes, einer mit einem Kampfschild versehen. Sie müssen also wohl alle einmal bewaffnet gewesen sein. Alle vier haben die Beine durch den Bootsboden gesteckt. Das erinnert an ein Detail aus dem Thor-Mythos, wie Thor den Boden des Bootes durchtrat. Sollte es sich hier also um vier Götter handeln? Das würde erklären, warum man ein solches Umtrageboot der Götter anschließend im Marschland versenkte – wodurch es uns erhalten blieb. Gewiß wird es zahlreiche solche Kultboote gegeben haben.

Ein einzelner Gott fällt auf einigen der Felsplatten auf, der Gott des Wachstums und der Feldfrüchte, den man sehr viel später in germanischer Zeit Baldr nannte. Sein Mythos ist stets mit dem Glauben verbunden, den wir im vorhergehenden Kapitel beschrieben: durch Tod zur Wiedergeburt. Er wird in der spätgermanischen Sage durch eine Mistel getötet – dem Symbol des Ewigen – die der blinde Höd auf Lokis Anstiften auf Baldr in Form eines Speers schleudert. In der Bronzezeit steht jedoch meist, wie in der Felsbildlage Fossum bei Tanum, ein Beilbewehrter hinter ihm, um ihn zu töten.

Kennt man auch die bronzezeitlichen Namen all dieser Götter nicht, so dürfte der Mythos von der Tötung des Adonis', des schönen Jünglings, der des Baldr ähnlich sein. Adonis wurde zugleich von Aphrodite wie von der Königin der Unterwelt geliebt. Zeus, der Göttervater, bestimmte um des lieben Friedens willen, daß Adonis einen Teil des Jahres im Totenreich sein mußte und die restliche Zeit auf der Erde leben durfte. Der Name Adonis ist die hellenisierte Form des semitischen Adôn, was »Herr« heißt. Damit rief man den Gott Tammuz an, den man seit den sumerischen Zeiten im nahen Osten verehrte. Auch Tammuz' Tod feierte man jedes Jahr mit Flötenklang und Klageliedern. Ja, es sind sogar Anzeichen dafür vorhanden, daß manchmal auch ein Mensch stellvertretend für Tammuz geopfert wurde. Am Tage nach dem Trauerfest jedoch gab man sich plötzlich einem zügellosen Jubel hin und feierte des Gottes Auferstehung. So ist in vielen Kulturkreisen ein ähnlicher Vorgang bekannt, der mehr oder weniger drastisch den Tod des Fruchtbarkeits- und Frühlingsgottes herbeiführt: die Zerstückelung von Osiris und Dionysos und im Norden, wie gesagt, die heimtückische Ermordung von Baldr. Über den Sinn dieser alten Mythen kann es keinen Zweifel geben:

Die unter der Sichel des Schnitters »getötete« Feldfrucht wird in unterirdischen Tonkrügen verwahrt, bis sie im neuen Jahr, zur Aussaat verwandt, wieder neues Leben hervorbringt.

Im Gegensatz zur Welt der Vernunft und der Aufklärung, die beweist und erläutert, bietet der Mythos Bilder, die von jedem verstanden werden. Der Logos erklärt, der Mythos aber zeigt!

Ein unmittelbarer Bezug zu den Menschenopfern und Tötungsriten früher Ackerbauern ist unverkennbar. Jedoch ist es hier der Gott selbst, der um der Feldfrucht und des Pflanzenwuchses willen den Opfertod auf sich nimmt. Außerhalb der alten Vegetationskulte läßt sich aus dieser Einstellung auch der sehr viel spätere Opfertod Christi am Kreuz verstehen: Der Gott selbst wird zum Erlöser des ganzen Menschengeschlechts, kann dann jedoch auferstehen ...

»Die Felsbilder dieser Zeit sind besonders bedeutungsvoll für die Religionsgeschichte« schrieb Herbert Kühn (72a). »Man kann an ihnen erkennen, wie der Geist sich wandelte von der Magie zum Mythos, und aus ihm in den Götterglauben. Es zeigt sich eine klare logische Entwicklung im Entstehen des Denkens über die ewigen Dinge. So gesehen sind die Felsbilder wertvollste Dokumente über Werden und Aufstieg des menschlichen Geistes in Europa.«

RÄTSELHAFTE ELFENMÜHLEN
Der Symbolgehalt von Schalengruben

Es hat den Anschein, als sollte das einfachste aller Bildelemente, der Punkt schlechthin, die kleine kreisförmige Einbohrung im Felsen, oder die größere, mit Quarzitgeröll eingeschlagene schalenförmige Vertiefung, bei der Felsbildforschung auch die größten Probleme aufwerfen. Beide Arten gehören mit zu den ältesten Zeugnissen menschlicher Tätigkeit auf dem Stein und sind zugleich auch jüngste »Felsbilder«, denn noch immer gibt es Gegenden, wo sie hergestellt werden. Sie sind um den ganzen Erdball verstreut, die Schalengruben, Schälchen, Näpfchen, Cupules oder wie man sie auch immer genannt hat. Die Schweden nennen sie liebevoll »älvkvarnar«, das heißt Elfenmühlen nach jenen zarten Wesen, von denen man nicht genau weiß, soll man sie als Geister der Toten oder als nicht immer nur freundliche Naturdämonen erklären. »Gjettegryter« werden sie in Norwegen genannt, denn gjette heißt raten und gryte ist der Topf.

Es sind wahrhaftig Ratetöpfe, diese Schalengruben. Und so hat sich denn seit jeher das Volk mit der Deutung dieser merkwürdigen, eigentlich nichtssagenden Zeichen befaßt, und sie mit Sagen und allerlei Aberglauben umgeben. In den schwedischen Elfen- und Baldersteinen wohnen die Elfen und mahlen in den Elfenmühlen ihr Mehl aus. In der Domäne Backa bei Brastad berichtete man uns von dem Urgroßvater, der Anfang des Jahrhunderts auf den versteckt liegenden Felsen der nahen Schlucht zur Sonnenwende stets in den Elfenmühlen Brandopfer mit Tran gebracht hätte, indem Baumzunder als Docht angelegt wurde. Niemand hätte ihm dabei zusehen dürfen. Vor fast 100 Jahren legte man in Finnland zur Besänftigung der Geister in größere Schalengruben Roggenbrei und Fisch. An romanischen und gotischen Kirchenwänden und -pfeilern findet man besonders in Norddeutschland Schälchen von 2 bis 4 cm Durchmesser. Dem ausgeschabten Steinmehl schrieb man heilende Eigenschaften zu. Wiederum kann man in Verlegenheit kommen, wenn gefragt wird: Ist denn eigentlich das Schälchen das Primäre, oder kam es mehr auf den Gesteinsstaub beziehungsweise die Herstellung an sich, das Schlagen oder Bohren, an?

In Pommern galten bei der ursprünglich deutschen Bevölkerung Schalensteine als »Schwansteine« oder »Adebarsteine«. Das erinnert an die Schalengruben an den großen Menhiren und Dolmen der Bretagne und der Normandie. Bäuerinnen, denen der Nachwuchs versagt blieb, strichen Butter oder Honig in sie hinein, um mit diesem Opfer ein Kind geschenkt zu bekommen. Bei Carnac am Morbihan rieben sich junge Mädchen, die heiraten wollten, nackt an einem speziellen Menhir beziehungsweise an dessen Schalengruben den Nabel. In der Schweiz heißt es, daß die kleinen Kinder von den Schalen herkommen. All das sind natürliche Relikte uralter primitiver kultischer Anschauungen.

Das älteste noch erhaltene Dokument indoeuropäischer Literatur, der Rigveda, vermutlich bereits um 1200 v. Chr. niedergeschrieben, berichtet von der Zeremonie des Feuerbohrens mit einem Hartholz in der Weichholz-Unterlage (73). Das Menthana, das Feueropfer, wird im Indischen rituell-erotisch aufgefaßt. Auch wir sagen heute noch: »Er hat Feuer gefangen!« und meinen damit, daß jemand verliebt ist. Der Hartholzstab, der Pramentha, ist der Phallus oder aber symbolhaft der Mann. Das untenliegende Weichholz, in das das Schälchen gebohrt wird, ist die Vulva oder

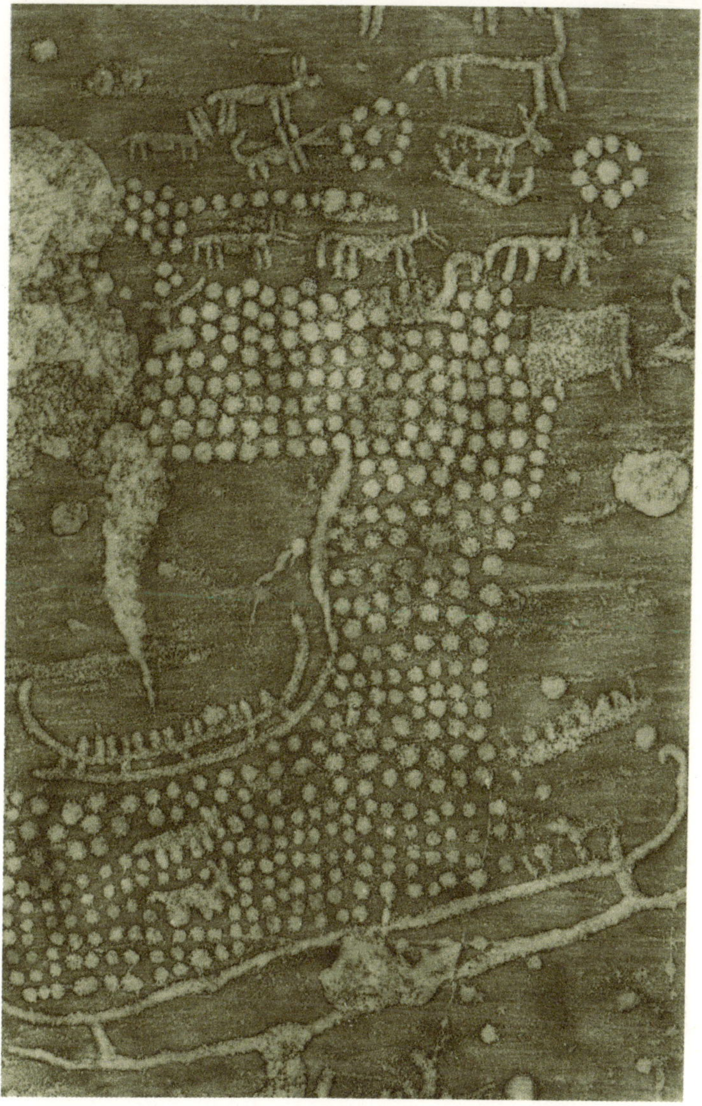

Ausschnitt aus der großen Zahl von 972 Schalengruben. Viele Fragen nach dem Wieso und Weshalb bleiben offen.
Tanum: Stenbacken, Bohuslän/Schweden, 900–750 v. Chr.

das Weib. Im Hebräischen beziehen sich die Worte für Mann und Weib genau auf diese Symbolik. Aus diesem Bohren entsteht durch Reibungshitze Feuer. Feuer ist das Kind, der göttliche Sohn Agni. Selbst im Deutschen ist es durchaus möglich, daß es einen Zusammenhang zwischen »bohren« und »geboren« gibt. Jedenfalls ist das germanische »bŏrôn« das heißt bohren, urverwandt mit dem lateinischen forare und dem griechischen φαρόω, was wiederum »pflügen« heißt. Und so wären wir wieder einmal im großen Symbolwirrwarr bei dem ackerbauzeitlichen Fruchtbarkeitssymbol, dem Pflug, angekommen.

In den Heiligtümern des Śiva in Indien findet man noch heute einen schlanken, aufrechtstehenden Stein, der in der ausgehöhlten Grube eines darunterliegenden flachen Steines ruht. Beide repräsentieren als »Lingam« und »Yoni« die Zeugungskraft der Natur – im übertragenen Sinne die Śivas und seiner Gemahlin Śakti. Meist haben die Yoni-Platten einen Ring um die Grube und eine anschließende Rinne, in der das bei Opferspenden aufgegossene Wasser ablaufen kann. Ähnliche Vorstellungen sind bei vielen Völkern der Erde überliefert. Man könnte also annehmen, daß beim Bohren oder Einschlagen von Schalengruben auf Ortsfels oder beweglichen Steinen ähnliche Sinndeutungen vorherrschten, wie bei der beschriebenen Zeremonie des Feuerbohrens, wie sie bei fruchtbarkeits- und lebensfördernden Riten zur Anwendung kamen. Bohrstab und erzeugtes Loch symbolisierten möglicherweise die Befruchtung der Mutter Erde, der späteren griechischen Göttin des Ackerbaus, Demeter, gleich. Doch die meisten Schalengruben Skandinaviens sind, wie wir feststellten, nicht etwa gebohrt, sondern eingeschlagen, da Granit und Gneis recht hartes Gestein sind.

Man lernt nie aus. Erst im Sommer 1990 wurde mir von Gerhard Milstreu, dem Redakteur der bekannten Jahresschrift für Felsbilder ADORANTEN, gezeigt, wie einst wahrscheinlich Elfenmühlen hergestellt wurden: Man nehme einen länglich runden Geröllstein in die Faust und klopfe, indem er ständig um die eigene Achse gedreht wird, immer auf die gleiche Stelle des Ortsfelsens. Das Ergebnis läßt nicht lange auf sich warten: Eine gleichmäßig runde Schalengrube wächst stetig in den Felsen hinein.

Im Umkreis des Mälarsees in Schweden, wo andere Felsbildmotive fehlen und nur noch Schalengruben zu finden sind, konnte man feststellen, daß in ihnen in den letzten Jahrhunderten üblicherweise geopfert wurde (47b). Doch im Unterschied zu den nördlichen Schalengruben des Festlandes, die bevorzugt auf Megalithgräbern und Menhiren angebracht waren, kamen sie rings

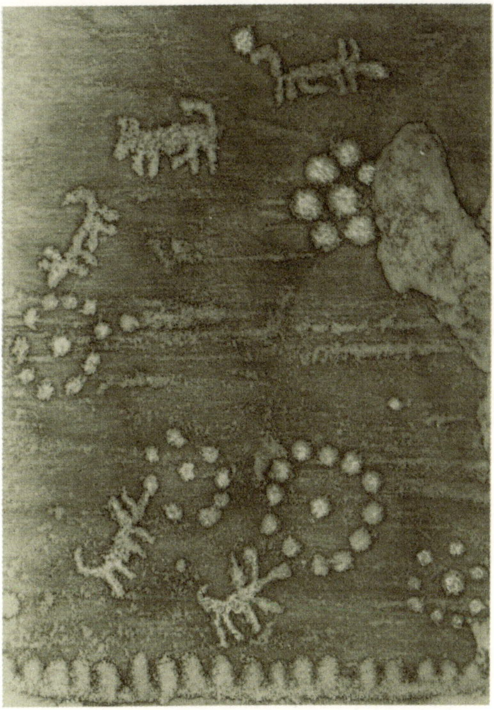

Solche Kreise von Schalengruben erinnern an Steinsetzungen und Steinkreise von Monolithen, wie sie nahebei im Walde stehen. Bezeichnend ist, daß Hunde, die Seelenträger und Totengeleiter, zu diesen Anordnungen gestellt wurden.
Tanum: Stenbacken, Bohuslän/Schweden, 900–750 v. Chr.

um den Mälarsee recht selten in der Nähe von Gräbern vor. Hier fand man sie bevorzugt auf Felsen, die inmitten der bebauten Fluren lagen. Man kann also annehmen, daß sie das Wachstum fördern sollten – eben durch das kleine Opfer, mit dem man sie füllte, hauptsächlich Schweineschmalz.

Die Schalengruben der Megalithgräber dienten jedoch wohl weniger als Nahrungsopfer, sondern mehr dem Bestreben nach Wiedergeburt. Wie wir bereits sahen, dienten diese Kultstätten der Wiedergeburt bereits erlegten Wildes oder der Herbeischaffung neuer Beute. Da gibt es etliche Beispiele, daß das gewünschte Wild fast in der Manier moderner Pointilisten sich aus Punktgruppen aufbaut, Form gewinnt und sich vor den Augen des Betrachters sozusagen magisch aus dem Nichts entwickelt.

Die Forscher Fox und Stasack wiesen nach, daß die Schalengruben vieler Felsen auf Hawaii, die man dort »Piko-Löcher« nennt, eng mit der menschlichen Geburt zusammenhängen. In ihnen sollte nach althergebrachtem Glauben die Nabelschnur des ungeborenen Kindes befestigt gewesen sein. Man brachte Opfer in der kleinen Steinvertiefung als Wunsch für ein langes Leben des Kindes.

Der bekannte Felsbildforscher der UdSSR, Aleksej Pawlowitsch Okladnikow, weist bei farbig gemalten Felsbildern Sibiriens auf die mit Ocker durch Fingerabdrücke hergestellten Punkte hin (74), die sozusagen die eingeschlagenen Schalengruben ersetzten: »Jeder dieser Punkte symbolisierte ein Mitglied der Stammesgemeinschaft oder seine Seele, die sich dadurch unter dem Schutz wohltätiger Stammesgeister befand.« Und wirklich waren inmitten der magischen Felder menschliche Figuren zu sehen, die man mit etwas Phantasie als Geister ansehen könnte.

Wilhelm Gaerte beschäftigte sich mit dem aus der Volkskunde bekannten Brauch des »Verlochens« (75): In zauberischer Absicht wird Übles sozusagen in ein Loch eingesperrt. Krankheiten wurden in ein kleines Loch gebannt und schnell verschlossen. Auch in finnischen Zauberliedern wird ein Stein mit Schalengruben erwähnt: »... mitten in dem Stein ist ein Loch – es können aber auch nicht weniger als neun Löcher sein ... sie sind mit einem Bohrer gedreht oder mit einem Stemmeisen gebrochen. In diese Löcher werden alle Schmerzen hineingezwängt, die Tage der Not hineingepreßt, manchmal sogar mit einer Eimerstange ...«

Bei den vielen verschiedenen Auslegungen dürfte es zeitlich und räumlich zu erheblichen Bedeutungsverschiebungen gekommen sein. Und deshalb kann man wirklich nicht mit gutem Gewissen von *der* Bedeutung der Schalengruben sprechen. Der norddeutsche Forscher Gustav Schwantes sagte einmal: »Je einfacher ein symbolisches Zeichen ist, desto schwieriger ist naturgemäß seine Deutung, da es zu viele Vergleichsmöglichkeiten gibt.«

VIELSCHICHTIGES SYMBOL SPIRALE

Die auffälligste Form der nordischen Bronzezeit, ob Symbol oder einfach nur Ornament, ist die Spirale. Eigentlich ist sie gar keine menschliche Erfindung. Wahrscheinlich wurde sie schon recht

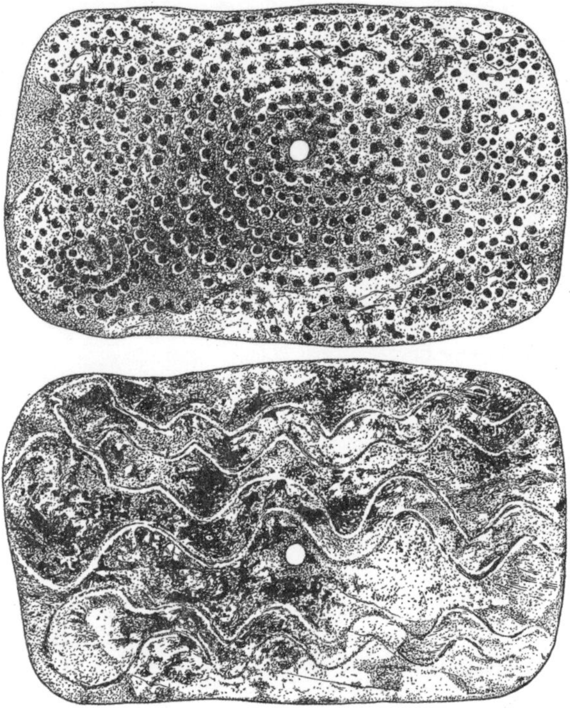

Kosmisches Modell der Eiszeit aus Mammut-Elfenbein. Die Oberseite stellt den Himmel mit den kreisenden Gestirnen dar. Die Platte selbst ist das »Reich der Mitte«, der Aufenthalt der Lebenden. Die Unterseite ist das »Untere Reich«, das Jenseits, das hier in Sibirien aus der Vorstellung der Höhlen heraus unter Wasser verlegt wurde, dessen Symbol die chtonischen Tiere, die Schlangen, sind.
Mal'ta: Baikalseegebiet/UdSSR, etwa 12000 v. Chr.

früh in der Natur entdeckt. Man sieht sie im Schnecken- und Ammonitenhaus, im Spinnennetz und selbst im Wasserwirbel (76). Und so darf es uns nicht wundern, daß Spiralmotive der einen oder anderen Art weltweit zu finden sind. Man unterscheidet die »echte Spirale« (eine sich von innen heraus in einer Richtung abwickelnden Linie ohne Unterbrechung) und die »falsche Spirale« (konzentrische Kreise oder Ovale). Letztere wird uns in den Alpen wieder begegnen.

Frühe Spiralen gab es tatsächlich bereits im Paläolithikum. Bezeichnenderweise ist das wohl bedeutendste Stück im Rentierjägerlager Mal'ta im Baikalseegebiet gefunden worden: eine annähernd rechteckige Platte aus Mammutelfenbein, um deren zentrales, durchgehendes Loch sich eine Spirale von 239 Lochgrübchen nach außen hinweg abwickelt. Außerdem sieht man drei gegenläufige kleinere Doppelspiralen und zwei einfache Spiralen. Das magische Loch des Rondells zeigt uns, daß symbolisch der Durchgang von einem Reich ins andere gemeint war, ein verbotener Weg, der nur vom Schamanen über Weltenbaum oder Weltenpfahl bezwungen werden konnte. Einer Pferdeherde gleich, gingen die Sterne sozusagen angekoppelt rings um den Himmelspol – wie das den Mythen polarer Völker entsprach. Und in polaren Breiten konnte man das »Aufwickeln« und »Abwickeln« der Sonne zur Sommer- und Winterzeit beobachten, so wie die gegenläufigen Spiralen es zeigen. Wir können also annehmen, daß mit ihnen Gestirnsbahnen gemeint sind oder aber sogar auf die Sonne selbst angespielt wurde. Die Rückseite dieser Platte, mit drei wellenförmig geschlängelten Schlangen als Symbolen der Unterwelt versehen, läßt keinen Zweifel aufkommen, daß hier das kosmische Weltbild gemeint ist.

Die Tongefäße der Bandkeramiker, der ältesten Ackerbauer Europas, zeigen Spiralen in angehängte Reihung sowie vereinzelt auch schon konzentrische Kreise. Diese neolithischen Gefäße ahmen möglicherweise die in diesem Raum beheimateten Flaschenkürbisse nach. So vielseitig jene Kulturen auch waren, die sich der Megalithbauweise an den verschiedensten Plätzen annahmen, vom Atlasgebirge über die Insel Malta bis zu den Kanarischen Inseln, in Irland und der Bretagne, sie alle nahmen die Spirale und die konzentrischen Kreise begierig auf, ja, sie stellten sie in ihrem Formenschatz meist in den Vordergrund (77a).

Als sich der Norden in der zweiten bronzezeitlichen Periode dieses Symbols bemächtigte, wurde es zum Leitmotiv der Metallkunst. Auf den Felsbildern ist die Spirale aber weitaus seltener zu entdecken, obgleich man sich des Eindrucks nicht erwehren kann, daß es sich dort um ein heiliges Zeichen handelt. Man führt Spiralen in den kultischen Umzügen mit: als einfache Spiralen, als doppelte, widerläufige und als Brillenspiralen, seltener als Standarten, dann aber auch auf Schiffen. Wenn nicht alle Hinweise trügen, müssen Spiralen und konzentrische Kreise im nordischen Bereich einschließlich der deutschen Nordsee- und Ostseeküste als Symbol der Sonne gegolten haben.

Wundervollstes Beispiel dieser Spiralen-Sonnen-Symbolik ist der Sonnenwagen von Trundholm, der die von Spiralen gebildete, leicht gewölbte Sonnenscheibe auf einem Wagen zeigt, der von einer Pferdefigur über den Himmel gezogen wird. Alle drei Elemente, Spiralen, Wagen und Pferd, stammen aus den unterschied-

Die große Sommersonne und die kleine Wintersonne mußten mit ihren Umläufen im Norden einen viel höheren kultischen Stellenwert haben als bei Mittelmeervölkern. Das Neufeuerfest brachte die Freude an der Wiederkehr der großen Fruchtbarkeit bringenden Sonne zum Ausdruck. Beitstadfjord: Bardal, Nord-Trøndelag/Norwegen, 1500–500 v. Chr.

lichsten Kulturkreisen und sind hier im Norden nach sogar zeitlich sehr unterschiedlicher Wanderung zusammengeführt worden.

Die Doppelspirale repräsentiert die im Norden deutlich unterschiedliche Sommer- und Wintersonne, so, wie sie auch sonst auf den Felsen als zwei unterschiedlich große Sonnenscheiben nebeneinander gestellt werden. Ebenso verhält es sich, wie gesagt, mit gegenläufigen Spiralen, die das Auf und Ab in der Bewegung zeigen.

Wenn das altchinesische Zeichen der Spirale und Doppelspirale »sich drehen, im-Kreise-herumgehen, umgehen« bedeutet, so dürfte auch das in den tiefsten Schichten einer in der letzten Eiszeit entwickelten Form- und Sinngebung gemeinsamer eurasiatischer Kultur zu suchen sein (78). Es ist möglich, daß die Jäger und Sammler des Paläolithikums, die wohl besonders den Mond verehrten, mit den gegenläufigen Spiralen den Wechsel der Mondphasen symbolisierten. Beim Wechsel der Mondphasen ändert sich angeblich auch oft das Wetter. Sollte deshalb die Spirale als chinesisches Schriftzeichen lei-wen, »Donnerwetter«, genannt worden sein?

Auch Hans Biedermann ringt in einer Studie über die Mysterien um Tod und Wiedergeburt um die Klärung, was eigentlich diese Spiralen und konzentrischen Kreise zu bedeuten haben (79). Er kommt zu dem Schluß, daß sie Wellenkreise versinnbildlichen, wie sie ein ins Wasser geworfener Stein erzeugt. Wasser mit seinen Ringwellen, sagt er, ist ein Lebenselement und Bild des »Nicht-Festen«. Als die eiszeitliche Welt der Kulthöhlen zu Ende gegangen war, verlegte man das »Jenseits« ins Wasser. So wie am Abend die Sonne im Ozean verschwand, so war auch der Weg der Totenseele mit dem Wasser verbunden. Noch in der Hel brachte der Fährmann die Seelen über den Strom. In dieser Symbolik gibt es wenig Widersprüchliches.

Von Beckstedt in der Grafschaft Hoya stammt eine Grabstele, deren Zeichnung aus genau 12 konzentrischen Kreisen besteht, mit einer Schalengrube in der Mitte. Die Sonne als Symbol der Ewigkeit im Grabe ist ein Hinweis auf das ständige Werden und Vergehen, auf eine trostreiche Aussicht, daß der Tod notwendig ist, neues Leben erstehen zu lassen.

VON WILD UND WAGEN, MANN UND MÄNTELN

Über das tägliche Leben der Ackerbauern, Fischer und Seefahrer

Bis jetzt haben wir uns vorwiegend mit mystischen und symbolischen Vorstellungen der Vorzeit beschäftigt. Stellenweise gibt es aber viele Bilder, von denen man annehmen könnte, daß sie rein profanen Zwecken dienten, vielleicht sogar Genrekunst sein könnten. Wenn man die vielen Jagdszenen von Himmelstadlund bei Norrköping im schwedischen Östergötland betrachtet, kann man sich des Eindrucks nicht erwehren, daß hier ein bißchen Angeberei, um nicht zu sagen »Jägerlatein« Pate stand. Auf den ausgedehnten Wiesen am Motalafluß liegen flache Gneispartien, in die eiszeitliche Gletscher gerade Rinnen eingeschliffen haben. In diesen Miniaturtälern sind viele Szenen der Schweinejagd eingeritzt worden. Einmal sind es übertrieben große einzelne Wild-

Vom kleinsten Rindenboot aus angelt man mit Schnur und Haken. Ein Fisch hat angebissen.
Kville, Södra Odsmål, Bohuslän/Schweden, 1200–900 v. Chr.

schweine, dann wieder Keiler und Bachen mit vielen, viel zu vielen Frischlingen, und mitten unter ihnen befindet sich ein Jäger mit Spieß. Bereits getötete Schweinchen sind auf dem Rücken liegend wiedergegeben. Eine andere Szene zeigt den Schweinefang mit dem steinbeschwerten Wurfseil, ähnlich einer südamerikanischen Bola.

Bis hinein in die Eisenzeit sind immer wieder Rehe, Hirsche, Elche, aber auch Stelz-, Lauf- und Wasservögel dargestellt worden. Gejagt wurde offenbar mehr mit dem Spieß als mit Pfeil und Bogen, und dabei half der Hund, wie wir sehen, als treuer Begleiter des Menschen. Man weiß, daß zu dieser Zeit mit Reusen und Netzen gefischt wurde. In Södra Odsmål bei Kville im südlichen Bohuslän sind Angler auf einem Felsen im dichten Walde graviert worden, die vom Boot aus ihre Haken mit Köder an langen Leinen ausgeworfen haben. Angelhaken hat die Spatenforschung bereits geborgen. Das Bild zeigt instruktiv, wie ein Fisch den Angelhaken angeht und gefangen wird. Im schwedischen Östergötland wie im Bohuslän sind Bilder vom Fischen mit dem Hamen zu sehen, jenem sackartigen Netz, das durch Balken oder Rahmen offengehalten wurde. Man stellte sie in der Strömung auf oder schleppte sie am Schiff. Überhaupt hat man den Eindruck, daß sämtliche noch heute ausgeübten Fischereitechniken schon sehr früh bekannt waren.

Das Rind ist wohl das bedeutendste Haustier des Nordens gewesen. Wir sehen es oft unter den Bildern der Ackerbauern, allein, aber auch vor den Pflug gespannt. Dabei nutzt man zum Anschirren das Joch. Stiere werden vermutlich in kultischer Absicht abgebildet.

Einzelne Pferde begegnen uns oft an Bord der Schiffe. Meist sind sie jedoch vor Wagen gespannt. Da aber die glaziale Vergangenheit Skandinaviens nicht gerade gute Wegeverhältnisse hinterließ, dürfte der Wert solcher Wagen, besonders der abgebildeten Streitwagen, begrenzt gewesen sein. Vor allem die Wagenbilder machen uns klar, wie schwierig es gewesen sein muß, einen so komplizierten Gegenstand flächig darzustellen, der aus Karosserie mit Rädern, an die Deichsel gespannten Pferden und angelegtem Geschirr bestand (43b). Was dabei herauskam, ähnelt oft einer technischen Konstruktionsskizze oder einer Abwicklung. Das Wagengestell ist stets von oben gezeichnet, während die Räder von der Seite gesehen, also rund daneben gezeichnet sind. Auch Zugtiere wurden, von der Seite gesehen, neben die Deichsel gezeichnet, der sie meist den Rücken zuwenden. Geschirr-Riemen oder Zügel finden sich rings um die Tiere herum graviert – und nun verwirrt sich das ganze Bild ins Ornamentale. Man konnte damals noch nicht perspektivisch sehen. Vergessen wir nicht: Gezeichnet wurde »ideoplastisch«, nämlich das, was man wußte, nicht aber das, was man sah.

Das gilt auch für die Darstellung auf einem Wandstein des Königsgrabes von Kivik: Der König steht hier auf dem einachsigen Kampfwagen, durch einen kleinen Aufbau erhöht. Zwei Hengste sind rechts und links der schön geschwungenen Deichsel fast perspektivisch richtig angeschirrt. Deutlich ist vor den Pferdeköpfen die Trense gezeichnet – doch dann gehen die Zügel hoch oben über die Pferde hinweg in die Hände des Königs. Jedes Kind würde es heute richtiger zeichnen. Wir begreifen nicht mehr, welches Problem die Überschneidung von Bildelementen aufwarf. Es ist fast so, als fürchtete der Zeichner, mit den Zügeln die Pferdeköpfe abzuschneiden.

Im südschwedischen Schonen, im Kirchspiel Gryt, liegt das

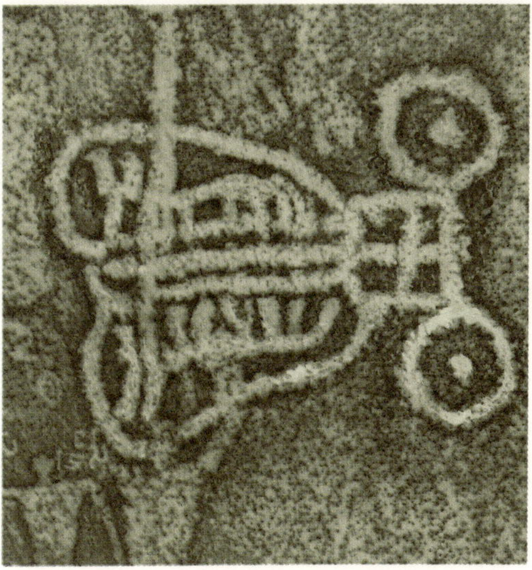

Der einachsige Wagen bekommt dadurch fast ornamentale Form, daß das zeichnerische Problem der Überschneidung noch nicht beherrscht wurde. Also gravierte man naiv die Zügel rings um die Zugtiere herum. Brastad: Backa, Bohuslän/Schweden, 1200–900 v. Chr.

kleine Gehöft Frenarp. Kurz hinter den Scheunen am Waldrand befinden sich Bilder auf einer einzigen großen Felsplatte am Rande der Felder, ganz so, wie wir es von den Ackerbaubildern gewohnt sind. Doch diese Felsgravuren sind wirklich eine Einmaligkeit: In einer großartigen Reihung sehen wir 16 zweirädrige Wagen abweichender Konstruktion. Nach der sehr verschiedenartigen Gravurtechnik zu urteilen, sind die Wagen auch von jeweils anderen Personen graviert worden, die mit mehr oder weniger Geschick und manchmal auch mit sichtlichem Unvermögen gezeichnet haben. Wenn man genau hinschaut, sieht man die Situation vor sich: Der eine hat auf den anderen geachtet, hat formale Anleihen gemacht, hat »abgeguckt«. Und so kam es denn zu so komischen Bildern, wie das des Wagens ganz rechts auf dem Felsen, wo der Zeichnet die Pferde (es sind Hengste) ursprünglich mit den Beinen zur Deichsel gezeichnet hatte. Als er dann mit seinem Bilde fertig war, entdeckte er, daß die Zeichner neben ihm die Pferde sämtlich mit den Beinen nach außen dargestellt hatten. O, wie ärgerlich! Man weicht nicht gern von der gesellschaftlichen Norm ab. Doch die gravierten Linien waren im Waldschatten sowieso schlecht zu sehen. Deshalb gravierte er mit seinem Feuersteinmeißel die Beine kurzentschlossen noch einmal auf dem Rükken des linken Pferdes, das dadurch zum achtbeinigen Roß wurde. Als er beim rechten Pferde die doppelten Vorderbeine bereits abgebildet hatte, verließ ihn die Geduld. Und so ließ er es denn bei dem Sechsbeiner bewenden.

Wenn man sich die Mühe macht und die 16 Wagen auf ihre Konstruktion überprüft, ist man erstaunt, wie vielfältig ihre Merkmale sind. Man konnte sich augenscheinlich nicht genug damit tun, die differenziertesten Wagengestelle zu bauen. Aber allein daran mag man vielleicht ersehen, daß hier nicht etwa ein einziger großer Herr mit seinen vielen Wagen prangen wollte. Nein, es macht den Eindruck, als wären die Wagen im Hauptfeld alle von verschiedenen Eignern zur gleichen Zeit nebeneinander aus einem gegebenen Anlaß graviert worden. Nachdem wir das Gelände, das sehr weitläufig durch ein welliges und hügeliges Gebiet ehemaliger Gletschergrundmoränen führte, besichtigt hatten, fiel uns auf, daß es unmittelbar bei Frenarp eine einzige große, absolut flache Fläche gab, die sich vielleicht für Wagenrennen geeignet hätte. Es wäre sicher interessant, einmal zu unterschiedlichen Bewuchs- und Klimaperioden an dieser Stelle Luftaufnahmen zu machen, die anhand von Schattenmarkierungen, Bodenverfärbungen oder Vegetationsmerkmalen die Rennbahn, den »Cursus«, zeigen könnten. Rennbahnen dieser langgestreckten Art finden sich nahe dem berühmten Megalithbauwerk Stonehenge in Südengland sowie auf dem von vorzeitlichen Menschen aufgefüllten mächtigen Burgberg von Maiden Castle, aber auch in Deutschland bei Langelau in der Senne. Diese Anlagen bestanden aus zwei geraden Bahnen, die mit zwei Kehren miteinander verbunden waren, ganz so, wie wir es von römischen Rennbahnen kennen.

Da wir nichts näheres über solche Rennen des Nordens wissen, die als kultische Aktionen zur Verehrung der Sonne gedient haben könnten, sollten wir einmal das betrachten, was über das altindische Vâjapeya-Opfer bekannt ist (80). Der Höhepunkt dieses Festes war ein feudalistisches Wagenrennen zu Ehren des Königs. An der einen Wendestelle der Rennbahn stand ein niedriger Pfosten, an dessen Spitze ein Wagenrad waagerecht drehbar befestigt war. Darauf setzte sich der Oberpriester und sang Siegesgesänge für den König, der als Weltherrscher bezeichnet wurde. Dabei wurde das Rad, das Symbol der Sonne, dreimal in Umlaufrichtung herumgedreht. Wenn der König in konventioneller Weise das Rennen gewonnen hatte, erstieg er mit seiner Frau unter Zitierung genau vorgeschriebener Sprüche die Spitze eines viel höheren Pfostens, der dem Weltenpfahl entsprach. Ganz oben war daran ein Sonnensymbol befestigt, das aus Weizenmehl gebacken war. Dort oben angekommen, hatte der König in alle vier Himmelsrichtungen zu sehen, womit er sich symbolisch die Welt im Sinne des Ortungskreuzes »Weltenrad« untertan machte. Und damit sind wir wieder mitten drin im kultischen Tun, das eben einen Teil des Lebens dieser alten Völker ausmachte.

Der römische Sonnengott Sol sollte in einer Quadriga und die Mondgöttin Luna in einem Zweigespann fahren. Sowohl Sol als auch Luna hatten Beziehungen zu Wagenrennen und ihnen waren in oder direkt neben dem Circus maximus in Rom je ein Tempel geweiht. Die Zielsäulen, an denen in den Rennbahnen gewendet wurde, symbolisierten die Wendepunkte der Sommer- und Wintersonnenwende, sie waren also nur noch indirekt Weltsäulen. Auf einer schönen geschliffenen Schale, die in Köln-Braunsfeld gefunden wurde, sieht man Sol als Rennfahrer.

Mit dem zweirädrigen niedrigen Rennwagen, der im zweiten Jahrtausend im Süden so großartig Geschichte gemacht hatte, sind indogermanische Streitwagenleute bis nach Ägypten gelangt. Das Kairoer Museum bewahrt ein vollständig erhaltenes Beutestück, das wohl unter Ramses II. um 1250 v. Chr. eingebracht wurde. Das Holz der Deichsel besteht aus Ulme, das des Radkranzes aus Esche, die Verbindungsstücke von Nabe und Speichen, das vordere Deichsel-Ende, Speiche und Radkreuz waren mit Birkenbast umwickelt. Das sind Beweise dafür, daß der Wagen tatsächlich aus eurasiatischer Handwerkstradition stammt.

Es wäre denkbar, daß in der Flur Frenarp mit eben solchen Wagen, die im Pferdegespann mit Joch gefahren sein könnten, kultische Rennen zur Verehrung der Sonne ausgetragen wurden. Wie das im einzelnen aussah, wer die Fahrer waren, und was dabei geschah, wissen wir nicht. Nach dem Rennen vereinigte man sich mit den Wagen stolz zu einer »Gemeinschaftsaufnahme« auf dem Felsen nahe der Rennbahn, wobei dann vermutlich tagelang fröhlich gefeiert und gezecht wurde. Der kultische Sinn der Rennen aber könnte durch die Zutaten auf dem Felsbild gegeben sein. Es handelt sich um weitere 11 Radkreuze, wie auch die Wagenräder solche sind, 2 Kreise, 4 Radfragmente, eine Schlange und 48 Schalengruben.

Es ist eine bekannte Tatsache, daß der nordische Mensch zuerst die Pferde vor den Wagen spannte, erst später benutzte er die Pferde auch zum Reiten. So sind denn sämtliche Reiter auf den Felsbildern in die Eisenzeit zu datieren. Immer wieder tauchen die Reiter im weitgestreuten Katalog der Steingravuren auf, zwischen bäuerlichen Szenen, Jagdbildern, neben den großen Schiffen und auch an Bord der Schiffe, nicht zuletzt unter den immer und überall wiederkehrenden Kulthandlungen. In Litsleby im Bohuslän haben wir gleich ein ganzes Reitergefecht vor uns, das jedoch zeitlich nicht in einem Zug entstanden sein muß. Die Reiter, bewaffnet mit Lanze und Viereckschild, galoppieren aufeinander zu – aber die Szene macht mehr den Eindruck eines Kampfspieles. Die Pferde sind langgestreckt dargestellt, stereotyp und eigentlich wie das Symbol eines Rosses. Wir vermissen die Beine des Reiters, denn wieder einmal ist man mit dem zeichnerischen Problem der Überschneidung nicht fertiggeworden. Die Oberkörper schließen mit dem Pferderücken ab. Wenn anderswo sogar Männer stehend auf dem Pferd wiedergegeben sind, dürfte das gewiß nicht mit Akrobatik verwechselt werden. Die stehenden Reiter sollen keine Voltigierer sein. Diese darstellerische Eigenart entspringt genau demselben Problem: Wie die Paddelmannschaft, die eigentlich im Boot sitzt, auf dem Dollbord gezeichnet wird, so gerät der Reiter, der eigentlich sitzt, stehend auf den Pferderükken. Hier und da findet man Männer, die turnerisch die Brücke rücklings machen – vielleicht als symbolische Darstellung des Himmelsgewölbes (77b).

Bei Brastad sind sanduhrförmige Trommeln graviert worden, mit den Händen daneben, die sie schlugen. Solche Trommeln sind aus Bodenfunden der Bernburger Kultur bekannt (81), wo sie aus Ton hergestellt wurden. Vielleicht waren sie im Bohuslän aus Birkenrinde gemacht, denn nirgends sind keramische Reste gefunden worden. Im Gegensatz zu Schamanentrommeln könnten diese kleinen Pauken bei Festen für fröhlichen rhythmischen Lärm gesorgt haben.

Wenn man sich fragt, wie eigentlich diese edlen Herren und Damen der Vorzeit bekleidet waren, so geben uns hauptsächlich Grabfunde von Baumsargbestattungen und Moorfunde Auskunft. Die Felsbilder sind arm an Hinweisen, wie die Bekleidung ausgesehen haben mag. Die symbolhaft hingezeichneten Figuren lassen Hinweise auf Bekleidung fast immer vermissen. Aus Grab- und Moorfunden wissen wir, daß die Frauentracht zweiteilig war. Sie bestand aus einem Jäckchen mit halblangen Ärmeln und einem fußlangen, schweren, durch einen kunstvoll gewirkten Gürtel gehaltenen Rock. Den Gürtelverschluß bildete oft eine bronzene Scheibe mit ausgezogener Spitze. Alle Kleidungsstücke dieser Zeit wurden grundsätzlich aus Wolle hergestellt. Jeder Hinweis auf Leinen fehlt bisher. Der Mann trug von den Achseln bis zum Knie einen vorn offenen Kittel, über die Schultern mit Lederriemen gehalten. Um die Hüften wurde der Kittel durch einen Stoff-

Die Hyperboloid-Form dieser heute noch gebräuchlichen kleinen Pauken erinnert an neolithische Tontrommeln, wie sie in Mitteldeutschland gefunden wurden. Die schlagenden Hände sind erst später hinzugekommen, als männliche Unterkörper mit Kopf und Armen zu ganzen Figuren ergänzt wurden.
Brastad: Bräcke, Bohuslän/Schweden, 1200–900 v. Chr.

gürtel mit Quasten zusammengebunden. Diese Tracht war dem noch heute getragenen schottischen Kilt ähnlich. Hierzu trug man in der kalten Jahreszeit einen umhangartigen Mantel und eine Filzkappe. Die in historischer Zeit bildlich und literarisch bezeugte Hosentracht war im bronzezeitlichen Norden jedenfalls fremd. Sie ist typisch für Reitervölker. Eine Spezialität des Nordens war jedoch der Doppel- oder Durchsteckknopf, dessen Funktion dann die Gewandspange oder Fibel übernahm, eine Erfindung, die gleichzeitig im Norden und in Oberitalien gemacht wurde und eigentlich nichts anderes als eine Sicherheitsnadel ist.

An der rostroten Quelle des Ortes Hegra im Stjørdal des Nord-Trøndelag sahen wir das Bild zweier Herren mit kurzem Umhang und Schwert. Ein ovales Schnittmuster zu diesem Umhang, der in der Bronze- wie auch in der Eisenzeit getragen wurde, entdeckte man in Yttergånsta im Uppland, bei Egna Hem in der Nähe von Norrköping und an einem Steinbruch von Simrishamn in Schonen, sämtlich also in Schweden (82). Besonders das letztere Beispiel ist dadurch interessant, daß es vom Bild eines Schiffes und eines Pferdes überschnitten wird. Diese Schnittmuster sind so gewissenhaft wiedergegeben, daß man der Meinung sein könnte, es würde sich wahrhaftig um Vorlagen zur Herstellung neuer Mäntel handeln. In Form und Ausmaßen stimmen sie genau mit Mänteln aus dänischen Baumsarggräbern und dem Moorfund von Gerum in Västergötland überein. Die Mantelfunde von Muldbjerg, von Gerum und Borum Eshöj zeigen, daß diese Mäntel asymmetrisch getragen wurden, wie wir das von einer Toga des Mittelmeerraumes her kennen. Die in runder Form gewebten Mäntel zeugen von einem schon vollendeten handwerklichen Können, das den Gewichtswebstuhl voraussetzte, der uns später in der Valcamonica begegnen wird.

An verschiedenen Stellen ist der kurze Männerumhang abgebildet worden. Bertil Almgren vertritt den Standpunkt, daß es sich bei all diesen Darstellungen um dauerhafte Votivgaben handelt, um Opfer, die nur dann verständlich wären, wenn der Empfänger ein unsichtbarer und deshalb nicht mit abgebildeter männlicher Gott sein würde.

Votivopfer von Kleidern waren in der ganzen klassischen Welt bekannt. Besonders bei der Übergabe des »Peplos« genannten Gewandes an Athena bei der panathenäischen Festprozession in Athen, wo dieses Gewand als Segel auf einem von Pferden gezogenen Schiffswagen mitgeführt wurde, besteht die auffällig gleiche Kombination wie bei Simrishamn: das Kleideropfer zusammen mit Schiff und Pferd.

Wenn also solche Felsbilder in natürlicher Größe einen Opfergegenstand wiedergeben, dann könnte man dementsprechend auch die originalgroßen Abbildungen von Schwertern in der Umgebung von Norrköping als Votivopfer deuten. Es ist auffallend, daß solche gut datierbaren Schwertbilder ausschließlich in dieser Gegend vorkommen, so daß man daraus schließen könnte, sie seien einer unbekannten lokalen Gottheit geweiht worden. In Uppland findet man einen ganzen Felsen voller gravierter Speere. Waffen dieser Art sind für den Felsbildforscher außerordentlich wichtige Anhaltspunkte für die Datierung. Bei der Bodenforschung aufgefundene Absatzbeile mit Schnüröse oder Antennenschwerter der Bronzezeit lassen im Vergleich mit den Felsbildern sehr gewissenhafte Zeitbestimmungen zu. Im Gebiet der Mäntel und des kurzen Männerumhangs gibt es nur Axtbilder, die wohl ebenfalls einem speziellen Gott zugedacht waren. Dieser Gott ist aber, besonders in der Gegend von Simrishamn, wieder und wieder phallisch dargestellt worden. Er mag somit dem Axtgott Thor oder gar seinem Vorgänger Freyr ähnlich gewesen sein. Im Hauptgebiet der Felsbilder, im Bohuslän, fehlen derartige Votivopfer ganz.

Die Felsbilder des Nordens ließen zusätzlich zur Bodenforschung eine bisher nur durch späte schriftliche Quellen des Mittelmeergebiets bekannte kultische, religiöse und kulturelle Welt erstehen, die sich aus dem Schamanenglauben eiszeitlicher Jägerkulturen gelöst hatte. Wenn auch die Interpretation der oft rätselhaften Steingravuren große Schwierigkeiten bereitet, müssen wir uns doch mit ihnen beschäftigen, obwohl sie vorerst recht schwer zu datieren sind.

Durch die Kultur der Kelten, die sich quer durch das ganze mittlere Europa ausbreitete, wurde der lange fruchtbare Kontakt des Nordischen Kreises zum Süden abgeschnitten. Der Norden wurde ärmer und bot zuletzt nur noch das Bild, das Tacitus in der »Germania« aufzeichnete. Damit hörte auch das Felsbildschaffen für immer auf. Forscher, die sich der unbedingt notwendigen Feldarbeit auf den Felsen widmen – und derer gibt es nicht viele – beziffern die Anzahl der Einzelmotive auf skandinavischen Felsen auf über eine Million. Das ist, gemessen an den Höhlenbildern im frankokantabrischen Raum, ungeheuer viel. Skandinavien, das durch seine von Gletschern glatt geschliffenen Felsen zu einem einzigartigen Bildschaffen anregte, ist spät, erst sehr spät zur Entwicklung von Städten, von Staat, Handel und wirtschaftlicher Organisation gelangt. Frühe Schriftdokumente kamen zudem fast ausschließlich von dem jungen Außenposten Island. Und so ist sich der Norden über Jahrtausende gleich geblieben, in seinen kultischen Vorstellungen wie in seinem Lebensstil und im Denken.

TOTENKULT MIT SONNE, RIND UND WAGEN

Die Megalithkultur in Mitteleuropa

Die ausgedehnten Grund- und Endmoränenlandschaften Dänemarks, Schleswig-Holsteins und der Norddeutschen Tiefebene boten keine für die Bildgestaltung geeigneten Steinflächen. Deshalb wird man hier nur selten Felsbilder finden, dann aber auf Findlingen, Monolithen und Stelen oder Decksteinen von Gräbern. So hängen diese Bilder auch weitgehend bis hin in die Bretagne mit der Megalithkultur, also mit Totenkult und Totenbrauchtum zusammen. Waren die eingemeißelten Bilder an freien Felsflächen ständig ungehindert zugänglich, so werden Zeichen und Bilder im Inneren von Steinkistengräbern und Dolmen den Lebenden nur kurzfristig sichtbar gewesen sein, da der Grabhügel nach der Grablegung stets wieder verschlossen wurde. Das gilt ebenso für Einzelgräber wie für ständig wieder begangene Gemeinschaftsgräber. Die Bilder waren nach innen den Toten zugewandt und dementsprechend in ihrem Sinngehalt auf die Totenwelt bezogen.

Der Aufwand, der in der Megalithzeit für die Beschaffung des Steinmaterials, zum Behauen der Steine, für Transport und Aufstellung betrieben wurde, ist ebenso erstaunlich wie die Ausstattung mit Bildern. Das bezieht sich besonders auf das bekannteste dieser Gräber auf skandinavischem Boden, das bronzezeitliche Grab von Kivik im südschwedischen Schonen. Eine sicher für nur eine Person bestimmte, relativ kleine Steinkistenkammer von 4×1 m und einer Höhe von 1,20 m war mit einem Hügel von 75 m Durchmesser überdeckt worden. Da Bauern dieses Grab lange Zeit als Steinbruch nutzten, sind leider nur einige echte Stelen oder Teile davon übrig geblieben. Man restaurierte das Grab später und rekonstruierte es nach alten Aufzeichnungen. Die Motive der senkrechten Stelen von Kivik stehen zweifellos in ursächlichem Zusammenhang mit der Totenfeier, den Bestattungszeremonien und der Grablegung. Vielen Zeichen scheint ein rein symbo-

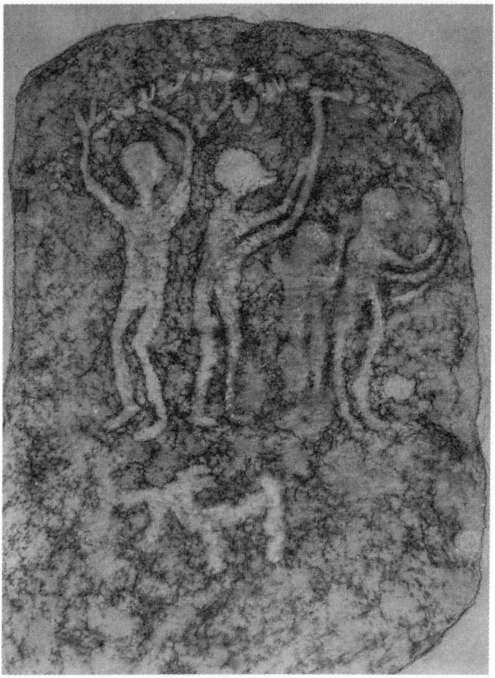

Aus dem »Drei-Götter-Stein« von Anderlingen wurde dank unserer genauen Abreibung ein Vier-Männer-Stein mit Totenhund, Masken und dem Himmelsbogen.
Steinkammergrab von Anderlingen, Krs. Bremervörde Niedersachsen/ Deutschland, 1400–1000 v. Chr.

lischer Charakter zuzukommen: Sonnenräder, Äxte, Totenboote, Pferde und die Darstellung des auf einem Pfosten befestigten Himmelsbogens mit Sonne und Mond an den Enden. Über vermummten Trauernden sieht man den von zwei Pferden gezogenen einachsigen Wagen mit dem vielleicht königlichen Wagenlenker. Es könnte natürlich der Tote selbst sein. Wir sprachen bereits von diesem Wagen. Die Pferde werden vermutlich von Wölfen oder Hunden auf ihrem beschwerlichen Weg ins Totenreich begleitet. Der Hund oder Wolf erscheint stets als Totengeleiter, bis in die klassische Zeit.

Als Kopfstein einer Steinkiste fand man bei Anderlingen, Kreis Bremervörde, einen Bildstein, den man anhand seiner drei klar erkennbaren Figuren als »Dreigötterstein« bezeichnete. Als wir 1979 diesen Stein im Niedersächsischen Landesmuseum in Hannover abreiben durften, entdeckten wir anhand unseres zuverlässigen Abreibeverfahrens nicht nur einen vierten Mann, sondern wiederum den Totenhund (83). Wir sahen, daß die vier Männer anscheinend Tiermasken tragen und der rechte von ihnen eine Girlande im Bogen über sie hinweg zu ziehen scheint: wieder der Himmelsbogen, der schon in Kivik und auf den Felsbildern mit den eine Brücke schlagenden Männern eine Rolle spielte. Die Nordgermanen stellten das Himmelsgewölbe als gebogene Linie dar. Vögel waren Mittler zwischen den Menschen und den Himmlischen. Und deshalb scheint der Himmelsbogen über den vier Menschen des Steins von Anderlingen aus linear vereinfachten Vögeln zu bestehen, gleicher Art wie jene, die im Bohuslän die Sonnenscheibe tragen. Allein aus den Armgebärden kann man entnehmen, daß die vier Männer keine Götter sind. Die erste und dritte Figur haben die Stellung von Adoranten, Anbetenden. Die zweite Figur von links hat eine Absatzaxt in den erhobenen Händen, wohl ein gleiches Stück, wie man es u. a. auf dem Boden der Kammer fand und womit das Grab als frühbronzezeitlich ausgewiesen wurde.

Von jetzt an werden uns immer wieder Parallelen begegnen, die den Nachweis erbringen, wie weit sich Ansichten, Weltanschauungen und Symbole auch in der Zeit der Ackerbauern verbreiteten, von denen man annimmt, daß sie relativ seßhaft waren. In einer Landschaft ohne gletschergeschliffene Felsen geben nur noch die Gräber Kunde von einem Totenbrauchtum.

Ein besonderer Fund gelang 1894 mit der Aufdeckung des 20 m langen und 3,50 m breiten Steinkammergrabes von Züschen bei Fritzlar in Hessen. Das große Gemeinschaftsgrab, das noch in die Jungsteinzeit gehört, bestand ursprünglich aus 26 bearbeiteten Sandsteinplatten, von denen eine verlorenging. Der große Bestattungsraum war an der Schmalseite mit einer Platte verschlossen worden, die eine kreisrunde Öffnung von 50 cm Durchmesser hat. Man nennt diese Lochzugänge »Seelenloch«, in der nicht gesicherten Annahme, daß man der Seele die Möglichkeit geben wollte, dem Grab zu gegebener Zeit zu entweichen. Ganz abgesehen davon, daß man einen Zugang schaffen mußte, ist dieser Eingang Symbol für die Vulva der Mutter Erde, aus der der Mensch geboren wird, in die er jedoch wieder zurückkehrt, denn auch die Dolmengöttin ist Gebärerin und Todesgöttin zugleich, der altägyptischen Nut ähnlich. In schamanistischer Jägerzeit bildete das Loch den Übergang von einem Reich ins andere und hing ebenfalls mit einem Wiedergeburtsglauben zusammen.

Dem Züschener Grab entsprechende Funde in französischen

Inmitten des Steinkammergrabes wurde ein einzelnes bildbedecktes Bruchstück gefunden. Es besteht aus einer Art Sandstein, wie er im Bereich Fritzlar nicht vorkommt. Alle Steine des Grabes sind aus heimischem Sandstein. Vielleicht ist dieser 50 cm hohe Stein als Skizze für die Gestaltung der gesamten Gravuren anzusehen.
Fritzlar: Züschen, Hessen/Deutschland, 3. Jahrtausend v. Chr.

Gräbern deuten darauf hin, daß dieser Zugang verschlossen gehalten und nur zur erneuten Grablegung geöffnet wurde. Vor diesem Türlochstein lag eine kleine Vorkammer, in der man auf gestampftem Lehmboden Brandspuren von Opferfeuern fand (84).

Sowohl der Türlochstein und der rückwärtige Abschlußstein als auch 6 Wandsteine und eine kleine freiliegende Platte des Züschener Grabes waren mit Bildern versehen. Das Hauptmotiv der Grabkammer sind Rinder, so wie sie bereits um 3000 v. Chr. von mesopotamischen Töpfern als Schmuck auf Krügen verwendet wurden: wiedergegeben durch eine Rückenlinie oder Kopflinie mit den am Ende abgewinkelten Hörnern. Klarer und einfacher ist nie ein Tier stilisiert worden. Am Morbihan in der Bretagne finden wir diese Zeichen wieder in Ganggräbern, dann aber auch – wie wir sehen werden – in den Alpen. Hier in Züschen scheinen viele der Rinder zu Gespannen zusammengefaßt zu sein. Ganz klar sind außerdem einachsige Wagen zu erkennen, die an der Achse einen bogenförmigen Dreiecksverband zur Verstärkung der Deichseleinhängung aufweisen. Dieses Konstruktionsmerkmal hielt sich beim Wagenbau bis in die heutigen Tage. Die Räder sind nur als Schalengruben dargestellt, was auf kleine, aus einem Baumstamm gespaltene Scheibenräder hinweisen könnte, wie sie von Archäologen im Oldenburgischen aus dem Moor geborgen wurden.

Es ist nun die Frage, in welchem Zusammenhang diese einachsigen Karren mit dem Totenkult standen. Der rindergezogene Wagen mit nur einer Deichsel und einem Joch war am Ende des Neolithikums fast im gesamten eurasiatischen Raum verbreitet und ist auf Felsbildern oft nur mit Schalengruben als Rädern abgebildet. Es ist auffällig, daß auf den Felsen und auch auf alten Vasen- und Urnenbildern derartige Karren in offensichtlichem kultischen Zusammenhang stets leer, ja meist sogar ohne Wagenkasten dargestellt sind, wie das bei den Grabbildern von Züschen der Fall ist. Zur Erklärung bleibt uns nichts anderes übrig, als auf Dokumente zurückzugreifen, die erst aus geschichtlicher Zeit bezeugt sind. In der Blütezeit des persischen Achämeniden-Weltreiches kam es nach der Mitte des ersten vorchristlichen Jahrtausends im vielseitig ausgebildeten Prozessionswesen zum Beispiel zu einer Wagenverehrung, die gewiß alten, verbreiteten Traditionen folgte: Es waren absolut leere Wagen, an deren Deichsel das Joch besonders betont wurde. Der griechische Philosoph Xenophon, der König Kyros auf einem Kriegszug begleitete, gab einen Einblick in derartige Prozessionen (85b): »Als sich die Pforten des Palastes öffneten, wurden zu Ehren des Himmelsgottes ausgesucht schöne Stiere je vier zu vier herausgeführt.« Er schilderte dann, wie die großen Magier zuerst einen leeren weißen Wagen folgen ließen, der dem Himmelsgott geweiht war und mit einem »goldenen Joch« versehen wurde. Danach kam der Wagen der Sonne. Ein dritter leerer Wagen war dem Feuer geweiht.

Im Zeitalter der großen Magier hatte man das Gefühl für das unfaßbar Geistige, das Ungegenständliche, bewahrt. Auch den Himmelsgott stellte man nicht körperlich dar, ebenfalls nicht die Sonne und das Feuer. Doch den archaisch-indogermanischen Völkern waren sowohl das Zugtier wie der Pflug, die Egge und der Wagen heilig. Im vorausgegangenen zweiten Jahrtausend v. Chr. hatte der leichte Streitwagen, der einachsige niedrige Rennwagen, weitgehend Geschichte gemacht. Als Urerfindung galt das Joch, das bei den Skythen große Verehrung genoß und bei ihnen zu den »Reichsreliquien« gehörte. Uns erinnert dies daran, daß man im nördlichen zirkumpolaren Bereich bei vielen Naturvölkern bis zur Jetztzeit den Polarstern »Deichselstern« oder »Nagelstern« nannte, nach dem großen Holznagel, der das Joch an der Deichsel festhielt. Dem Deichselnagel, bei den Germanen »reginnaglar«, galt in einer sehr altertümlichen und weit verbreiteten Glaubensvorstellung genauso hohe Verehrung wie dem Joch selbst (86).

Mit den Rindern und Gespannen ist der Vorrat an Motiven in der Grabkammer von Züschen fast erschöpft. Undeutlich findet sich ein grob-vereinfachtes Gesicht, das in Anlehnung an verwandte Darstellungen in Megalithgräbern (Dolmen) in der Bretagne als »Dolmengöttin« angesprochen worden ist. Am rückwärtigen Abschlußstein, ähnlich auf der Rückseite des Eingangssteins, ist ein dreifaches Fischgrätenmuster graviert, dessen Bedeutung als Webmuster wohl zu einfach erklärt wäre. Das gleiche Muster wiederholter Zickzacklinien ist sowohl im Ganggrab von New Grange in Irland wie im Großganggrab Gavr'inis und im Dolmen Petit Mont in der Bretagne zu finden, ebenso in dem Steinkammergrab von Halle-Dölau und an vielen anderen Stellen. Wiederholt sind aufsteigende und abwärtsweisende Winkellinien schon als Zeichen für Leben und Tod interpretiert worden. Selbstverständlich ist es uns heute schwer, die Gedanken jener Menschen der Jungsteinzeit und frühen Bronzezeit nachzuvollziehen. Ihre Erklärungen von Vorgängen in der Natur, präsentiert in einfachen Symbolen, sind uns nicht mehr ohne weiteres verständlich. So ist es nicht auszuschließen, daß die Zickzacklinien Symbole für Wasser sind, durch das man ins Jenseits gelangen mußte. Die Gedankenwelt dieser frühen Menschheitsperioden ist verwirrend vielseitig, erscheint oft widersprüchlich und ist doch verzahnt. Das eine schließt das andere nicht aus. Daraus ergibt sich die Ganzheit eines Ideengebäudes, das in der Kulturwelt – leider ohne entsprechende geistige Verbindungen – erstaunlicherweise bis heute weiterlebt.

DER DONNERGOTT UND DIE STIERE

Ein Kultbereich auf dem Mont Bégo

Firneisgeschliffene Felsflächen, die sich für zeichnerische Tätigkeit eigneten, gab es nicht nur in Skandinavien. Auch die Alpen sind einst weitgehend von den gewaltigen Gletschern der Würmeiszeit bedeckt gewesen. Zur gleichen Zeit, als im Norden die Küsten bereits vor Beginn des Pflanzenwuchses besiedelt waren und Boote für eine große Beweglichkeit sorgten, waren die Alpentäler noch von Eis gefüllt, das sich Jahrtausende lang nur langsam auflöste. Dieser Prozeß ist praktisch heute noch nicht abgeschlossen. Sehr spärlich baute sich kulturfähiger Boden auf. Erste, recht wenige Felsbilder sind im ausklingenden Neolithikum, der Jungsteinzeit, feststellbar. Ohne Zweifel sind damals Gruppen in die freigewordenen Alpentäler eingedrungen, die gewisse Kenntnisse von Viehzucht und Ackerbau mitbrachten. Doch ähnlich den ersten Ackerbauern im Norden lebten sie auch weiterhin von der Jagd, die zusätzliche Ernährung bot.

Verständlicherweise schlossen sich diese Hirten und Pflanzer in ihren kultischen Vorstellungen an die Ideen jener Völker an, die bereits vor ihnen Viehzucht und Ackerbau betrieben und im alten Orient und in Anatolien lebten. Ideen und nicht etwa Völker scheinen, von Osten kommend, das Mittelmeer entlang gewandert zu sein, bis sie zu den Ligurischen Alpen kamen, den Seealpen. Zwischen Turin und Nizza liegt ein Gebirgszug, in dessen Höhenkette ein Berg offensichtlich besondere Aufmerksamkeit erregte: der Mont Bégo. Bis zum heutigen Tage stoßen in seinem Bereich die kalten Luftmassen, die vom Montblanc kommen, auf die warmen Winde des Mittelmeers. Das Ergebnis sind häufige und ungewöhnlich bedrohliche Gewitter. Was lag näher, als hier, abseits aller Verkehrswege, den »Großen Donnerer« zu verehren, den Gott der Blitze und des Gewitters, der den fruchtbaren Regen brachte, der aber auch mit einem Schlag den Ertrag einer Ernte vernichten konnte. Mehr Angst als Zuneigung wird ihm hier begegnet sein, und wer gewohnt ist, in den Felsbildern zu lesen, den erfaßt in dieser Einöde oftmals das Grauen dieser Menschen, die sich physikalische Naturvorgänge nur in mythischen Denkmodellen erklären konnten. Man muß einmal, unter einem hohlliegenden Versturzblock hockend, ein stundenlanges Gewitter abgewartet haben, muß gesehen haben, wie die Blitze in unmittelbarer Nähe einschlugen, wie sie blendeten, um den Sinn der Felsbilder des Mont Bégo zu verstehen.

In der antiken Ikonographie tragen diese Wettergötter genauso Stierhörner, wie das uns bereits auf den Felsen Skandinaviens begegnet ist. Der Stier ist in der klassischen Kunst eng mit dem Blitz- und Donnergott verbunden. Nicht zuletzt deshalb ist das häufigste Motiv auf dem Mont Bégo das Rind in jener Hieroglyphe, die schon in Mesopotamien verwendet wurde: eine Linie mit dem Gehörn daran. Einmal scheint dieses Signum nur als Kopf des Rindes gedacht zu sein, dann wieder als Aufsicht auf das ganze Rind mit seitlich ausgestreckten Beinen. Oft wurde die Stärke und Fruchtbarkeit des Stiers dadurch betont, daß man den Phallus zwischen dem Gehörn aufrichtete, so wie das an einer Rinderplastik aus Palästina naturalistisch wiedergegeben ist.

Daß aber selbst das Gehörn der Rinder Blitze symbolisieren sollte, darauf macht der bereits zitierte Felsbildforscher Jakob Ozols aufmerksam (87). Denn die Hörner werden nicht nur in der ausladenden Form alter Langhornrassen dargestellt, sondern oft mit deutlichen Knicken, die gar nicht rindergemäß sind. Diese merkwürdige Gehörndarstellung haben die Zeichner des Mont Bégo vielleicht von den Töpfern Mesopotamiens übernommen, eventuell von 3000 v. Chr. bis in die frühe Bronzezeit der Ligurischen Alpen zwischen 2000 und 1600 v. Chr. an die Verehrer des Donnergottes weitergegeben. Es fehlen aber schlüssige Hinweise, wer diese Menschen waren, die rings um die Spitze des 2871 m hohen Berges ihre Kultstätten hatten.

Im Altertum war das Rind an den Küsten des Mittelmeeres heilig. Nicht nur den Blitz, sondern auch den Mond symbolisieren die Rinderhörner, da sie an die Form des aufgehenden und abnehmenden Mondes erinnern. Mit dem Mondwechsel scheinen oft Wetterwechsel und Gewitter einzutreten. Eine Inschrift in der mesopotamischen Stadt Ur um 2500 v. Chr. trug den klärenden Satz: »Mond, der du der mächtige Stier bist!« Die babylonischen Stiere waren ebenso geflügelt wie die Sonnenscheibe, damit sie über den Himmel fliegen konnten. In Babylon durfte man jede Gottheit als »Kuh« oder »Stier« ansprechen (88).

Bei den alten Persern galt das Rind als Inbegriff irdischen Segens, und die Pflege des Viehs zählte zu den Pflichten des Menschen gegenüber Gottheiten. Scherzhaft hat man die altindische Welt, wie sie sich im Rigweda spiegelte, als einen großen Kuhstall bezeichnet. Wir bewundern auch jene Mädchen, die sich während der großen kretisch-mykenischen Kulturperiode, auf die Stierhör-

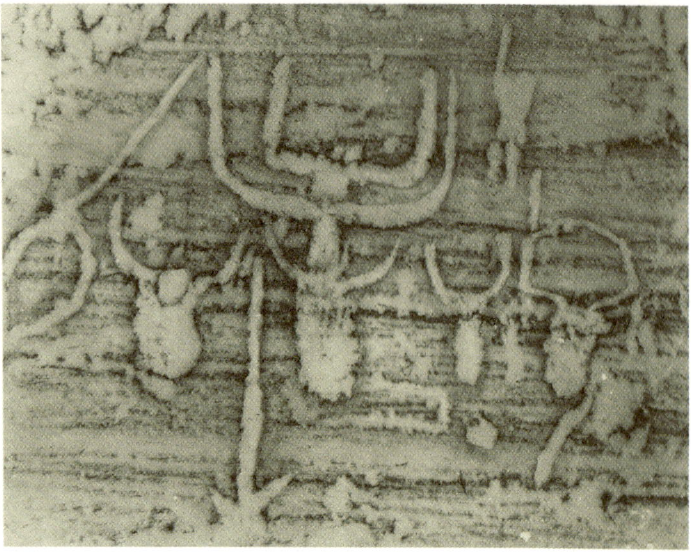

Übereinander, nebeneinander: Tausende von Rindersymbolen rings um den Berg des Donnergottes.
Mont-Bégo-Massiv: Mont des Merveilles, Ligurische Alpen/Frankreich, 2000–1600 v. Chr.

ner gestützt, über den Stierrücken schleudern ließen. Im Labyrinth von Knossos wartete jenes stierköpfige Ungeheuer, der Minotaurus, darauf, die von Athen als Opfer gesandten Jungfrauen und Männer verspeisen zu können. Zeus erschien der syrischen Prinzessin Europa, der »Westlichen« oder »Abendlichen«, als so zahmer Stier, daß sie sich auf seinen Rücken setzte. Sie wurde jedoch von Zeus nach Kreta entführt und verlieh so einem ganzen Erdteil ihren Namen. In der sumerischen und der altbabylonischen Keilschrift begegnen wir dem weiter vereinfachten Stiersymbol ebenso wie im phönizischen Buchstaben Aleph, dem Alpha im Altgriechischen, dem ersten Buchstaben des Alphabets.

Doch nicht nur Stiersymbole haben Bergbauern tausendfach in der Einöde dargestellt, sondern auch das, was unten in den Tälern wichtig war. Wie im Bohuslän in Schweden sehen wir Feldergrundrisse, Rinder in der Koppel, Männer hinterm Pfluggespann, hinter der Egge, kopulierende Rinder, waffentragende Männer oder einfach nur Waffen. Aber auch die Sonne ist graviert, ebenfalls in Radform, wohl von Mesopotamien her so übernommen.

Bei den stets im Vordergrund stehenden Rindersymbolen wäre es denkbar, daß man mit ihnen dem Donnergott an seinem Sitz das unten im Tal bereits vollzogene Opfer präsentieren wollte. Die Leute am Mont Bégo konnten den beschwerlichen Weg auf den gefürchteten Berg gewiß nicht mit großem Gepäck antreten, und es ist auch völlig auszuschließen, daß sie hier oben als Hirten ihre Herden geweidet hätten. Nie hätte man einst in die weglose, wilde Gegend ein Rind treiben können.

Noch heute schnitzen die Bergbauern im Wallis und auch die Rinderhirten in der Lungauer Almwirtschaft südlich von Salzburg ihre Rinder aus einem Stück Ast mit zwei Zweigzapfen als Gehörn – das sieht genauso aus wie das überkommene uralte Rinderzeichen.

So sind die Vorstellungen jener langen Epochen, in denen der Stier wesentlicher Bestandteil des Kults war, zwar verwirrend, doch nicht ohne sinnvolle Verkettung des Ideengehalts.

Die Szenerie des abgelegenen, vom »Großen Donnerer« bewohnten Bergwipfels war eigentlich überall gleich: In den Ligurischen Alpen war es der Mont Bégo, in Griechenland der Olymp, bei den Phöniziern der Libanon, bei den Persern der Elburzt wie der Sinai bei den Israeliten. Im Psalm 18, 12–14 heißt es von Jahwe: »Sein Gezelt um ihn war finster und schwarze, dicke Wolken, darin er verborgen war. Vom Glanz vor ihm trennten sich die Wolken mit Hagel und Blitzen und Jahwe donnerte im Himmel, und der Höchste ließ seinen Donner aus mit Hagel und Blitzen.«

ZAUBEREI UND GEHEIME METAMORPHOSEN

Polyikonie in den Ligurischen Alpen

Der Aufstieg zu den wohl interessantesten Felsbildern im oberitalienischen Mont-Bégo-Massiv aus dem tief eingeschnittenen Vallée des Merveilles, dem Tal der Wunder, auf den Mont des Merveilles ist, zumal mit recht schwerem Gepäck, strapaziös. Die Schichtung des Kalksandsteins hat sich derartig »gestellt«, daß Terrassen und Stufen entstanden und oft Schwellen stärkeren Steinmaterials stehen blieben, als die Gletscher darüber hinweg gingen. Diese Schwellen, die sich mit oft rundlichen Auswaschungen als fast senkrechte Barrieren die Talhänge entlang ziehen, waren eine geeignete Zeichenfläche für die Felsbilder, die man dem

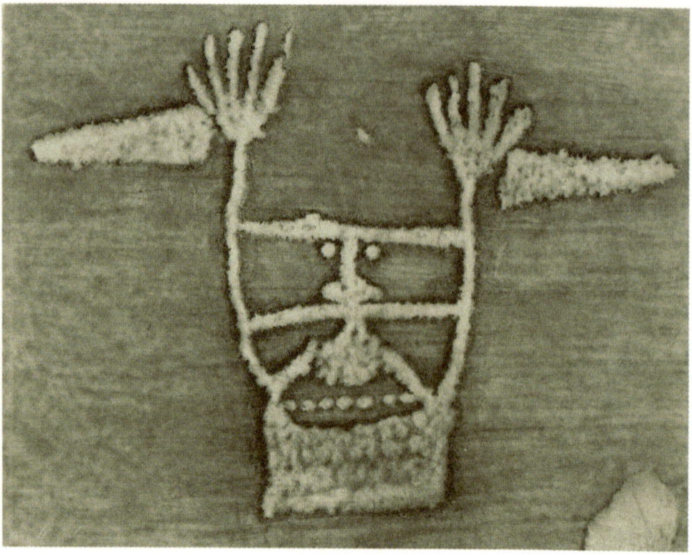

In einer Metamorphose wurden Schalengruben und Rinderglyphen zu dem furchterregenden Gesicht des Donnergottes zusammengefügt. Auch die Dolche als Symbol für »Blitz« sind da.
Mont-Bégo-Massiv: Mont des Merveilles, Ligurische Alpen/Frankreich, 2000–1600 v. Chr.

gegenüberliegenden Mont Bégo und damit dem Hochsitz des Donnergottes weihen wollte.

Am oberen Ende eines schrägen, weitflächigen Gletscherbettes, an einer nur niedrigen Stufe, ist das wohl auffälligste Bild dieser Gegend zu finden, eine aus der Norm der anderen Bilder hervorstechende Fratze mit betontem Bart, linear horizontal geteiltem Gesicht, bleckenden Zähnen und winzigen, stechenden Augen. An den Seiten des Kopfes gehen kurze Arme mit gespreizten Händen nach oben, neben denen links und rechts je einer der grifflosen Steindolche zu sehen ist, die keine Verbindung zu den offenen Händen haben. Diesen Kopf nennt man heute »le sorcier«, den Zauberer. Und gerade die auseinander weisenden Dolche lassen keinen Zweifel aufkommen: Sie sind die Blitze, und mit dem Kopf ist wohl der »Große Donnerer« gemeint. Wie wir schon in Skandinavien sahen, sind in der archaischen Ikonographie Waffen in den Händen der Götter als Blitze zu deuten. Das betraf im Bohuslän den Fruchtbarkeitsgott mit der Axt sowie den Gott mit dem Speer in seiner Eigenschaft als Wetterbringer.

Wichtigstes Blitzzeichen des Mont Bégo ist der Dolch. Irgendwann muß es zu der Kombination zweier Zeichen des Gewittergottes gekommen sein: Dolch + Rind. Man findet immer wieder große Dolche mit einem Rindergehörn. Die Verbindung mehrerer Bildelemente zu einem größeren Zusammenhang nennt man »polyikonisch«. Wenn man nun »le sorcier« genauer betrachtet, kann man feststellen, daß sich dieser außergewöhnliche Kopf aus vielen Stierzeichen und flachen Schalengruben aufbaut, so daß man über das Polyikonische hinaus von einer Metamorphose, einer totalen Umwandlung des Bildinhalts zu einem neuen, sprechen kann. Die nie zuvor gesehene Schreckgestalt dieses Kopfes entstand durch den beabsichtigten, aber unorganischen Aufbau des Gesichts aus jenen Stiersymbolen, die als Zeichen göttlicher Macht, Kraft und Fruchtbarkeit von Mesopotamien ausgingen.

Nicht weit vom »le sorcier« entfernt, entdeckte ich unter einem mächtigen Versturzblock eine viele Zentner schwere Felsplatte, die offenbar in der Absicht, sie zu verbergen, einst auf Holzrollen schräg von oben unter den Block gerollt worden war. Dadurch, daß die Holzrollen inzwischen vergingen, setzte sich die Platte soviel, daß man zwar erkannte, sie war mit Zeichnungen versehen, doch man konnte kaum beurteilen, um was es sich handelte. Meine Neugierde, was eigentlich einst so umständlich verborgen werden mußte, war so groß, daß ich den Versuch unternahm, in dem schmalen Spalt eine Abreibung der Gravur zu machen. Mit dem Oberkörper soweit wie möglich im Schlitz vorgeschoben, mußte der Papierbogen tief drinnen mit Klebestreifen angeheftet werden. Mühsam wurde der Farnkraut-Tampon über das Papier geführt. Man konnte natürlich nicht sehen, was sich abbildete. Nach dem Abfegen mit dem Handfeger mußte ich als zweite Farbe Kohlepapier darüber reiben. Das alles war in der ungewöhnlichen Lage recht anstrengend. Die oben und unten an den Fels gepreßten Ohren meines schräggehaltenen Kopfes schmerzten. Doch als der Bogen dann, vorsichtig abgelöst, im Freien vor mir lag, hatte ich das Bewußtsein, der erste Mensch zu sein, der nach fast 4000 Jahren dieses versteckte Bild sah. Die Arbeit an der Bildertafel unter dem Versturzblock hatte sich gelohnt.

Wieder waren es Rinderköpfe – aber was für welche! Alle Stilarten waren vertreten, als hätte man beabsichtigt, eine Skala der Möglichkeiten für alle Zeiten festzuhalten. Da gab es einen großen Dolch mit einem Rindergehörn, also die schon erwähnte polyikonische Kombination zweier Zeichen des Donnergottes. Links unter dem Dolch-Stier ist ein Stierkopf mit zwei Gehörnpaaren, und das obere Gehörn trägt den Phallus zwischen den Hörnern: ein unzweideutiges Symbol der Kopulation von Stier und Kuh.

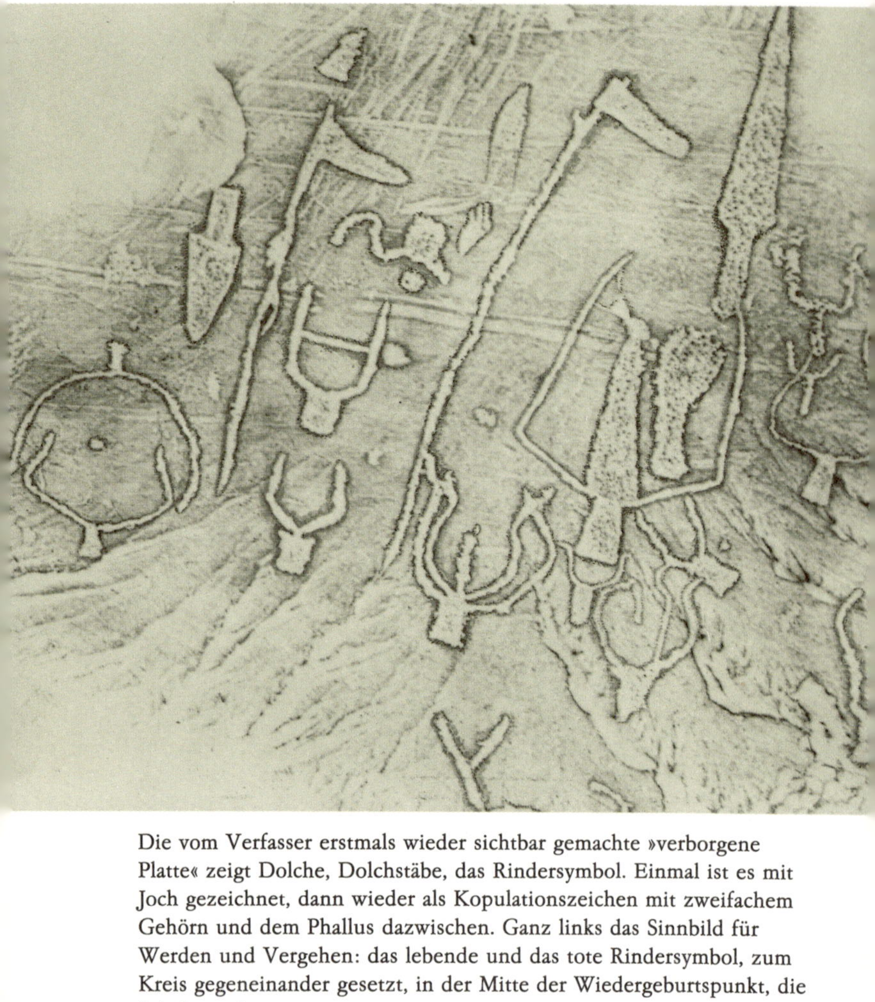

Die vom Verfasser erstmals wieder sichtbar gemachte »verborgene Platte« zeigt Dolche, Dolchstäbe, das Rindersymbol. Einmal ist es mit Joch gezeichnet, dann wieder als Kopulationszeichen mit zweifachem Gehörn und dem Phallus dazwischen. Ganz links das Sinnbild für Werden und Vergehen: das lebende und das tote Rindersymbol, zum Kreis gegeneinander gesetzt, in der Mitte der Wiedergeburtspunkt, die Schalengrube.
Mont-Bégo-Massiv: Mont des Merveilles, Ligurische Alpen/Frankreich, 2000–1600 v. Chr.

Auffällig ist die Komposition zweier Rindersymbole: unten, aufrecht stehend, das lebende Rind, und darüber, umgekehrt, das tote Rind. Das Gehörn beider bildet einen Kreis mit einer Schalengrube in der Mitte als Zeichen der Wiedergeburt. Wir haben hier eine reife Ideenkonzeption: Leben und Tod bilden einen Kreislauf von »Werden und Vergehen«, eine Symbolik, die uns in anderer Form wiederholt in den Alpen begegnen wird.

Auf der »versteckten Platte« entdeckte ich außerdem zwei der am Mont Bégo immer wiederkehrenden Dolchstäbe, der Halbarts oder Hellebarden. Die zum Einfügen in den Schaft mehrfach durchbohrten frühbronzezeitlichen Dolchklingen fand man z. B. im Trentino und bei Singen am Hohentwiel. Am Mont Bégo haben wir also im Felsbild ein Muster, wie man sich die Schäftung solcher Fundstücke vorstellen kann.

Als letztes Motiv war auf der »versteckten Platte« eine der berühmten Riemenschleudern zu sehen, die die Ligurer später so trefflich zu handhaben wußten, daß die Römer sie deshalb gerne in ihre Legionen als Schleuderer aufnahmen. Schon David traf den Riesen Goliath mit einer solchen Schleuder so gut, daß dieser Wurf kampfentscheidend gewesen sein soll.

Tief unten, an der klammartig schmalsten Stelle des Vallée des Merveilles, ist auf einem in dieser Umgebung seltenen grünen Versturzblock inmitten des Wildbaches eine weitere große Metamorphose zu finden: »le chef de tribu«, der Stammeshäuptling (89). Noch offensichtlicher als bei dem Porträt des Donnergottes sind hier vexierbildhaft Stiermotive raffiniert zu einer ganzen männlichen Figur zusammengefügt worden. Das beginnt unten mit dem Phallus, der ein Stierkopf ist, dessen Gehörn die Breite des Unterkörpers bestimmt. Darüber läßt ein Rinderkopf mit weit ausladendem, kantig angesetztem Gehörn den Oberkörper fast wie mit einer Bolerojacke bekleidet erscheinen. Innerhalb des Oberkörpers suggeriert ein Stierkopf mit rundem Gehörn einen umgehängten Schmuck. Wenn die Halspartie flächig so ausgespritzt ist, daß in ihr eine liegende Mondsichel erscheint, so mag man kaum an einen Zufall glauben, soll doch der Mond viel mit dem Wettergeschehen zu tun haben, das man hier oben angesichts des Donnergottes beeinflussen wollte. Geschickt ist der Kopf aus einem einwärts gerundeten Gehörn gebildet, dessen beide Enden sich fast treffen. Fast – denn: Auf genau diese Lücke am Kopf, die wie eine Wunde offensteht, zielt einer der drei großen Dolche, die im Oberteil der Felsplatte stehen. Während die zwei rechten mit den Spitzen nach oben weisen, ist der dritte Dolch unmißverständlich auf die Kopfwunde gerichtet. Wurde hier mit einem magischen Bild eine uns unbekannte Zeremonie an der Personifikation des Mondwechsels, dem Wettergeschehen, vollzogen? Oder sollte daran in einem Akt des Analogiezaubers ein bestimmter, aber weit von dieser Zeremonialstätte entfernter Mann getötet und dem Donnergott als Opfer dargebracht werden? Weshalb ist der tödliche Dolch derart überdimensioniert worden? Etwa um ihm die nötige Kraft zu verleihen? Die seltsam

Dieser Mann auf einem Versturzstein inmitten des Wildbaches entstand aus der Verbindung von eckigen und runden Stiersymbolen. In einem grausigen Akt von Analogiezauber sollte er durch einen Dolch am Kopf getötet werden. Rechts daneben die beiden auseinanderweisenden Dolche – der Blitz – als Zeichen des Donnergottes. Die dreiholmige Leiter dürfte wohl der magische Übergang zu einer der beiden außerirdischen Welten sein.
Mont-Bégo-Massiv: Vallée des Merveilles, Ligurische Alpen/Frankreich, 2000–1600 v. Chr.

nach innen gerichteten Füße und auch die dünnen Arme sind vielleicht so unbeholfen dargestellt, um die Figur abzuwerten oder zu schwächen. An diesem weltabgelegenen, bedrückenden Ort in der tiefen Schlucht, unmittelbar vor der Flanke der meist wolkenverhangenen Spitze des Mont Bégo, waren die Menschen von der Wirkung ihrer kultischen Handlungen vermutlich mehr überzeugt als an jedem anderen Platz.

Rechts vom »chef de tribu« sind noch einmal die zwei auseinander weisenden Dolche als Blitzsymbol gestellt und darüber eine

Speerspitze, die aus einem Rinderkopf gestaltet ist und sich nach unten phallisch mit zwei Testikeln fortsetzt. Die winzigen, näpfchenähnlichen Einhiebe in dieser Speerspitze zeigen, daß auch dieses Gebilde von Symbolik strotzt.

Ganz auf der rechten Seite des grünen Blocks, der von irgendwoher oben aus dem Gebirge abgestürzt sein muß, ist, flankiert von einem kleinen, anbetenden Menschen, eine dreiholmige Leiter zu sehen, die uns in den Alpen immer wieder begegnet. Die Funktion dieser Leiter ist umstritten. Ihr Einsatz im unzugänglichen Gelände des Hochgebirges als Steiggerät ist auszuschließen. Befürworter dieses Gedankens sollen erst einmal eine Leiter, die funktionell sinnlos mit drei schweren Holmen versehen ist, 12 Kilometer über Versturzfelder ohne Weg und Steg tragen! Und wie will man eine Leiter dann an der Steilwand einsetzen, sie nachholen, erneut aufstellen?

Es gibt eine weltumspannende und deshalb gewiß sehr alte Schnur-, Knoten- und Netzsymbolik, die hier vielleicht eine sinnbildhafte Ausdrucksform erhalten hat. Netze sind seit dem Paläolithikum belegt. Knoten haben von jeher in magischem Sinne eine Bannfunktion gegenüber bösen Dämonen gehabt. Das Netz, das seit der Jägerzeit immer wieder bei der Jagd verwendet worden ist, könnte allein schon durch bloßes Vorzeigen die Dämonen zur Flucht veranlaßt haben. Oder wollte man – was volkskundlich belegt ist – die Sonne mit dem Netz einfangen, um dem Wachstum der Feldfrüchte zu dienen?

In diesem Zusammenhang ist jedoch erneut der Schamanenbaum zu erwähnen, der, in der kosmischen Mitte stehend, den Übergang von einem Reich zum anderen gewährleistet. Bei vielen Völkern wurde er schon frühzeitig durch die bequemere Leiter ersetzt. Denken wir an Jakobs Traum und sehen wir uns die mittelalterliche Darstellung vom Jüngsten Gericht an der Chorwand der Pfarrkirche von Chaldon, Surrey, aus dem 12. Jahrhundert an. Sie ragt oben in den Himmel und unten in die Unterwelt! Sollte etwa daher die Dreizahl der Holme stammen, als Zeichen des Übergangs von einem der drei Reiche ins andere? In den Totentexten Ägyptens gibt der Sonnengott Re den Menschen die Leiter asken pet, um in den Himmel steigen zu können (90). Das zeremonielle Ersteigen einer Leiter bildete als eine Art Himmelfahrt möglicherweise eine Aktion in der orphischen Initiation. Nach der islamischen Legende sieht Mohammed eine Leiter vom Tempel in Jerusalem – sozusagen im Zentrum der Welt – bis zum Himmel reichen, die die Seelen der Gerechten erstiegen, um zu Gott zu gelangen. So ist die Leiter über lange Zeiten von vielen Völkern als Sinnbild der mystischen Verbindung zum Himmelreich angesehen worden. Und oben im Gebirge ist man den Himmlischen erheblich näher.

Man sagt, unter Leitern hindurchzugehen bringe Unglück. Der Ursprung dieses Aberglaubens führt an die Quelle dieser heiligen Dreizahl zurück, die schon in vorchristlicher Zeit in dem häufigen heidnischen Symbol heiliger Dreifaltigkeit basiert. Wenn die Leiter an der Wand lehnt, bildet sie natürlich ein Dreieck. Wer durch diesen Bereich hindurchzugehen wagt, begeht eine Verletzung des heiligen Raumes. Wann eigentlich die Leitern drei Holme bekamen und wo zuerst, ist noch nicht zu klären. Doch die heilige Dreizahl in der Zahl der Holme auszudrücken, scheint sich angeboten zu haben, mit oder ohne Kenntnis uralter kosmischer Vorstellungen.

DAS VERGESSENE TAL

Felsbilder der Valcamonica von der Jungsteinzeit bis ins 1. Jh. n. Chr.

Am Iseosee, einem der norditalienischen großen Bergseen, müssen in alten Zeiten schwer begehbare Moraste gewesen sein. Dort beginnt die Valcamonica, das Tal der Camuni, eines prähistorischen Volkes, das Tausende von Jahren in diesem verborgenen Alpenwinkel ein gesichertes Leben führen konnte, denn auch nordwärts endete das Tal einst durch Bewuchs und Versturz sozusagen im Nichts.

Wenn man bei Capo di Ponte die abseits liegende Kirche Pieve di San Siro besucht, sollte man nicht versäumen, die bergwärts gelegene kleine Kapelle zu besichtigen, in der auf dem anstehenden Felsen eingravierte menschliche Hände zu sehen sind. Bereitwillig erzählt dann der Kirchendiener die fromme Legende, daß der Böse diesen Felsen in der teuflischen Absicht, die Kirche zu vernichten, den Berg hinabstieß. Doch der Heilige Siro stand vor der Kirche und stemmte sich dem Felsen entgegen, und Gott gab ihm die übernatürliche Stärke, mit den bloßen Händen den gewaltigen Steinblock aufzuhalten und die Kirche zu retten. Der Heilige muß jedoch unqualifiziert nachgegriffen haben, denn außer zwei recht großen Händen kamen auf unserer Papierabreibung vier kleinere

Hände zum Vorschein. Der Felsen ist in Wirklichkeit kein Versturzblock, und die spätjungsteinzeitlichen bis bronzezeitlichen Hände wurden also schon lange vor dem Kirchenbau dort eingraviert.

Etwas von der Kirche entfernt liegt das Flurstück »delle Sante« mit einer Felsengruppe und Wallanlage, die »Castelliere« genannt wird. Tatsächlich handelt es sich um eine primitive Festung, die möglicherweise bis zum Jahre 16 v. Chr. ihren Zweck erfüllte. Als man das kleine Bollwerk archäologisch untersuchte, waren die Ergebnisse enttäuschend. Alles, was man fand, waren die Gebeine von mehreren Menschen in einem tiefen Schacht. Man hatte sie entweder geopfert oder aber in Gefangenschaft umkommen lassen.

Die Spatenforschung allein hätte recht magere Ergebnisse in diesem italienischen Alpental erbracht, Ruinen von Trockensteinmauern prähistorischer Feldbegrenzungen, ein paar Fundamente von kleinen Häusern aus den letzten Jahrhunderten, bevor die Römer kamen, einige Brunnen und künstliche Bewässerungsgräben. Das wäre alles gewesen, was man aus dem geschichtslosen Alpental gewußt hätte, wären diese gletschergeschliffenen Tonsteinfelsen nicht gewesen, die an manchen Stellen förmlich von Bildern übersät sind. Das große Tagebuch der Vorgeschichte des Tals der Camuni beginnt in der Jungsteinzeit noch vor 2200 v. Chr. Wahrscheinlich zog sich ein Volksstamm, der aus der Po-Ebene verdrängt wurde, in dieses damals unzugängliche Tal zurück. Das nur 80 km lange Tal wird von 2000 m hohen schneebedeckten Bergen gesäumt, und der Ogliofluß durchschneidet ein wechselnd breites Schwemmland, das von Anfang an die Wirtschaftsbedeutung dieser abgelegenen Gegend begründete. Die prähistorischen Ansiedlungen waren aber nicht in diesem Schwemmland, sondern auf geeigneten Felsplateaus gelegen, dort, wo auch Trinkwasser zur Verfügung stand. Doch im Gegensatz zum Trentino, wo im morastigen Untergrunde viel von den vorgeschichtlichen Holzhäusern erhalten blieb, verrottete das Holz auf dem felsigen Grund der Valcamonica, und wir wüßten nicht, wie diese Menschen gelebt, wie sie gearbeitet, gejagt und ihre Häuser gebaut haben, wenn die Felsbilder nicht umfassend Auskunft geben würden und einige Menschen sich heute dieser Bilder angenommen hätten.

Die beiden bilderbedeckten Monolithen von Cemmo bei Capo di Ponte waren bereits lange bekannt. Seit 1954 wurden in den Weinbergen oberhalb der Talstraße und in den Buschwäldern der Felshänge unter Erdreich und Moos weitere Bilder entdeckt. Das

Jeder der Dolche, die hier auf den Felsen graviert wurden, steht vermutlich stellvertretend für einen der Männer der Gemeinschaft.
Capo di Ponte: Cemmo, Valcamonica/Italien, 2800–2000 v. Chr.

löste ein wachsendes Interesse für dieses Tal aus. Der Zimmermann Battista Mafessoli aus Capo di Ponte hatte die ersten großen Bilderfelsen aufgefunden. Von ihm stammt auch das einfache Abreibeverfahren, mit dem wir arbeiten: zuerst mit dem grünlichen Chlorophyll bestimmter Pflanzen, dann mit Kohlepapier auf Offsetpapier gerieben, ergibt sich ein strukturgetreues Abbild von Felsen und Gravur.

Angeregt durch Veröffentlichungen über diese Bilder kam Emmanuel Anati vom Mont Bégo herüber, um einen einzigen Tag auf die Valcamonica zu verwenden. Als er dann sah, was in diesem Tal zu finden war, verlängerte er seinen Aufenthalt auf eine Woche und kehrte schließlich aus Paris mit einigen Helfern zurück. Damit begann das Lebenswerk eines Menschen, dessen Name unverrückbar mit der Valcamonica und den Felsbildern verbunden ist. Mehr und mehr Bilder wurden entdeckt, so daß man heute sagen kann, das Tal hat an die 45000 Felszeichnungen bewahrt. Emmanuel Anati machte sich durch konsequente Gliederung und Vergleiche um ihre Datierung verdient. Er ordnete die Darstellungen vier Perioden zu (91):

I. In der Jungsteinzeit wurden kompositionslos nebeneinander gestellte Symbole, zum Beispiel die der Sonne, sowie symmetrisch und eckig gezeichnete Betende, Steinäxte, Steindolche und labyrinthartige Netzmuster, graviert.

II. Aus der Stein-Kupferzeit stammen Dolche mit Dreiecksklingen und rundem Knauf, wie sie die Spatenforschung aus der Remedellokultur bereits kannte, und erstmals Szenen von Sonnenverehrung. Es dominieren jedoch Tierbilder.

III. In die Bronzezeit gehört die große Menge der cammunischen Felsbilder. Die Waffen gleichen denen aus den einzelnen Phasen der Bronzezeit von Mykene, Kreta und der Urnenfelderkultur Mitteleuropas. Die Spiralen sind fast kontinental bis nach Portugal, Griechenland und Skandinavien verbreitet. Die Kompositionen werden immer kühner und vollendeter, ja sogar monumental. Sie beschreiben in vielfältiger Form religiöse Zeremonien.

IV. Während der Eisenzeit ändern sich Technik und Stil der Zeichnungen. Defensivwaffen treten auf: Schilde und Helme. Schließlich sind rätoromanische und etruskische Worte auf den Felsen zu finden. Wie überall in Europa setzt sich der Mann aufs Pferd.

Durch Aufdecken, Sammeln, Katalogisieren und Analysieren aller verfügbaren Tatsachen, im steten Vergleich mit anderen Kulturen, erschloß Anati aus Zehntausenden von Darstellungen das erstaunliche Bild eines kleinen Alpenstammes während eines Zeitraums von über zweitausend Jahren. In der Jungsteinzeit waren im Gefolge umfangreicher Wanderungsbewegungen neue Volksstämme in Norditalien eingefallen. Alteingesessene Stämme primitiver Ackerbauern wichen im letzten Viertel des dritten Jahrtausends in die Alpentäler aus, die für fortgeschrittenere Ackerbauern nicht verlockend waren. So zog sich ein Stamm, den die Römer zweitausend Jahre später »Camuni« nannten, in das nach ihnen genannte Val camonica zurück. Von Anbeginn scheinen diese Menschen den Drang verspürt zu haben, sich selbst, ihr Leben, ihre kultischen Handlungen und ihre Sorgen den Felsen anzuvertrauen. Und diese Bilder zeigen, wie aus der zeitlichen Gliederung Anatis hervorgeht, die geschichtlichen und sozialen Veränderungen so, wie sie selbstverständlich auch außerhalb dieses Tales stattfanden. Auf diese Weise läßt sich der Weg der damaligen Menschen aus der Steinzeit in die Kupfer-, Bronze- und Eisenzeit verfolgen. Außerhalb der Valcamonica war schon damals der Verlauf der heutigen Brennerstraße ein Handelsweg, über den sich technische Neuheiten sowie neue Ideen verbreiteten.

Die frühe camunische Gesellschaft bestand aus kleinen patriarchalisch organisierten Klans, die sich im Laufe der Zeit zu immer komplizierter geordneten Einheiten entwickelten. Wie die Felsbilder deutlich ausweisen, entstand im religiösen Leben bald ein aktives Priestertum, das seine führende Rolle als Erzieher und Richter wahrnahm. Spätere römische Berichte stellen einen solchen Priesterstand der Kelten, die Druiden, umfassend vor. Bergbau, Handwerk und Handel scheinen mit einem bescheidenen Reichtum auch den Begriff des Status mit sich gebracht zu haben. Die sich allmählich entwickelnde Rolle und Bedeutung der Häuptlinge führte zu einer neuen Vorstellung von Autorität und Herrschaft. Reichtum und die hervorragenden Erzvorkommen des Tales brachten bald Neid und Übergriffe mit sich. So hing die Sicherheit des Stammes nunmehr von kampfbereiten Kriegern ab, die immer größere Wichtigkeit bekamen, so daß sie sich schließlich zu einer privilegierten Kaste entwickelten. Das Volk der Camuni gelangte von einem zunächst noch primitiven Kulturniveau zu höheren Gesellschaftsformen. Es war für seine vorzüglichen Waffen bekannt, die weithin gehandelt wurden. Anscheinend ist es in den zweitausend Jahren niemals überrannt worden. Ein einziger Unterschied trennte es von all den Stämmen und Völkern ringsumher: Zwar betrieben die Camuni etwas Ackerbau und Viehzucht, doch blieben sie stets Jäger und Handwerker. Das alles entschleiert das große Geschichtsbuch auf den Felsen der Valcamonica. In ganz Europa findet man nirgends einen so vollständigen chronologischen Überblick über ein Volk von der Steinzeit bis zur Epoche, da die Römer bereits ein mächtiges Imperium aufgebaut hatten.

Zu Anfang glichen sich die Zeichnungen vom Mont Bégo und der Valcamonica. Erst später bekamen die der Valcamonica ihren eigenen Charakter. Dazu trug ein Umstand bei, der den Jägern das große Jagdwild förmlich in die Hände trieb. Das obere Tal wie auch die angegliederten, schwer zugänglichen Alpentäler waren außerordentlich wildreich. In den Bergwäldern gab es damals erstaunlich viele Hirsche. Wenn bei Winterbeginn das Wetter schlechter wurde und der Schnee die Äsung erschwerte, zogen die Hirsche in die tiefer gelegenen Täler und somit auch auf stets beibehaltenen Wechseln in die Valcamonica.

Emmanuel Anati entdeckte, daß von den 317 Wildtieren, die auf dem großen Felsen von Naquane, der größten Felsbildansammlung des Tals überhaupt, 279 Jagdtiere nach Süden sehen und nur 38 nach Norden (92). Das kennzeichnet den großen Zug des Wildes, das vor den strengen Wintern nach Süden auswich. Drei Viertel aller Tierbilder beschäftigen sich mit der Hirschjagd. Die größte Konzentration von Jagdbildern ist natürlich dort, wo der Hirsch in den Bergen zu erwarten war, nämlich zwischen Giadighe und Cimbergo auf der hohen östlichen Talseite, oberhalb von Naquane. Auch Wildziegen und Bergschafe scheinen hier gejagt worden zu sein, ebenso Füchse. Einige Male zeigen die Bilder Sumpf- und Wasservögel. Fischszenen gibt es nur rings um den Ort Boario, weil dort einst ein kleiner See lag.

Die Jäger sieht man auf den Felsbildern meist zu zweit und stets zusammen mit Hunden. Es war sicher notwendig, das Wild in den Bergwäldern aufzuspüren und sich gegenseitig zuzutreiben. Ebenso wird der Transport eines großen Wildbrets im unwegsamen Gelände nicht von einem Jäger allein zu bewältigen gewesen sein. Ein Felsbild zeigt, wie Männer die Last an einer Stange zwischen sich tragen. Merkwürdigerweise sind Pfeil und Bogen nur äußerst selten anzutreffen. Genau wie in Skandinavien war der Speer die bevorzugte Waffe. Auf dem zu statistischen Zwecken oft zitierten großen Naquanefelsen sind von 14 bewaffneten Jägern allein neun mit dem Speer ausgerüstet und drei mit der Cateja, einer dem Bumerang ähnlichen Rückkehrwaffe der Kelten, die jedoch nach dem Wurf an einer Leine zurückgezogen wurde. Sonst sind die Jäger aber mit Schwert, Dolch, der Axt und der Hellebarde bewaffnet. Das soll sicher nicht darauf hindeuten, daß mit diesen Waffen gejagt wurde. Man übte nur ständig mit den Waffen, die man in Kriegszeiten brauchte, und tötete damit auch die Tiere, die sich in Netzen und Fallen gefangen hatten. Und wirklich zeigen von 44 Jagdszenen des Naquanefelsens allein 30 ein Netz oder eine Falle im Gebrauch. Man fing mit diesen Fanggeräten entweder das Tier insgesamt ein oder hielt es nur am Kopf oder an den Klauen fest.

Es ist bemerkenswert, daß der Hirsch erst in der Eisenzeit zum Gott erhoben wurde, obgleich er seit der jüngeren Steinzeit mit dem Sonnenkult in enger Verbindung stand. Die Geweihsprossen sind den Strahlen der Sonne ähnlich. Zuerst war der Hirsch selbst das vergöttlichte Tier. Zuletzt wurde der keltische Gott Esus Cernunos verehrt: in Menschengestalt mit Hirschgeweih. Ähnliche geweihtragende Gottheiten waren weit über den eurasiatischen Raum bis hin nach Nordamerika verbreitet, was für ein hohes Alter dieser Auffassung spricht.

Oben hält ein Mann stolz seine Torsionsfalle hoch, rechts von ihm ein glückbringender Spatel. Unten links vier Gänse oder Schwäne, die mit ihren Schnäbeln in einer Leimstrecke festgehalten worden sind.
Capo di Ponte: Naquane, Valcamonica/Italien, 1000–700 v. Chr.

Wesentlich weniger als das Jagdwild wurden Haustiere auf den Felsen wiedergegeben. Das zeigt, daß die Haustierhaltung, die möglicherweise Sache der Frauen war, gegenüber der Jagd geringere Bedeutung besaß. Die Felsbilder wurden gewiß nur von Männern hergestellt. Der große Felsen von Naquane zeigt neben 44 Szenen der Anbetung von Jagdwild nur 5 Szenen der Anbetung von Haustieren, schildert Anati. In den bäuerlichen Szenen, die in Bedolina und Seradina überwiegen, sehen wir neben Hunden immer wieder Ziegen, Schafe, Ochsen, Pferde und Schweine, ja sogar Federvieh. Das Pferd wird vermutlich erst mit der Hallstattzeit, also recht spät, ins Tal gekommen sein. Es blieb dann möglicherweise den höhergestellten Persönlichkeiten vorbehalten.

Man darf die vorgeschichtliche Tierhaltung keinesfalls mit der heutigen Intensiv-Tierhaltung vergleichen. Es ging den Bewohnern der Valcamonica weniger um die Bedarfsdeckung mit Fleisch, Milch und Eiern als darum, das Material für ihr Handwerk zu bekommen: Knochen und Horn, Leder, Haar, Wolle, Därme, Sehnen usw. Bei dem kargen Boden des Tales wird auch der Mist gebraucht worden sein.

KARTEN, HÄUSER, HANDWERKSARBEIT

Felsbilder als Spiegel des täglichen Lebens

Einzigartig unter den Felsbildern sind die wundervollen, ausgedehnten Landkarten der Fluren Pozzi, Bedolina und Seradina. Hier oben auf der steilen westlichen Talschulter ist alles das in den Felsen graviert worden, was man damals auf der östlichen Talseite sah. Da ist der Fluß, der Oglio, und der Zufluß des kleinen Baches Ré. Da sind die vielen kleinen Feldstücke, von denen die Steine abgelesen und zu Trockenmauern aufgesetzt wurden, so daß die Frucht vor wilden Tieren geschützt blieb. Innerhalb dieser Umhegungen liegen kleine Quellen, deren Abfluß man gewissenhaft wiedergab. Sie münden stets in einen Kanal. Die Felsbilder zeigen große Weideflächen, auf denen man das Vieh stehen sieht. Und da jede Karte stets nur eine einzige Weide hat, kann man mit Recht von einer Gemeinschaftsweide sprechen. Zuletzt sind auch die Wohnhäuser in die Karten eingezeichnet worden, wenige nur, denn die Weiler waren nicht groß.

Wenn man berücksichtigt, daß die Zeichner dieser Landkarten auf der einen Talseite stehend, nicht seitenrichtig darstellen konnten, was sie auf der anderen Talseite sahen, so darf es nicht verwundern, daß sie alles einfach spiegelverkehrt gravierten, ohne daß sie der Seitenwechsel irgendwie störte. Was talaufwärts lag, kam wieder talaufwärts hin, und was abwärts lag, wurde selbstverständlich abwärts hingemeißelt. Vergleicht man die Einzelheiten dieser Karten in diesem Sinne mit den Motiven der Natur, dann

Man glaubt die Konstruktion der Häuser aus den Gravuren herauslesen zu können. Eine gewisse Übertreibung ist dabei nicht auszuschließen. Capo di Ponte: Naquane, Valcamonica/Italien, 1200–16 v. Chr.

muß man erstaunt feststellen, wieviel von den typischen Details der Karten noch in der jetzigen Landschaft vorhanden sind. Quellen und Wasserabflüsse sind sich völlig gleich geblieben. Zum Teil sind sogar die heute noch stehenden Feldmauern, die bei Capo di Ponte in den östlichen Tallagen bis zu drei Meter Höhe erreichen, immer wieder erneuerte Mauern der Vorzeit. Das erklärt auch, wieso diese Mauern nicht mit den heutigen Grundstücksgrenzen übereinstimmen. Erstaunlich ist die Genauigkeit, mit der die Häuser dort gezeichnet sind, wo heute noch Häuser stehen. Der Mensch bleibt besonders im Gebirge dem Platz treu, der einmal zum Wohnen bestimmt war.

Meist zeigen die prähistorischen Landkarten nur Weiler von vier bis fünf Häusern. Auf der östlichen Talseite bei Naquane fanden sich dagegen eisenzeitliche Bilder von 14, 16 und 19 Häusern, die beieinander stehen. Weiter oben, im Bereich von Campanine, gibt es eine Stelle, bei der 23 Häuser zusammen entdeckt wurden. Die Bilder schildern wundervoll, wie perfekt diese Holzkonstruktionen waren (93). Man verstand sich schon auf überkragendes

Gebälk, auf Ständerwerk, das mit Dreiecksverbänden gesichert wurde, und auf Reit- und Streckhölzer im Dachbau für die Dachabdeckung. Wenn die Zeichnungen von uns richtig ausgelegt worden sind, dürfte es sich bei fast allen Häusern um Grassodendächer gehandelt haben. Hierbei nützte man den guten Flächenschutz durch Birkenrinde, die solange wasserleitfähig bleibt, wie sie nicht austrocknet. Man legt sie also auf einer Dielenlage aus und setzt obendrauf wachsende Grasstücke, sogenannte Soden, die die Birkenrinde stets frisch halten.

Eines der größten Häuser, das ebenfalls mit stehenden Grashalmen darauf gezeichnet ist, kann man gewiß als Kultstätte oder Tempel ansprechen. Sein turmartiger Innenaufbau wird völlig von bogenförmigen Holzkonstruktionen eingenommen. Das Dach darüber wird von einem diagonal nach außen geneigten Ständerwerk aus mit Kronen versehenen Baumsymbolen getragen, die den Lebensbäumen gleichen, die oft in den Alpen zu finden sind. Unter dem First und an den Traufen sind große Weltenräder befestigt, die vielleicht, zusammen mit den Bäumen, auf einen Astralkult hinweisen. Eine Leiter führt hinauf zu diesem Gebäude. Auch sie könnte im Zusammenhang mit kosmischen Vorstellungen gesehen werden wie viele andere Leitern im Bereich von Capo di Ponte. Auch sonst gibt es Häuser, in und vor denen ein Altar zu sehen ist.

Unter den vielen verschiedenen Haustypen, die zu Unrecht immer wieder als »Pfahlbauten« bezeichnet werden, fällt besonders ein im Obergeschoß weit überkragendes Haus mit sehr langem Ständerwerk auf, das unten sozusagen in einem Kasten steht. Nur zwei Gebirgszüge östlicher, im Trentino am Ledrosee und bei Fiavè, wurden tatsächlich umfangreiche Pfahlbausiedlungen in alten See-Niederungen ausgegraben, die deutlich die Holzbau-Technologie dieser Zeit erkennen lassen (94). Die Bauweise der Camuni-Häuser erkläre ich mir jedoch anders: Geht man von der Wahrscheinlichkeit aus, daß die erste Valcamonica-Besiedlung am Oglio im Bereich der anbaufähigen Schwemmlandfläche erfolgte, dann hätte man im Tal verständlicherweise die flachen Felsen nahe des Flusses als Standort für die Häuser gewählt, um kein Akkerland zu vergeuden. Da der Fluß in jedem Frühjahr bei der Schneeschmelze unkontrollierbar über die Ufer trat, mußte das labil auf den glatten Felsen stehende Ständerwerk hoch genug sein, den Wohn- oder Speichertrakt trocken zu halten. Wichtiger noch war es, die unteren Ständerenden durch einen großen Kasten, den man mit Geröllsteinen belasten konnte, vor dem Abtrieb zu schützen. Als dann später die Häuser mehr hangaufwärts außerhalb des

Hochwassergebiets gebaut wurden, konnten sie niedriger und ohne diesen Fundamentkasten errichtet werden. In der Eisenzeit wurden die Fundamente aus Stein aufgeschichtet. Manchmal findet man im Gelände Reste davon.

Nehmen wir an, daß die bronzezeitlichen Siedlungen in der Regel bis zu fünf Häuser umfaßten und die Weiler durchschnittlich von 30 Einwohnern bewohnt waren, so zählte die gesamte Einwohnerschaft des Tales bei schätzungsweise 160 Weilern nur 4600 Menschen. Selbstverständlich mußten gewisse Arbeiten gemeinsam ausgeführt werden, so etwa die Errichtung der Feldmauern und der Bau der Bewässerungskanäle. Das setzt ein starkes politisches und soziales System voraus. Wenn auch die Viehweide gemeinsam gehalten wurde, so gab es sicher persönlichen Besitz an Haustieren und Ernteerträgen. Nirgends entdeckten wir ein Gebäude, das man als Gemeinschaftsscheune oder -speicher bezeichnen könnte. Dagegen sind in einer Felsgravur Reihen von Kleinspeichern, sogenannten »Kasten« mit Kuppeldächern, vor einem großen Haus zu sehen.

Im Gebiet der größten Gebäudekonzentration der Felsbilder, bei Naquane, sind auch die meisten Handwerksräume und Webstuben zu finden. So scheint denn auf Grund der großen Einheitlichkeit des Zeichenstils im ganzen Tal der Kontakt zwischen den Weilern recht gut gewesen zu sein. Das ergab sich allein schon, wie wir gesehen haben, aus einer gewissen Spezialisierung der Tätigkeiten. Jede Region hatte ihren eigenen wirtschaftlichen Charakter. Das mußte einen notwendigen Austausch natürlich fördern.

Der privilegierte Status der Handwerker hat sich in der Valcamonica bis in die heutige Zeit hinein erhalten. Die reichen Erzvorkommen des Tales machen verständlich, daß das Metallhandwerk ein bevorzugtes Gewerbe war (95a). So hat denn der Schmied das am besten ausgestattete Grab im Tal. Man bildete den Schmied bei seiner Arbeit ab und neben ihm alles das, was er herstellte, Radreifen und Sensen, aber auch Waffen aller Art. Silber, Kupfer und Eisen gibt es hier im Tal. Die modernen Metallindustrien von Boario, Costa Volpino, von Pisogne und Laverne zeugen davon.

Karren und Wagen wurden in der Valcamonica bereits seit der Mitte des 2. Jahrtausends gefertigt. Zuerst waren es ganz einfache Konstruktionen, die in Aufsicht gezeichnet wurden. Sie wurden von zwei Zugtieren gezogen. Vorwiegend verwendete man das Jochgeschirr, denn zuerst wurden auch, wie in Skandinavien, Ochsen eingespannt. Die Eisenzeit hinterließ eine größere Anzahl

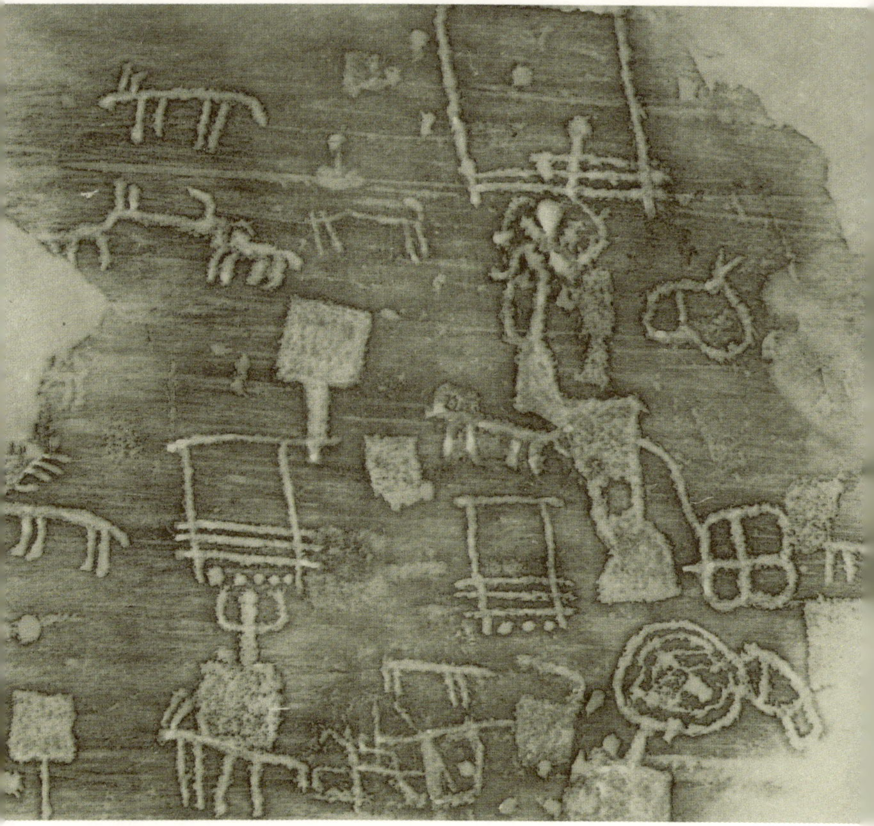

Schafe, Frauen an Gewichtswebstühlen und dazwischen immer wieder die glückbringenden Spatel.
Capo di Ponte: Naquane, Valcamonica/Italien, 1000–16 v. Chr.

zweiachsiger Wagen auf den Felsen. Sie glichen denen von ganz Europa. Man war sicher stolz auf sie, manche können mit Recht als prächtig bezeichnet werden. Pferde scheinen gegen Ende des 2. Jahrtausends vorerst nur vor einen einachsigen Wagen gespannt worden zu sein.

Auffällig sind unter den Felsbildern die Zeichnungen von Webstühlen (95b). Sie gleichen dem Typ, der schon in Ägypten seit vordynastischer Zeit in Gebrauch war, sowie dem Webrahmen, der auf griechischen Vasenmalereien dargestellt ist. Da man mehrmals je zwei Webstühle beieinander sieht, kann man vielleicht von den Anfängen einer Heimindustrie sprechen.

KULT, TANZ UND ZAUBERBRETT

Mythos und Kult der Camuni

Hatte man bereits im Neolithikum dem Sonnenkult gehuldigt, so hing das gewiß mit der Wandlung des Nur-Jägers zum primitiven Ackerbauern zusammen, wie wir das bereits in Skandinavien sahen. Die Felsen zeigen immer wieder, daß die bildliche Wiedergabe der Sonne solange im Mittelpunkt der Betrachtung stand, bis sie vom Hirsch abgelöst wurde. Beider Symbole sind unter den religiösen Motiven der Valcamonica zu 75 Prozent vertreten. So wie in Skandinavien wurde die Welt als von imaginären Wesen sowie einer Horde von Geistern bewohnt empfunden. Opfer aller Art versprachen mehr Sicherheit, besonders natürlich in der Ernährung.

Die Figuren auf den Felsen lassen sich als Götter denken. Wohl aber bieten Ortsnamen des Tales Hinweise auf alte Götter, so das Dorf Borno, das an den keltischen Gott der Quellen und Heilkunst »Borno« erinnert. Und tatsächlich entspringen bei diesem Dorf auch Thermalquellen. Im Dorf Edolo, das in früheren Zeiten Idul hieß, wurde eine Lokalgottheit dieses Namens verehrt. Und der Tonale-Paß nennt den am weitesten bekannten Gottesnamen der Vorzeit, den des Donnergottes »Tumer« oder »Thor«.

Anati sagte einmal, daß sich die »ganze geistige und intellektuelle Energie dieser Kulturen an einer religiösen Vorherrschaft der Priester verausgabte« (91). Und wirklich sehen wir immer wieder Prozessionen, Totenfeiern, Kulttänze und Opfer unter Leitung von Priestern, die sich durch ihre Federkronen auszeichneten. Die Feder wie der Vogel selbst galten als Mittler zu den Himmlischen. Lucian berichtet ebenso wie Julius Caesar von den Versammlungen der Kelten: »Sie hielten ihre religiösen Feste lieber in den Wäldern als in Tempeln ab.« Ob die Camuni Prozessionen, Totenfeiern, rituelle Tanzkämpfe, Tänze und Opferungen veranstalteten oder Hochzeiten feierten, immer blieben sie dabei im Freien. Die Tempelgebäude waren nicht geeignet, eine Gemeinde zu fassen. Die Opferstätte scheint im Tempelhof oder in den Wäldern gewesen zu sein, wo heute noch Opfersteine gefunden werden.

Einigemale begegnet uns in der Valcamonica das Labyrinth. In Foppe di Nadro sind neben ihm reich geschmückte Tänzer dargestellt. Was eigentlich hatte das Labyrinth für eine Bedeutung?

In einer Gletscherrinne liegt zuunterst der Tote mit den Grabbeigaben. Seitlich wird mit betender Gebärde der Totentanz aufgeführt, abseits davon der Vortänzer.
Capo di Ponte: Naquane, Valcamonica/Italien, 3800–2800 v. Chr.

Eine Zeichnung auf dem berühmten Weinkrug von Tragliatella aus dem 7. bis 6. Jahrhundert v. Chr. (96) zeigt zwei Reiter, die Speer und Schild tragen, mit dem Siegerband im Haar. Auf den Schilden ist jeweils ein Vogel zu sehen als Sinnbild des Himmels schlechthin. Die Reiter scheinen aus dem Labyrinth zu kommen, das jahrhundertelang in gleicher Weise versinnbildlicht wurde: auf kretischen Münzen, auf Felszeichnungen und in Form der aus Steinen ausgelegten »Trojaburgen«, die es besonders in Mitteleuropa und Skandinavien gibt und von denen bekannt ist, daß früher zu bestimmten Zeiten Hüpftänze darin ausgeführt wurden. Und damit es beim Weinkrug von Tragliatelle keinen Zweifel über die Natur des Labyrinths gibt, hat man das Wort »Truia« hineingeschrieben.

Das alles verweist auf das auch in Deutschland gebräuchliche Wort »Trojaburg«, das möglicherweise nicht von Homers Troja in Kleinasien, sondern von »tanzen« kommen könnte, zumal im Keltischen »troi« oder »troian« drehen, kreisen, tanzen heißt. Im Mittelhochdeutschen heißt der Tanz ebenfalls »troi«, neuenglisch heißt »throe« nicht nur kreisen, sondern bezeichnenderweise auch kreißen, also gebären. So könnte es sein, daß die Trojaburgen choreographische Muster für kultische Tänze waren, deren ursprünglicher Sinn in der Vorzeit liegen dürfte, nämlich die Befreiung der Fruchtbarkeitsgöttin und ihres Gatten aus der Gewalt des Totenreichs. Das Labyrinth symbolisiert in den Mysterienkulten den verschlungenen Weg, den der Mensch aus der Finsternis ins Licht und vom Tode zur Wiedergeburt zu gehen hat. In dieser Erklärung sind wir also eigentlich dort wieder angelangt, wo die Kulte der Jägerzeit aufhörten.

Rätselhaft ist bisher noch das Motiv der Kelle. Es ist ein Objekt, das gewiß früher einmal eine bestimmte hauswirtschaftliche oder handwerkliche Bedeutung hatte, die später in Vergessenheit geriet. Die Kelle ist eine Art Schaufel oder Spatel, rechteckig mit einem immer wieder anders gestalteten Handgriff an der Schmalseite. Man könnte diese Objekte vielleicht als Kultschaufeln bezeichnen. In den etruskischen Gräbern von Pitigliano und Aquila werden sie in Kupferguß, als Schmiedestück und auch als Keramik gefunden.

Wenn diese Kellen in der Valcamonica 1400mal zu finden sind, allein auf dem großen Naquanefelsen 60mal, dann muß das Symbol eine große Rolle im religiösen Leben gespielt haben. Unter den Hieroglyphen der Ägypter wie der Hethiter gibt es ein vergleichbares Zeichen, das »konstruieren« oder »bauen« bedeutet, also wirklich eine Kelle ist. Bei den Kelten verehrten viele Stämme ein männliches Wesen, das eine Kelle in der Hand hatte.

Da die Kelle in der Valcamonica fast nie in der Hand von Menschen zu sehen ist, dürfte sie wohl ihre eigene Bedeutung besessen haben. Sie scheint das Jagdwild anzulocken, denn dieses läuft oft auf sie zu, manchmal eindeutig in eine dabeistehende Falle hinein. Die Kelle steht den Kriegern zur Seite, wenn sie kämpfen, dem Priester bei der Prozession, dem Stammesfürsten auf dem Pferde. Sie scheint eine Art Talisman und Zauberbrett in einem gewesen zu sein. Als Helfer in der Not, als Glücksbringer und Beistand in allen Lebenslagen verfügte sie nach dem Glauben der Camuni über so große Kraft, daß sie ihr fast zweitausend Jahre lang vertrauten. Es ist nicht der einzige Gegenstand, dessen tatsächliche Bedeutung mit der Zeit verloren gegangen ist, obgleich er einmal ungeheuer populär war.

BIS DIE RÖMER KAMEN

Zeremonie des Kampfes: Tanzkampf, Gladiatorenkampf, Faustkampf

In den Fluren von Zurla und Nadro, Bedolina und Seradina fallen die Kriegszüge auf, zum Beispiel am hohen Felsen kurz vor der Ogliobrücke. Die eigentümlichen runden Knaufhelme der Soldaten sind die typischen Kenn-Artefakte aus rätischer Zeit, wie man sie bei Ausgrabungen im Trentino fand. Kämpfe von Einzelpaaren mit den unterschiedlichsten Waffen, Schilden und Helmen, aber auch mit geckenhaftem Federschmuck, haben ihren Ursprung um das Jahr 1000 v. Chr., also gegen Ende der Bronzezeit. Manchmal scheint es, als würden die Zeremonien des Kampfes gleichsam Tanzschritte vorzeichnen. Bei einem solchen Tanzkampf sehen wir einen dritten Mann als Toten liegen. Da drängt sich die Bedeutung auf, daß der Kampf im Sinne des Totenkults zu Ehren des Verstorbenen stattfand. In den ausgedehnten Gräberstädten der Etrusker sind solche gladiatorenhaften Kämpfe auf figurengeschmückten Gefäßen dargestellt. Da Gladiatorenkämpfe schon im 10. Jahrhundert v. Chr. in der Valcamonica ausgeübt wurden, und zwar in Form unblutiger Tänze, kann man annehmen, daß ihr Ursprung überhaupt bei zentralalpinen Völkern zu suchen sein wird. Vom 8. Jahrhundert an waren diese Tanzkämpfe die beliebtesten religiösen Veranstaltungen der Camuni überhaupt. Sie wurden anscheinend bei Festen zu Ehren von Göttern oder Stammvätern aufgeführt. Diese Kampfspiele verbreiteten sich hauptsächlich zur Zeit der größten etruskischen Expansion über ganz Mittelitalien. Erste Anzeichen in römischen Arenen finden wir erst seit 254 v. Chr. Später kämpften Gladiatoren in Rom zunächst auch bei privaten Leichenfeiern und erst dann bei öffentlichen Spielen auf Leben und Tod. Der Gladius, das Kurzschwert, gab ihnen den Namen. So wie in der Valcamonica wurde aber auch mit ungleichen Waffen gekämpft. Die halbnackten »Retiarier« mit Netz, Dreizack oder Dolch kamen gegen den schwergerüsteten sogenannten »Gallier« oder »Thraker« mit Kurzschwert und Schild oder Lanze zum Einsatz. In den beliebten blutigen Schaustellungen dieser Art in den Arenen des Römischen Reichs büßten diese Kämpfe ihren religiösen Charakter vollständig ein.

Eine ebenfalls inneralpine Kampfart, die viel später die Römer übernahmen, waren die Boxkämpfe der sogenannten Caestus-

Mit rätischem Knaufhelm und dem Spieß stehen diese Männer wahrscheinlich Wache an der Grenze.
Capo di Ponte: Seradina, Valcamonica/Italien, 200–16 v. Chr.

kämpfer (97). Sie boxten mit Handbandagen, in die Blei oder Eisen eingebunden war. Kämpfer mit diesem auffälligen Handschutz sind in großen Mengen an der westlichen Talseite dargestellt. Kleine, halbplastische Bronzefigürchen von Faustkämpfern wurden auf dem Brandopferplatz des »Götzenacker« von Landeck-Perjen in Tirol geborgen.

Manchmal sind in der Valcamonica Krieger auf den Felsen zu sehen, die wie Muskelprotze ihre Männlichkeit zur Schau stellen und gewaltige Waffen tragen. Dieser Heroentyp, vielleicht der Kriegsgott selbst, zeigt alle Vorzüge eines tapferen, kraftvollen Kämpfers. Infolge wachsender Nachfrage nach dem Erz der Camuni und eines gewissen Wohlstandes im Tal kam es vermutlich hin und wieder zu Kämpfen mit verschiedenen Alpenstämmen. Die ständige Bedrohung der Bergwerke, der Straßen und Siedlungen dürfte die Entstehung einer militärischen Kaste gefördert haben. Solche Rivalitäten und örtlichen Geplänkel zwischen Stammesfürsten und Häuptlingen erinnern an die Widerwärtigkeiten des europäischen Mittelalters.

Es klingt fast wie ein Treppenwitz der Weltgeschichte, wenn man sich vergegenwärtigt, daß zu einer Zeit, da die Römer die gesamten Anliegerländer des Mittelmeeres – außer einem kleinen Küstenstreifen von Algerien und Marokko und einem kleinen Landstrich am Golf von Antalya in Kleinasien – erobert hatten, Germanien und Gallien bis zur Rheinmündung kontrollierten sowie Britannien und Ägypten beherrschten, das kleine Tal vor ihrer Haustür, die Valcamonica, noch nicht zu ihrem Großreich zählte. Als sie dann endlich mit ihren Legionen dort einfielen, scheint es aber nicht einmal zum Kampf gekommen zu sein. Der provinzielle Nationalismus wurde durch eine römische Verwaltung 16 v. Chr. jäh beendet. Und damit endete das einmalige Felsentagebuch eines Volkes, das nur noch ganz beiläufig in römischen Listen überwältigter Völker auftaucht, das des Volkes der Camuni.

FELSGRAVUREN AN EINEM BERGSTEIG AM GARDASEE

Ehe noch die schönsten Touristenstraßen Europas, die berühmten Gardaseestraßen, gebaut wurden, war das Boot Verkehrsmittel dieser Region. Nur ein kleiner Jägersteig wurde einst oben in den Bergen zwischen den einzelnen Siedlungen benutzt, mehr schlecht als recht. Er kann eigentlich nicht als Verkehrsweg angesprochen werden. Als Mario Pasotti durch einen Zufall an einem solchen Pfad zwischen Torri del Benaco und dem Kap S. Vigilio einen Felsbildkomplex gefunden hatte, suchte er mit seiner Schulklasse systematisch die Wälder ringsumher ab – und fand recht viele interessante Felsgravuren, deren früheste man in die vorrömische Eisenzeit einordnen kann.

Nur selten ist der Bergsteig auch beritten benutzt worden. Deshalb hat man ein so bemerkenswertes Unternehmen von zwölf be-

Zwölf Reiter, geführt von einem Botenläufer, der die besten Wege kannte, ritten einst hoch oben an den Hängen des Gardasees. Ein Gruppenbild zeugt davon.
Torri del Benaco: Roccia dei Cavalieri, Gardasee/Italien, 200 v. Chr. – 0(?)

rittenen Herren zum Anlaß genommen, ein Erinnerungsbild zu hinterlassen. Wie wir das schon von den Wagenbildern an der schwedischen Fundstelle Frenarp kennen, nahm jeder der Beteiligten selbst einen Feuerstein in die Hand und stellte sich nach bestem Können hoch zu Roß dar. Es ist verständlich, daß genau wie in Frenarp Fehler vorkamen. Obwohl alle hintereinanderher reiten sollten, hatte sich einer von ihnen in der Marschrichtung geirrt. Als er es merkte, war der Pferdekopf schon fertig. Doch er machte kurz entschlossen noch einen Pferdekopf an die richtige Seite. Das Ergebnis war ein Roß mit einem Kopf vorn und einem hinten. Geführt wurden die Kavallerie von einem Fußgänger, der sich im Pfadsystem des Berges gut auskannte: von dem Botenläufer, der mit dem oben gespaltenen Botenstab in der Hand, dem Zeichen seines Amtes, vorausging. Hinter den Reitern liefen, unabhängig davon und möglicherweise viel älter, drei Männer, die je einen Stab über sich hielten, der ausgebreitete Flügel darstellen sollte und auf dessen Mitte je ein Vogelkopf befestigt war. Vogelmenschen fanden wir bereits in Kallsängen im Bohuslän. Der Vogel spielte im Kult des eurasiatischen Raums und auch in Amerika eine bedeutende Rolle.

Als wir auf dem Roccia delle Griselle, an dem gleichen Bergsteig, auf moderne Segelschiffe stießen, wollten wir enttäuscht an den neuzeitlichen Felsbildern vorübergehen. Da fiel mir an einer Zweimastbarke oben in der Takelage wieder das Motiv des Vogelmenschen auf. Wie kommt das eindeutige Vorzeitmotiv in ein Bild der Jetztzeit? Die Leitern an den Masten gaben der Felsbildlage den Namen, denn »Griselle« ist die Schiffsleiter. Da aber eine Strickleiter, wie sie bei Wanten gegeben ist, sich stets nach oben verjüngt, diese Leitern auf dem Felsbild jedoch parallele Holme hatten, suchten wir ringsumher und fanden noch etliche zwei- und selbst dreiholmige Leitern, darunter die größte dreiholmige,

die wir je sahen. Also war auch dieses Element nicht neu am Gardasee. Weiter entdeckten wir eine schon im Zusammenhang mit der Valcamonica geschilderte Kateja, wie sie von Germanen und Kelten benutzt wurde und auch auf dem Felsen von Öster-Eneby in Östergötland graviert war. Ein älteres Stechpaddel, ein Pagaie, war im Motiv eingebaut und am Heck, als Steuerruder angeschlossen, eines der hier häufig auf den Felsen wiederkehrenden Weltenräder. Als letztes dieser Reihe von Einzelobjekten prähistorischer Herkunft seien zwei kleine Hautboote genannt, deren linkes noch ganz deutlich den Tierkopfsteven zeigt. Es dürften damit wohl die südlichsten Felszeichnungen dieses ältesten bisher bekannten Bootstyps sein. Die nördlichsten bemerkten wir in der Finnmark Norwegens. Das Hautboot ist ein Boot in Skelettbauweise, wie wir es selbst 1981 in Originalgröße mit Steinwerkzeugen der Ahrensburger Kultur bauten und erprobten. Als »ältestes Boot der Erde« steht es im Deutschen Schiffahrtsmuseum in Bremerhaven.

So hatte denn hoch über dem Gardasee irgendein Unbekannter den Traum seines Lebens, eine Zweimastbarke, dem Felsen anvertraut, als Metamorphose vorgefundener vorgeschichtlicher Bildelemente, die er geschickt in die moderne Zeichnung einbezog. Für uns wurde wahrhaftig ein Vexierbild daraus.

Auf dem gleichen Felsen sieht man mehrere, eigentümlich geformte Dolche. Einer von ihnen ist durch Linien mit einem betenden Mann und einem Salamander verbunden. Etwas abseits davon stößt man auf die Gravur einer abwehrenden Hand und neben ihr auf einen phallischen Unterkörper – ebenso rätselhaft wie jene Körper, die wir im Bohuslän entdeckten.

Wenn man vom Gardasee den Weg nach Norden ins Etschtal wählt, um über den Brenner zurückzufahren, sind jene weit verstreuten Stelen einstiger neolithischer Gräber bemerkenswert, die nur der Kenner zu finden weiß. Die meisten von ihnen sind heute in Museen und Kirchen aufgestellt, eine Stele sogar in einer Gaststätte in Brixen (98). Sie stellen plump vereinfachte menschliche Gestalten dar, nach den beigegebenen Waffen Männer. Äxte der Bronzezeit sind es und teils wundervoll geschmückte Bronzedol-

Mit dieser Stele sollte eines hohen Würdenträgers gedacht werden. Das sieht man an 10 Dolchen und 14 Äxten. Ein kupfer- oder bronzezeitlicher Rinderwagen ergänzte später das Bildwerk.
Meran: Algrund Südtirol/Italien, 3500–1800 v. Chr.

che, die hier als Zeichen hoher Würde zu sehen sind. Ebenso reich ist der Halsschmuck und der Gürtelbehang der Männer. Desto erstaunlicher ist es, daß die Gesichter, ähnlich paläolithischen Menschendarstellungen, völlig vernachlässigt sind – während uns Heutigen das Gesicht als Wichtigstes erscheint.

Dort, wo der Brenner überwunden ist und man Innsbruck hinter sich gelassen hat, wo der große Zug der Händler und Völker einst, dem Inn folgend, die Alpen bereits überquert hatte, führt eine kleine Straße zum hochgelegenen Achensee. Und wenn man vom Achensee wiederum höher hinaufsteigt, zum Schneidjoch, kann man – soweit man sich gut auskennt – in etwa 1400 m Höhe eine winzige Quellgrotte finden, in der das wohl nördlichste Schriftdenkmal in nordetruskischer Schrift in den feuchten Kalkfels gekratzt ist: senkrecht laufende Buchstabenreihen in Hülsung, das heißt, von senkrechten Linien flankiert. Es könnte sein, daß einst Erzsucher diesen recht abgelegenen Platz besucht haben. Daß sie diese kleine Quelle aufsuchten, weil sie Trinkwasser brauchten – wie das behauptet wurde – ist völlig absurd, denn der ganze, von einem Hochmoor eingenommene Hang des Karstgebirges ertrinkt vor Wasser. Oder war es eine heilige Quelle? Nähere Untersuchungen der Universität Innsbruck sind vorgesehen, zu denen wir ebenfalls aufgefordert wurden.

DAS RÄTSEL DER KREISE VON CARSCHENNA

Felsbilder in der Schweiz

Im romantischen Domleschg bei Sils, nahe der geheimnisvollen Via Mala, fand sich 1965 auf der Alpe Carschenna das bisher bedeutendste Felsbildvorkommen der Schweiz. Allein schon die sonderbare Kantenlage an einer senkrecht abfallenden Gebirgsstufe zeigt die Einmaligkeit unter den Felsgravuren der Alpen. Auf einem schmalen Streifen freiliegenden Flyschsandsteins sind mit Feuersteinwerkzeugen viele konzentrische Kreise und einige Spiralen eingeschlagen worden, von deren Großformen Linien ausgehen und deren »Mittelpunkt« stets der Punkt einer Schalengrube ist. Auf den ersten Blick vermittelt diese Anordnung etwas astralhaft Unkörperliches, zumal auch Gruppen von Schalengruben beigeordnet sind und einmal ein großer zehnzackiger Stern fast wie ein beabsichtigter Blickfang wirkt. Die Linien machen den Eindruck von Sternenbahnen, und auch die anderen Figuren sind in ihrer Absicht nicht zu durchschauen.

Es ist seither viel an diesen Motiven herumgerätselt worden. Man verglich sie – wie wir das in Skandinavien bereits erklärten – mit Wellenmustern, wie sie von in das Wasser geworfenen Steinen herrühren, glaubte, konkrete astronomische Konstellationen erkennen zu können, und wollte in umständlichen Aufschlüsselungen ganze Kalendersysteme aus ihnen und dem Beiwerk an Figuren entnehmen.

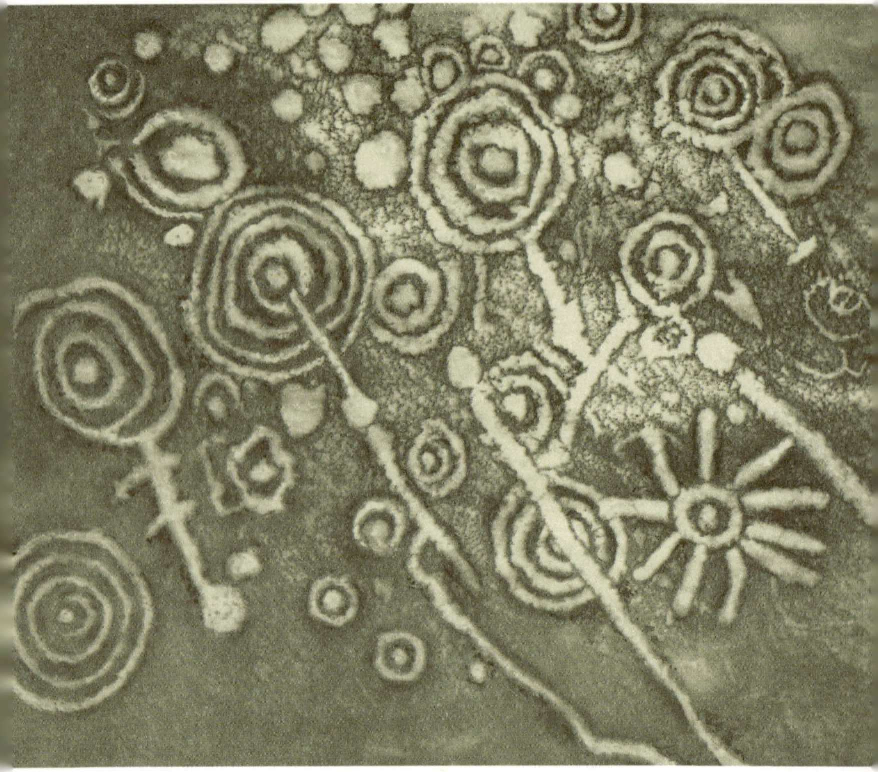

Auch die absonderlichsten Erklärungen dieser Schalengruben und konzentrischen Kreise schließen nicht aus, daß wir es hier mit eindrucksvollen Zeichen eines alten Astralkults zu tun haben.
Sils: Carschenna, Graubünden/Schweiz, 1090 m hoch, 700–250 v. Chr.

Doch nur eines steht gesichert fest: Ein fast gleiches Bild konzentrischer Kreise mit abgehenden Linien und Schalengruben in der Mitte befindet sich 1250 Luftlinien-Kilometer von Carschenna entfernt auf dem Monolithen von Old-Bewick-Hill, abseits im Westwood Moor in Northumberland im äußersten Norden Englands (72b). So, als hätte der Hersteller der Zeichnungen eine große Reise bis an die äußersten Grenzen der damals erreichbaren Welt unternommen, sehen wir ein weiteres, kopieähnliches Bild in Lombo da Costa im spanischen Pontevedra nördlich der Nordgrenze Portugals, 1550 Luftlinien-Kilometer von Carschenna entfernt. Selbst noch weiter in der Algerischen Sahara und auf den Canarischen Inseln sind vergleichbare Darstellungen. Wieder und wieder handelt es sich um konzentrische Kreise mit der Schalengrube in der Mitte, versehen mit schwer deutbaren Zugangslinien; wieder sind aber auch hier und da an der Peripherie stark stilisierte Pferde beigestellt, die kultische Bedeutung haben können.

Wenn einige Gelehrte der Meinung waren, in den Alpen gäbe es keine Schalengruben, so scheinen sie hier sogar die ältesten Bildelemente zu sein. Notwendigerweise hat man sie in spätere Gestaltungen mit einbezogen. Allein schon deshalb ist es müßig, sich anhand von Sternenkarten Gedanken darüber zu machen, welche Positionen gemeint sein könnten.

»Carschen« scheint in der romanischen Sprache »aufgehender Mond« zu bedeuten. Und so könnte es sein, daß sich einige Anordnungen zahlenmäßig absichtlich auf die Mondzahl neun beziehen, die uns bereits bei den jägerzeitlichen Felsbildern begegnete. Eine Mondwoche hat nämlich neun Nächte. Wenn man dazu die Gravierung zweier Mondsicheln berücksichtigt, könnte man annehmen, daß dem Mond, als Gestirn der Zeitrechnung, hier eine gewisse Rolle zukommt. In bezug auf bestimmte Festtage, zum Beispiel bei der Festlegung des Osterfestes, hat der Mond seine Bedeutung für Kalender und Zeitrechnung bis heute behalten.

Auf dem Felsen VII ist in der Länge seiner Hauptmotive eine deutlich trennende Linie zwischen 8 Pferden oben und 8 Pferden unten gezogen. Wäre es möglich, daß hier die Grenze zwischen Ober- und Unterwelt gemeint ist? Was aber bedeuten die bogenförmigen Gebilde auf den Rücken dreier Pferde im Jenseits? Grundsätzlich muß man sich bei Motiv-Konzentrationen, wie denen von Carschenna, aber hüten, die Bilder in einen einzigen Zusammenhang zu stellen. Sie gehören mit Sicherheit verschiedenen Epochen an. Nur die eisenzeitliche Bildgruppe ist stilistisch mit den Gravuren der Valcamonica vergleichbar.

Das trifft auch auf jenen kleinen Reiter zu, der, mit Pfeil und Bogen zielend, unter einem mächtigen Weltenrad mit konzentrischen Kreisen dahinreitet. Es ist so, als hätte man diesen Größenkontrast bewußt gewählt, um das Sonnenzeichen mit seinen neunfachen Kreisen besonders groß erscheinen zu lassen. Und aus der Versenkung schlängelt sich eine Linie empor, deren Ursprung man nur ergründen kann, wenn man sich gefährlich weit über den Abgrund hinauslehnt. Die Schlangenlinie könnte tatsächlich eine Schlange meinen, denn dort, wo sie sich an der Sonne vorbei gewunden hat, ist ihr das Mondzeichen in Form von Hörnern aufgesetzt worden. Und rechts davon kommt eine zweite Schlange aus der Unterwelt empor. Sie umfaßt eine der aus konzentrischen Kreisen bestehende Sonne und hat weiter oben eine so deutlich ausgeschlagene Ausweitung ihres Körpers, daß man sich an die

Deutlich schneidet eine Trennlinie die Komposition in zwei Teile:
Pferde, Spiralen und ein zum Radkreuz zusammengefügtes Sohlenpaar.
Parallel dazu der Absturz.
Sils: Carschenna, Graubünden/Schweiz, 700–250 v. Chr.

Sage von der großen unterirdischen Schlange erinnern muß, die nach altägyptischer Vorstellung die Sonne in jeder Nacht verschlingt und sie jeden Morgen erneut von sich gibt. Ist es ein Zufall, daß sich ausgerechnet dort, wo ihr Kopf sein müßte, eine

Konzentrierung von Schalengruben findet, die man als Zeichen der Wiedergeburt ansehen könnte?

Macrobius, ein neuplatonischer Philosoph um 400 n. Chr. (99), erklärte, weshalb auch die Sonne als Schlange dargestellt wird: Wie die Schlange sich häutet und immer wieder jung wird, so altert auch die Sonne, wenn sie untergeht, und verjüngt sich bei ihrem Aufgang in neuer Kraft. Macrobius schreibt das Symbol der sich selbst in den Schwanz beißenden Schlange den Phönikern zu. Im Sinne des Wintersonnwendmythos weisen die bekannten Kalenderstäbe für die ersten Dezembertage das Symbol der Schlange auf, die sich in den Schwanz beißt: Das vergangene Jahr wird mit der höher steigenden Sonne neu geboren.

So äußert schon Hans Lininger (100) die Vermutung, daß hier oben auf der Flur Carschenna die Wintersonnenwende gefeiert worden sein könnte. Als wir uns zu Fernsehaufnahmen des Schweizerischen Rundfunks, mit Schaufeln und Schneeschiebern durch den Schnee stapfend, dem Felsbildkomplex näherten, waren wir erstaunt, daß der Wind die Felskante kurz vor dem Abgrund, gerade dort, wo die Felsbilder sind, freigefegt hatte. Das war wie ein Wunder.

Im Sommer zurückgekehrt, entdeckten wir beim Abreiben der Gravuren dann ganz flache, feine, abgesprengte Linien, die nicht die typischen Strukturen einer Gravur erkennen ließen. Mit bloßen Augen waren sie nicht zu erkennen. Da unsere Abreibungen auch feinste Strukturen mit erfassen, waren sie auf dem Papier auszumachen. Vorsichtshalber, um uns nicht zu irren, fertigten wir neue Abreibungen von ihnen an ... und wieder waren diese Linien im gleichen Verlauf da. Sogleich kam mir eine Idee, die ich vorläufig als Arbeitshypothese betrachte: Alle diese feinen Linien verlaufen auf dem leicht geneigten Felsen talwärts. Der mit dem Lichtkult zusammenhängende uralte Brauch des Scheibenschlagens ist auch im Bündner Oberland nachgewiesen (101). Die jungen Männer einer Ortschaft bereiten zuvor Holzscheiben aus Birken-, Eschen- oder Erlenholz vor, die wie die Rondelle von Gönnersdorf in der Mitte durchbohrt werden. An einem Berg mit freiem Abhang wird ein Feuer unterhalten, in dem die jungen Männer die an einen Haselnußstock gesteckte Scheibe so lange drehen, bis sie rundherum glüht. Dann wird sie über ein schräg gestelltes Brett, den Scheibenbock, abgerollt, so daß die glühende Scheibe in den Nachthimmel hinausfliegt. Solange sie durch die Dunkelheit schwebt, kann der Jungmann einen guten Wunsch äußern oder seines Mädchens gedenken.

Vielleicht erfolgte einst auf den Carschennafelsen das Scheibenschlagen ohne Brett einfach über die geheiligten Felsen hinweg. Durch die Gluthitze der abrollenden Scheibe könnte dann auf dem gefrorenen Stein durch Spannungsbruch eine feine Spur entstanden sein, wie sie sich auf unseren Abreibungen zeigt. Im alten Domleschg wurde das Scheibenschlagen am ersten Fastensonntag, dem Nidelsonntag (Nidel = Rahm), also im Frühjahr, durchgeführt, einst vielleicht als Teil des großen Frühlingsfestes. Das vorchristliche Brauchtum der kleinen fliegenden Sonnenscheiben hat möglicherweise die im Dezember gefeierte Wintersonnenwende abgelöst.

SONNENBOOT UND GEISTERFALLE

Felsbilder in den österreichischen Alpen

Das Auffällige an den österreichischen Felsbildern – soweit sie nicht der Neuzeit angehören – ist ihre Verborgenheit. Es scheint so, als habe man sie den Blicken Uneingeweihter entziehen wollen. Der Adept, der Eingeweihte, kannte versteckte Berglagen, die seit altersher als Ort von Mysterien oder traditioneller Zeremonien galten. Es ist unerläßlich, sich vom modernen rationalistischen Denken und von zu sachbetonter Erklärung zu trennen, will man die Zeichen und Formen erfassen, deren Sinn uns Menschen eines Industriezeitalters kaum verständlich erscheinen. Eines muß besonders bei den vorgeschichtlichen und selbst bei frühgeschichtlichen Felsgravuren bedacht werden: Sie sind keine Genrekunst (wenn der Begriff »Kunst« überhaupt angewandt werden sollte), sondern Ausdruck, Sinn und Sinnbild von Kulten, deren Grundlagen anhand unserer Kenntnisse über rezente Naturvölker nur zu ahnen sind.

Wenn wir auch die Stämme und Völker nicht benennen können, die diese Bilder in den Kalkfelsen schabten, so ahnen wir oft ihre Anliegen und ihre geheimen Wünsche, die mit einer längst vergangenen Welt zusammenhängen. Waren es anfangs vielleicht geheime Männerbünde, die hier ihre Riten vollzogen, so könnten nach der Christianisierung der Täler Altgläubige hoch oben in den Bergen weiterhin ihre verbotenen Treffen abgehalten haben, um einer Bestrafung zu entgehen. Der berühmte Kirchenvater des Abendlandes, der heilige Augustin, interpretierte aus dem Gleichnis Jesu vom großen Abendmahl (Luk. 14, 23) die Worte: »Nötige sie hereinzukommen ...« (in der Vulgata »coge intrare«) derartig, daß alle Menschen zu Gliedern der Kirche Christi gemacht werden müßten, und sei es mit Gewalt. Sie müßten »gezwungen« werden. Die Wirkung dieser falschen Schriftauslegung war, wie wir wissen, überaus unheilvoll. Schon zu Lebzeiten Augustins fand 385 die erste größere Ketzerverbrennung statt, bei der mehr als 600 »Sektierer« grausam gefoltert und hingerichtet wurden.

Eine der eigenartigsten Felsbildlagen Österreichs ist die oberösterreichische »Höll« am Warscheneck, in 1300 m Höhe über Spital am Pyhrn. Irgendwann am Ende der Eiszeit zerbarst der Stubwiesgipfel und stürzte in ein schmales Karsttal, das heute von mächtigen Versturzblöcken übersät ist. An den fast senkrechten Seiten dieser mächtigen Steinquadern sind Felsbilder graviert, die sich sogar noch an schwer zugänglichen Versturzlagen fortsetzen. Wer immer sie auch waren, die sich in der »Höll« zu geheimem Tun trafen, sie hatten einen schwierigen Zuweg in Kauf zu nehmen. Deutlich hört man beim Einstieg in das Karsttal, wenn man die Spaltgrotte der »Rollenden Lueg« betritt, einen unterirdischen Fluß poltern. Das allein schon mag naive Menschen überzeugt haben, an dieser Stelle den unfreundlichen Geistern der Unterwelt, den Poltergeistern, besonders nahe zu sein. Fast beklemmend ist der Weg zwischen Versturzblöcken hindurch in das enge, unheimliche Tal, in die »Höll«.

Dort, wo man den Talboden erreicht, ist einer der mächtigsten Versturzblöcke liegengeblieben. An seinen Wänden sieht man eine Fülle unterschiedlicher Felsbilder, die sich durch Reiterfiguren, ähnlich denen von Carschenna und der Valcamonica, in die Eisenzeit datieren lassen. Doch daneben sind handspannenkleine »Mühlespiele« zu sehen, die an senkrechter Wand graviert, ganz gewiß nicht dem Spiel gedient haben. Eher kann man sie als naives kosmisches Modell der »drei Reiche« bezeichnen, die sich in fast perspektivischer Sicht, pyramidengleich, von oben nach unten ergeben: Das innere Quadrat ist das Symbol des »Himmelreichs«; die mittlere Linie repräsentiert natürlich das »Reich der Mitte«, welches die Heimstatt der Lebenden ist; das äußere Quadrat müßte, entsprechend dem babylonischen Weltmodell, der Urozean sein oder stellvertretend das »Reich der Unterwelt«. Die kleinen Verbindungslinien zu den Außenseiten hin (im Sinne des Kreuzes als sogenanntes »Sonnenrad« oder besser »Weltenrad«) weisen auf die vier Kardinalpunkte hin, die schon eine frühe Menschheit als Haupthimmelsrichtungen für bedeutsam hielt.

Auch bei den Dreiecksformen auf demselben Versturzblock ist

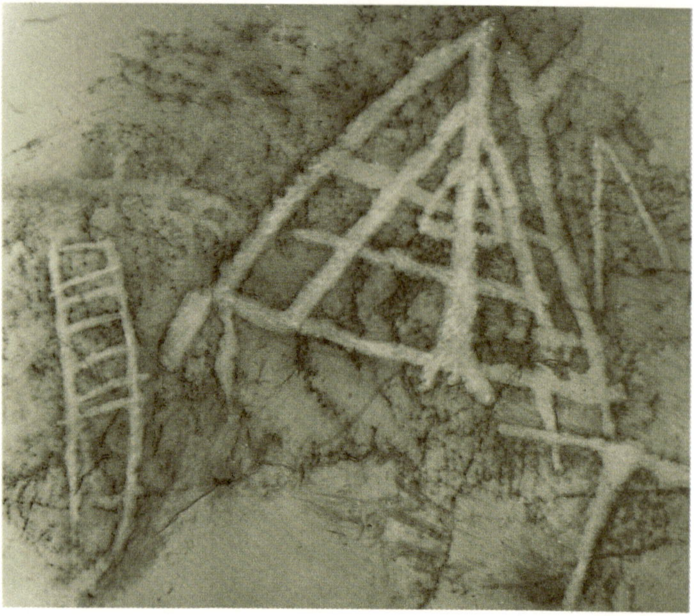

Ähnlich dem »Mühlespiel« an steiler Wand könnte das Dreifach-Dreieck ein Schema der drei Reiche uralter Weltauffassung sein, durchschnitten von dem Stamm des Weltenbaums, der allein den Übergang von einem Reich ins andere ermöglicht.
Pyhrnpaß: Höll am Warscheneck, Oberösterreich/Österreich, 1300 m hoch.

derselbe Grundgedanke von der Gliederung in die drei Reiche gemeint. Vor dem Dreiecksmodell befindet sich der mächtige Weltenbaum, der, in der Mitte des Kosmos stehend, dem Schamanen ermöglichen sollte, den Übergang von einem Reich ins andere zu vollziehen. Bei sibirischen Naturvölkern wird diese Zeremonie noch heute ausgeübt.

Dicht neben Reitern, »Mühlespiel«, Dreiecksmodell und Weltbaum ist ein Kreuz mit langem Standschaft in den Kalkstein gekratzt worden, dessen Enden mit Linien so verbunden sind, daß Rauten entstehen. Man nennt diese Kreuzform »Fadenkreuz«. Diese Sonderform hat ihren Weg zusammen mit einer großen Zahl anderer Sinnbilder rings um die Erde genommen und kommt in Eurasien, in Australien, der Südsee und bei indianischen Kulturen vor. Ursprünglich scheint dieses Fadenkreuz die Bedeutung einer »Geisterfalle« gehabt zu haben. In Tirol und auch im norddeutschen Raum, wo man ein solches Kreuz aus Stroh bindet, ist dieser Sinn verlorengegangen, während es in Skandinavien mit der Sonne verbunden wurde. Der bannende Charakter des Kreuzes, das seinem Wesen nach in vorchristlicher Zeit die vier Himmelsrichtungen wie auch den Jahreslauf symbolisierte, hat sich bis ins Christentum erhalten. Im Vinschgau in Südtirol werden als »Jahresfeuer« große, strohumwickelte Kreuze, bei denen oft die umfassende Raute des Fadenkreuzes vorhanden ist, abgebrannt (102). Feuer sollte einst reinigen und Böses vernichten wie die Flammen, in denen man die Hexen verbrannte. Wäre es nicht denkbar, daß auch hier, wie im nordischen Neufeuertag, die in Fallen gefangenen Dämonen vernichtet werden sollten, um das neue Jahr nicht zu gefährden? So übernahm dann auch die christliche Lehre die heidnische Banngestik gegenüber bösen Dämonen: das »Bekreuzigen«. Das Kreuz war einst wirksamstes Mittel gegen alles Böse und blieb es auch bei den Christen bis heute.

Haben wir an vielen anderen österreichischen Felsbildlagen das weibliche Dreieck mit dem eindringenden Phallus als ein Uraltzeichen erkannt, deren eiszeitliches Vorbild z. B. im Jägerlager von Gönnersdorf am Mittelrhein auf etwa 10400 v. Chr. zu datieren ist, so sind ganz ähnliche Zeichen, die statt des Dreiecks einen Bogen zeigen, in der »Höll« fälschlich als »Sexsymbole« hingestellt worden, eher wohl als Armbrust. Gleiche Zeichen sind besonders in der West-Schweiz zu finden und beschäftigen seit jeher die Forscher.

Die »Geisterfalle« hatte mich so inspiriert, daß ich den Versuch unternahm, unter alten Fallensystemen eine Art zu finden, die diesem Zeichen entsprach. Nach sehr langer Suchtätigkeit fand sich ein Prototyp, der recht alt zu sein schien und als »Bogenfalle« oder »Torsionsfalle« in die entsprechende Literatur eingegangen ist. Ein Fallenforscher vertrat sogar den Standpunkt, daß der Jagdbogen als sekundäre Erfindung vom Holzbogen als Spannelement bei Torsionsfallen abgeleitet sei (103). Die Bogenfalle war im mediterranen Bereich, auf dem Balkan und in den Alpen weit verbreitet: eine Bügelfalle für den Fang von Vögeln und Kleintieren. Wir bauten sogleich experimentell eine solche Falle nach und stellten fest, daß sie voll funktionsfähig war.

Selbstverständlich läßt sich nicht beweisen, daß die erwähnten Zeichnungen als »Geisterfallen« gedacht waren. Doch daß man mit den Gravuren die übliche Kleinwildfalle wiedergab, scheint außer Zweifel zu stehen. Meist ist sie im zugeklappten Zustand graviert worden, nur einmal als aufgespannte Torsionsfalle. Am Schaft der in den Kalkfels geschabten Bogenfallen sieht man mal den Haltestab des Bogens befestigt, einmal am Kopf eine Spann-

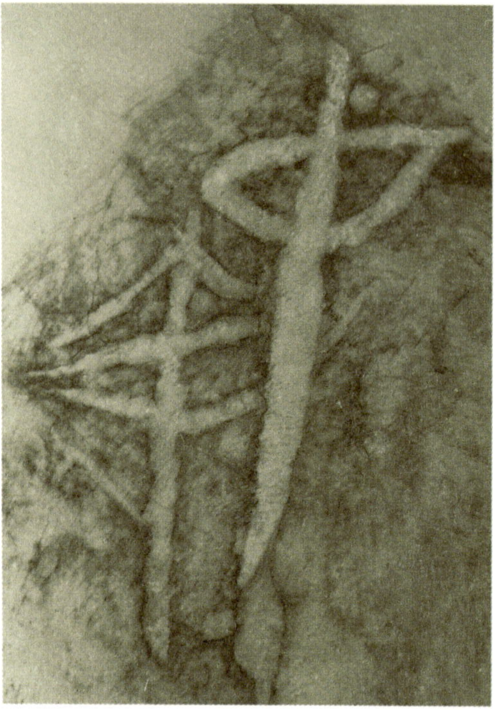

Die uralte Torsionsfalle in gespanntem und ausgelöstem Zustand. Deutlich erkennt man beim linken Stück den fortgeschleuderten Feststellstab, der den Spannmechanismus so lange festhielt, bis ein Tier den Köder berührte.
Pyhrnpaß: Höll am Warscheneck, Oberösterreich/Österreich

halterung, die durchaus üblich war, und mal am Ende den Holzpflock, der die Falle am Boden festzuhalten hatte.

Auf einem der Blöcke ist ein deutliches Netzmuster eingeschabt als Wiedergabe eines »Fangzeugs«, das eigentlich nie außer Gebrauch kam. Somit finden wir in der »Höll« drei verschiedene Fallensysteme, aber nicht eine einzige wirkliche Jagdwaffe. Das dürfte ein Zeichen dafür sein, daß es sich an diesem Ort wirklich um »Geisterfallen« handelt (104). Eine Zeit, in der man sich die Natur und die menschliche Umgebung mit Geistern und Dämonen beseelt vorstellte, wo jede Krankheit von Unholden hervorgerufen zu sein schien, entwickelte seine eigenen Abwehrsysteme. Und der Exorzismus zeigt, daß dieser Glaube weiter besteht. An so unheimlichen Orten, wie die »Höll« einer ist, hielten die Dämonen ihr Stelldichein. Das Allenspacher Institut für Demoskopie stellte jüngst fest: 26 Prozent der Alpenbevölkerung glaubt noch an Geister.

Wenn man den Versturzkomplex der »Höll« schon fast durchschritten hat, findet man gegen den unteren Ausgang zu, etwa dort, wo eine Ausweitung einen Versammlungsplatz vermuten läßt, ein sonderbares, ganz anderes Motiv am Felsen: Es ist ein kleines Boot mit einem gleichschenkligen Kreuz darauf und zwei nicht deutbaren schattenhaften Gebilden (105). Ein Boot hier oben im Gebirge, wo nicht einmal in der Talzone des Pyhrnpasses eine Kahnfahrt möglich wäre, muß eine besondere Bewandtnis haben. Sollte das Kreuz etwa das Symbol der Sonne sein, das üblicherweise im Kreis als sogenanntes Sonnenrad steht? Ist es vielleicht vergleichbar mit jenen Kreuzen, die sich zu ganzen Lichterbäumen weiter entwickelt haben und die auf kleinen Bretterbooten jeweils am 6. März, dem Fridolinstag, beim schweizerischen Ort Ermensee den nächtlichen Aabach hinabgeschickt werden? Die Wurzeln dieses vorfrühlingshaften Lichtzaubers, einer Feuerzeremonie, die der Sonne galt, verlieren sich in grauer Vorzeit. Im Wasser ist seit alten Zeiten das Jenseits verborgen. Das Boot war stets das Vehikel der Sonne, um den Himmelsozean zu überqueren.

An der Südostseite des Magdalensberges im Norden des Klagenfurter Beckens wurde aus 1,50 m Tiefe eine braunrote Tonplastik geborgen, die man den »Norischen Himmelsbootfahrer« nennt: Ein nackter Mann mit äffischem Gesicht sitzt in einem kleinen Boot, dessen Spitze abgebrochen und verloren ist. In der Hand hat er eine sogenannte Rudertasche. Diese vielleicht als Votivgabe abgelegte Kleinplastik ist durchaus unrömisch. Sie könnte aus einer Zeit stammen, da die Kelten hier möglicherweise ein Heiligtum hatten. Sollten in derartigen Booten uralte Vorstellungen Ausdruck finden, in denen Sonnenbarke und Totenschiff miteinander verschmolzen? An dem Boot in der »Höll« fallen zwei schemenhaft langgestreckte Formen neben dem Kreuz auf, die mitgenommene Seelen auf dem Sonnenboot suggerieren.

So sind die merkwürdigen Felsbilder in dem einsamen Karsttal oberhalb des Pyhrnpasses samt und sonders aus der gleichen Geisteshaltung zu erklären: aus dem Seelen-, Geister- und Dämonenglauben, den aufgeklärte Menschen längst überwunden wähnen und der doch immer wieder, selbst unter intelligenten Menschen, feststellbar ist.

FELSBILDER BEWAHREN URALTES GLAUBENSGUT

Gravuren in der Steiermark, in Oberösterreich, Tirol, im Salzburger Gebiet und in Bayern aus geschichtlicher Zeit

Als in den Jahren nach dem zweiten Weltkriege in der Steiermark, in Oberösterreich und in Tirol, aber auch im Salzburgischen und im anschließenden Gebiet rings um den Königssee in Bayern Felsbilder entdeckt wurden, zeigte die wissenschaftliche Auswertung, daß diese Felsgravuren zum größten Teil aus geschichtlichen Zeiten stammen. Mit dem Bildgut der Valcamonica und des Mont Bégo waren nur noch die zwei- oder dreiholmigen Leitern unmittelbar zu vergleichen. Wieder waren auch das »Mühlespiel« und das Netzmuster an senkrechter Wand graviert. In verschiedenster Form sind Kopulationssymbole vorhanden, sowohl jene, die schon in der Eiszeit üblich waren, als auch mehr oder weniger realistische. Doch sie hatten längst den zwingenden Aspekt der Wiedergeburt verloren, waren, wie der Penis vom Phallusstein im Bluntautal bei Golling, nur noch rein erotische Zeichen. Doch sogar darunter sind großartige Darstellungen wie das »Siebendreieck«, in das von unten ein fast anthropomorpher Phallus hineinragt, eine Gestaltung, die an den »siebten Himmel« erinnern könnte.

Auffällig verbreitet ist der Fünfstern als mit einem einzigen Zuge kunstvoll gezogenes Pentagramm. Vielleicht gab ihm schon die Schwierigkeit, es aus freier Hand zu zeichnen, eine magische Wirkung, die der des Bannknotens gleich ist. Bei manchen dieser Felsbildpentagramme trifft die Endlinie nicht genau mit der des Anfangs zusammen, was an eine Szene in Goethes »Faust« erinnert, wo es in der Studierzimmerszene heißt:

Mephistopheles:

Gesteh' ichs nur, daß ich hinausspaziere,
verbietet mir ein kleines Hindernis,
der Drudenfuß auf Eurer Schwelle –

Faust:

Das Pentagramm macht dir Pein?
Ei, sage mir du Sohn der Hölle,
wenn das dich bannt, wie kamst du denn herein?
wie ward ein solcher Geist betrogen?

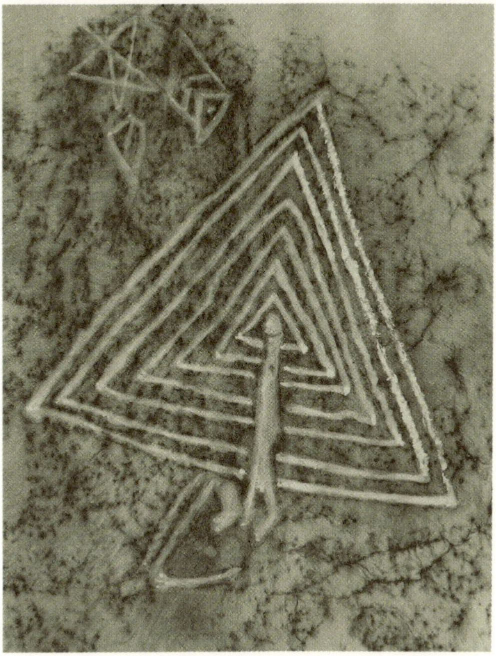

Das »Siebendreieck« ist ein erweitertes, schon in der Eiszeit verwendetes Symbol für menschliche Vereinigung, auch magisches Zeichen der Wiedergeburt.
Golling: Bluntautal, Land Salzburg/Österreich

Mephistopheles:
Beschaut es recht!
es ist nicht gut gezogen,
der eine Winkel, der nach außen zu,
ist, wie du siehst, ein wenig offen.
Faust:
Das hat der Zufall gut getroffen!
Und mein Gefangener wärst denn du?
Das ist von ungefähr gelungen.
Mephistopheles:
Der Pudel merkte nichts, als er hereingesprungen,
die Sache sieht jetzt anders aus;
Der Teufel kann nicht aus dem Haus.

Der Volksaberglaube nennt das Pentagramm Alpfuß, Nornenstapfe, Maarfuß oder Drudenfuß. Thrud bedeutet fünf und Hexe, denn im Abdruck glaubte man Gänse- oder Schwanenfüße zu erkennen, mit denen die Hexe angeblich ging ... und da irgendwo ist auch die Verbindung wieder zu den Schwanenjungfrauen, die uns in der nordisch-zirkumpolaren Mythologie begegneten. Grimm verweist im »Deutschen Wörterbuch« unter dem Stichwort »Drudenfuß« (57) auf die Schicksals- und Seelengestalten, denn: »Flechten und Lösen ist Nornenarbeit.« Dem nordischen Gott Thor ist der fünfte Tag der Woche, der Donnerstag, heilig, den viele Leute noch für den Tag halten, an dem die Hexen umgehen. Und die Edda sagt: »... in Thrudheim wird Thor weilen, bis die Götter vergehn ...«

Fast überall finden sich auf den Felsen auch gleichschenklige Kreuze, die jedoch nicht zwangsläufig als christlich anzusprechen sind. Wahrscheinlich gehören sie sogar zu den ältesten Zeichen dieses Felsbildgebietes. Das christliche Kreuz ist übrigens ebenfalls oft vertreten und soll, ebenso wie das Christogramm, ältere Felsbilder bannen. Das trifft z. B. auf das recht alte Bild eines Luchses im Ortsgebiet von Königssee am Ebba-Wendt-Stein zu. Man hielt seine spitzen Ohren für die Hörner des Teufels und bannte den vermeintlichen Luzifer, indem man ein christliches Kreuz mit langem Standfuß unter seinen Kopf setzte.

In jener Zeit, als meist nur Jäger und Holzhauer in den Bergen weilten, hinterließen sie ihre typischen Zeichnungen: Der Jäger stellte das Wild dar, sich selbst zu Fuß und zu Pferd, der Holzhauer kratzte plumpe erotische Embleme und die Axt in den Kalk. Am Ofenauer Berg bei Golling sind in tiefausgewaschenen, engen Gletschertöpfen solche Zeichnungen erhalten geblieben. Sie wurden, wie viele andere Felsbilder dieser Region, von Erich Urbanek gesucht und gefunden. In einer mächtigen Gletschermühle steht auch ein großer, bewaffneter Landsknecht an der Wand (95c), der gewiß einmal in dieser Bergeinsamkeit Dienst tun mußte, da das Salzachtal eine erstklassige strategische Position besaß.

In der Notgasse, einer trockenliegenden Klamm, die einstmals den abschmelzenden Dachsteinplateau-Gletscher entwässerte, hat sogar der Almbauer am Ende des 18. Jahrhunderts seine Arbeitsgeräte, wie Pflug, Sense und Wetzhorn, Rechen und Dreschflegel, dargestellt. Doch die bis zu 50 m hohen Steilwände der engen Klamm enthalten auch Bilder von Leitern, gekreuzten Rauten, dem Lebensbaum, dem Rad und Hirsch.

Der Name Notgasse weist auf das althochdeutsche Wort Nōt, das heißt Drangsal, aber auch »nötig«, hin. Einstmals wurden zeremonielle Notfeuer – hnotfuir – entzündet, die mit altertümlichen Feuerbohrern entfacht werden mußten, um in magischer Absicht

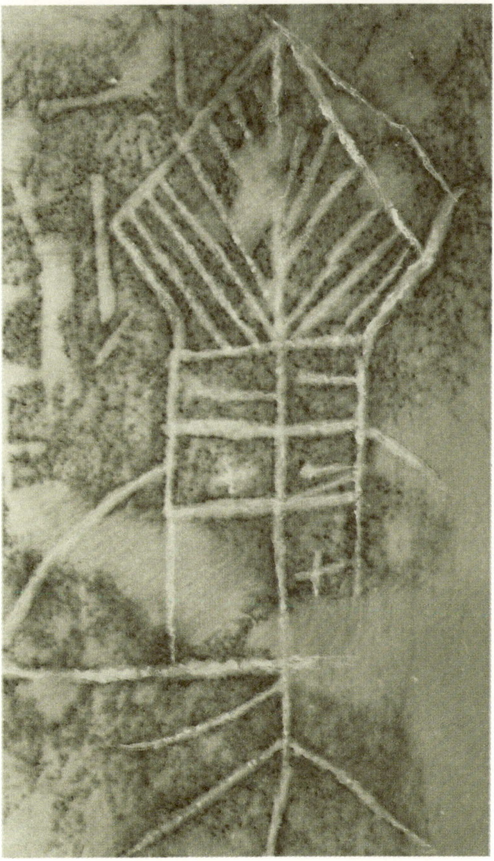

In einer trockenliegenden Klamm erhielt sich das kosmische Modell des Weltenbaums in der Schamanenbehausung als Beweis einer uralten Zeremonie der Kontaktaufnahme mit den Mächten des Himmels und der Unterwelt. Dieser Ritus gelangte aus arktischen Kulturen in die Alpen. Gröbming: Notgasse am Stoderzinken, Steiermark/Österreich, 1550 m hoch.

Schaden abzuwenden, zu entsühnen oder Dämonen auszutreiben (24d). 742 n. Chr. wurden Notfeuer von der fränkischen Kirche als heidnisch verboten. Die rechte Bergspitze des Stoderzinken, »Der Stuhl«, das heißt Stuhl der Götter, sowie der 16 km entfernt liegende Torstein deuten ebenso auf altes Glaubensgut hin, wie die Sage von der »Wilden Jagd« im Dachsteingebiet. So zeugt das interessanteste Zeichen der Notgasse, obgleich es unauffällig ist, von überraschend alten Traditionen. Es ist ein turm-

In einer Felsspalte sehr hoch über dem Königssee versteckt, findet man ein Sammelsurium vieler Zeichen, die nach und nach hier eingeritzt wurden: Weltenberg, Räder und Kreuze, gekästelte Schalengruben, Heugabel oder Dreizack, Leitern und das Kopulationssymbol. Das interessanteste ist jedoch der stehende Weltenbaum, gekreuzt von dem gefällten, ein auch im bronzezeitlichen Skandinavien gern verwendetes Sinnbild für »Werden und Vergehen«.
Königssee: Gotzenalm, Oberbayern/Deutschland, 1680 m hoch.

artig graviertes Haus mit dem Weltenberg dahinter (105). In dem Haus steht ein Baum, dessen Wurzeln in den Boden gehen und dessen Krone das Dach ausfüllt.

Noch einmal tritt hier in versteckter Lage der aus jägerzeitlichen Schamenenkulten bekannte Weltenbaum in Erscheinung. Im Miniaturkosmos seiner Jurte stellte der Schamane einen Baum symbolhaft in den »Mittelpunkt der Welt«. Der Stammbereich war das »Reich der Mitte«, also der Lebenden, nach oben ging die Krone bis ins Rauchloch hinein als Symbol des »Himmelsreichs«, und nach unten, wo die Wurzel in der Feuerstelle stand, wurde das unterirdische »Untere Reich« angenommen, das eigentlich als Antireich durch die gestürzte Baumkrone = Wurzel verkörpert wurde, denn im Jenseits ist alles verkehrt herum. So stehen in Illustrationen zu Dantes Inferno in der Unterwelt die Bäume kopf und mit den Wurzeln nach oben am Fuße des Weltenberges (106).

Dieses naive kosmische Modell, das uns wieder und wieder begegnete, muß entsprechend seiner weiten Verbreitung außerordentlich alt sein. In der Tradition orientalischer Teppichkunst, der man grundsätzlich größte Motiv- und Formentreue bescheinigt, ist er ebenso häufig vertreten wie in der alpenländischen Volkskunst als Türfüllungsmotiv von Bauernschränken. Bei den Orientalen sind es meist Gebetsteppiche, auf denen man sich beim Niederknien, auf die Ellbogen gestützt, mit dem Körper über der gleichen Darstellung eines Gebäudes mit dem Weltenbaum befindet: dem Sinnbild der Teilhaftigkeit am kosmischen Geschehen des »Werden und Vergehen«. Häufig sieht man die Rauchöffnung im Dach und die in der Unterwelt verschwindende Wurzel – selbst dann, wenn im Sinne eines Stil- und Motivwandels aus dem Baumstamm längst eine Vase und aus der Baumkrone ein Blumenstrauß geworden ist.

So ist das Felsbild des Hauses mit dem Weltenbaum darin ein Lehrstück bester Art, das jedoch nicht darüber hinweg täuschen darf, daß die Felsgravuren der Notgasse mit größter Wahrscheinlichkeit nicht in vorgeschichtliche Zeiten datiert werden dürfen.

Hier hat sich ein Glaube bewahrt, der in Mitteleuropa längst der Vergangenheit angehörte. Daß solche Glaubensvorstellungen oder nur Symbole in abgelegenen Gebieten der Alpen noch lange bekannt waren, beweist ein weiteres Bild des Weltenbaums auf bayerischem Boden hoch überm Königssee bei der Gotzenalm. Die Musiklehrerin Ebba Wendt, die eifrigste Felsbildfinderin dieses Gebirges, fand es in einer Felsspalte verborgen, von oben ständig mit Tropfwasser benetzt, aber eben dadurch unter Sinterprodukten konserviert. Der Weltenbaum der Gotzenalm steht im Mittelpunkt umfangreicher linearer Darstellungen: netzartige Aufteilungen, in deren Fächer jeweils eine Schalengrube gestellt ist, der Weltenberg, Räder und auch das Leitermotiv, das zu diesem Glaubenskomplex gehört. Der Weltenbaum selber ist gewissenhafter, als sonst üblich, mit Krone und identischer Antikrone als Wurzel wiedergegeben (106). Doch quer zu dem stehenden Baum, ihn kreuzend, liegt der gefällte Weltenbaum, sichtbar zerbrochen, mit nach links, also nach Westen, gerichteter, zernagter Wurzel. Und eben darin wird die Erinnerung an die Weltesche Yggdrasil der späten nordischen Mythologie lebendig, jenen Weltenbaum, dessen Wurzeln von dem Drachen Nidhögg zernagt wurden, bis der Fall des Baumes Ragnarök, den Weltuntergang, auslöste. Doch diesem Weltuntergang folgte trostreich ein erneutes Erstehen. Aus dem Keim mußte ein neuer Baum sprießen, wachsen und zum Weltenbaum werden. Alles war in ständiger Bewegung: der Kosmos, die Welt der Götter und die der Menschen. Und dort, wo dieses Wachstum seinen Ausgang nahm, in der Unterwelt, dem Jenseits, da tauchen in diesem Bilde tatsächlich die Schalengrübchen als Symbole der Wiedergeburt auf, dort, wo die axis mundi, die Weltachse, neu erstehen mußte, am Fuß des Stammes.

Es ist bemerkenswert, daß das Motiv der gekreuzten Bäume vom Königssee schon auf der Rückseite bronzezeitlicher Gewandfibeln aus Dänemark und Schweden erscheint, ebenso auf dem Deckstein eines Steinkistengrabes von Halle-Nietleben. Bei allen diesen symbolhaften Darstellungen vom Werden und Vergehen zeigte auffälligerweise die zernagte Wurzel stets nach links – also nach Westen, dorthin, wo die Sonne jeden Abend versinkt. So werden wir denn wieder anschaulich auf die vier Kardinalrichtungen des Weltenrades verwiesen, die sich in vielfacher Form als gleichschenklige Kreuze darstellen, rings um den Königssee bis hin nach Ruhpolding. Alles scheint verwoben in den verwirrend erscheinenden Anschauungen, deren letzte Dokumente abseits großer Straßen in den Alpen zu finden sind.

Seit Urzeiten hat der Mensch versucht, Erscheinungen in einer Idee und diese Idee in einem Bild, also in einem Symbol, zu erfassen. Angesichts der Tatsache, daß alle von der Archäologie zutage geförderten Objekte nur zufällig erhalten geblieben sind und daher kein vollständiges Bild von der Vergangenheit ergeben, kommt den Felsbildern als visuellen Zeugnissen vergangener Kulturen um so größere Bedeutung zu.

BILDNACHWEIS

Evers, Dietrich, Wiesbaden: S. 21, 119, S. 150 (Foto)
Fischer, Gisela, Köln (zeichnerischer Auszug der Gravuren): S. 15, 16
Klein, Wolfgang, Bonn: S. 66, 93, Schutzumschlag
Landesmuseum Kassel: S. 133 (Stein von Anderlingen)
Alle anderen Abbildungen entstanden nach Abreibungen von Anneliese und Dietrich Evers, Wiesbaden

BIBLIOGRAPHIE

1 André Leroi-Gourhan: Prähistorische Kunst. Die Ursprünge der Kunst in Europa. Freiburg i. B. 1971

2 Peter J. Ucko & Andrée Rosenfeld: Felsbildkunst im Paläolithikum. München 1967

3 Mircea Eliade: Schamanismus und archaische Ekstasetechnik. Frankfurt/Main 1975
(a) S. 249, 268; (b) S. 157; (c) S. 151/152

4 Nathan Söderblom: Das Werden des Gottesglaubens. Leipzig 1916, S. 29f.

5 Juri Alexandrowitsch Sawwatejew: Karelische Felsbilder. Leipzig 1984, S. 222

6 Gerhard Bosinski & Gisela Fischer: Mammut- und Pferdedarstellungen von Gönnersdorf. Wiesbaden 1980

7 Gerhard Bosinski & Gisela Fischer: Die Menschendarstellungen von Gönnersdorf der Ausgrabung von 1968. Wiesbaden 1974

8 Dietrich Evers: Form und Konstruktion der Behausungen, S. 166 ff. In: Gerhard Bosinski: Die Ausgrabungen in Gönnersdorf 1968–1976 und die Siedlungsbefunde 1968

9 Friedrich Schlette: Die ältesten Haus- und Siedlungsformen des Menschen. Berlin 1958, S. 41–43

10 Alexej Pawlowitsch Okladnikow: Der Mensch kam aus Sibirien. Wien, München, Zürich 1974, S. 197

11 Hans Findeisen & Heino Gehrts: Die Schamanen. Köln 1983
(a) S. 124, 203, 217; (b) S. 126 ff.

12 Ausgrabungen in Deutschland, gefördert von der Deutschen Forschungsgemeinschaft 1950–1975. Mainz 1975, S. 47

13 Alfred Rust: Vor 20 000 Jahren. Rentierjäger der Eiszeit. Neumünster 1972

14 Detlev Ellmers: Ein Fellboot-Fragment der Ahrensburger Kultur aus Husum, Schleswig Holstein. In: Offa Bd. 37, Neumünster 1980

15 Dietrich Evers: Das älteste Wasserfahrzeug der Welt. In: Kunst und Museen in Bremen und Bremerhaven. Bremen 23/1981, S. 18f.

16 Dietrich Evers & Siegfried Stölting: Das Boot aus der Tundra. Bremen 1985

17 Hans Dietrich Kahlke: Das Eiszeitalter. Leipzig, Jena, Berlin 1981, S. 178

18 Kval og Kvalfangst. In: Ottar. Tromsø 3/1982

19 Jakob Ozols: Der Röntgenstil. Ein Beitrag zur vorgeschichtlichen Geistesgeschichte. In: Bonner Jahrbücher 1975, S. 25

20 Anders Nummedal & Gutorm Gjessing: Fosna- und Komsa-Kultur. Oslo 1936

21 Hans Findeisen: Mensch und Tier als Liebespartner in der volksliterarischen Überlieferung Nordeurasiens. Augsburg 1956, S. 37ff.

22 Hans-Joachim Rüdiger Paproth: Das Bärenfest der Ketó in Nordsibirien, in Zusammenhang gebracht mit den Bärenzeremonien und Bärenfesten anderer Völker der nördlichen Hemisphäre. In: Anthropos, Posieux 57/1962

23 James George Frazer: Der Goldene Zweig. Leipzig 1928, S. 756, 758

24 Kaj Birket-Smith: Geschichte der Kultur. Zürich 1941/42
(a) S. 246f.; (b) S. 188, 415; (c) S. 417; (d) S. 81, 84

25 N. N. Gurina: Oleneostrowskij Mogilnik. Materiali i Issledowanija po Archeologii. Moskau, Leningrad 1956, S. 214f., Abb.: 27, 76, 118, 119

26 Hans Findeisen: Das Tier als Gott, Dämon und Ahne. Stuttgart 1956, S. 27

27 Nathan Söderblom: Das Werden des Gottesglaubens. Leipzig 1916, S. 33

28 Povl Simonsen: Juntavadda og Assebakte to utgravningar på Finnmarksvidda. In: Acta Borealia Nr. 17. Tromsø 1979, S. 20ff., Abb. 1

29 Dietrich Evers: Felsbilder arktischer Jägerkulturen des steinzeitlichen Skandinaviens. Stuttgart 1988
(a) S. 30ff.; (b) S. 81–89; (c) S. 20

30 Juri Alexandrowitsch Sawwatejew: Karelische Felsbilder. Leipzig 1984, S. 162

31 Hanns Peter: Wesen und Bedeutung des Bumerangs. In: Veröffentlichungen zum Archiv für Völkerkunde. Wien 1986, S. 112

32 Gustav Hallström: Hällristningarna vid Nämforsen. Stockholm 1967, Tafel XVII, C 6, 7

33 Dietrich Evers: Västerhänta trollkarlar vid Nämforsen. In: Populär Arkeologi 4/1989, S. 17–20

34 Paweł Valde-Nowak: Entdeckung der paläolithischen Fundstellen im Tal des Białka Tatrzańska-Flusses. In: Acta Archaeologica Carpathica XXVI 1987

35 Hans Meyers: Stilkunde der naiven Kunst. Frankfurt/Main 1962, S. 273ff.

36 A. W. Brøgger: Die arktischen Felsenzeichnungen und Malereien in Norwegen. In: IPEK, Mainz 1931

37 Dietrich Evers: Jäger und Bauern. Felsbilder der Vorzeit. Kassel 1982, S. 21, 23

38 Oskar Montelius: Die Kultur Schwedens in vorchristlicher Zeit. Berlin 1885

39 Torsten Capelle: Kunst und Kunsthandwerk im bronzezeitlichen Nordeuropa. Neumünster 1974

40 Konrad Spindler: Die frühen Kelten. Stuttgart 1983, S. 32ff.

41 Gustav Kossinna: Deutsche Vorgeschichte, eine hervorragende nationale Wissenschaft. Leipzig 1933, S. 205

42 T. W. Gamkredidse & W. W. Iwanow: Die Frühgeschichte der indoeuropäischen Sprachen. In: Spektrum der Wissenschaft 5/1990, S. 130ff.

43 Dietrich Evers: Die ältesten Wagenbilder Europas. Kassel 1988
(a) S. 24f.; (b) S. 21, 25

44 Joachim Schmidt: Religion und Kunst II. Der Kreuznimbus im Christusbild. Bochum 1989

45 Herman Wirth Roeper Bosch: Die Kalenderscheibe von Fossum. 1948 (im Manuskript)

46 Ernst Sprockhoff: Nordische Bronzezeit und frühes Griechentum. Bremen 1962, S. 47

47 Oskar Almgren: Nordische Felsbilder als religiöse Urkunden. Frankfurt/Main 1934
(a) S. 22, 109–112; (b) S. 237

48 Publius Cornelius Tacitus: Germania (De origine et situ Germanorum). Wiesbaden 1990
(a + b) Kap. 40, S. 105; (c) Kap. 9, S. 41

49 Wilhelm Mannhardt: Der Baumkultus. Berlin 1875, S. 83

50 Gerhard Timmermann: Vom Einbaum zum Wikingerschiff. In: Schiff und Hafen 4/1956, S. 336

51 Edwin Tappan Adney & Howard I. Chapelle: The Bark Canoes and Skin Boats of North America. Washington 1964

52 A. W. Brøgger: Opdagelsenes Nye Århundre. In: Norsk Geografisk Tidsskrift Bd. VI/1936

53 Otto Sigfried Reuter: Germanische Himmelskunde. München 1934

54 Jean Randier: Nautische Instrumente. Oldenburg 1979, S. 44, 48, 61 Olav Rudbeck: Atlands elle Manheims Andra Deel (Astronomisches Volksbrauchtum). Uppsala 1689

55 Handwörterbuch des Deutschen Aberglaubens. Bd. II, Berlin & Leipzig 1927, Spalte 1122ff.

56 Christian W. Thomsen: Menschenfresser. München 1983, S. 23

57 Jacob und Wilhelm Grimm: Deutsches Wörterbuch. Bde. 1–3, Leipzig 1883

58 Herodot: Historien. München 1963

59 J. Herrmann: Die Menschwerdung. Zum Ursprung des Menschen und der menschlichen Gesellschaft. Berlin 1984, S. 167

60 Herbert Ullrich: Kannibalismus im Paläolithikum. In: Religion und Kult. Berlin 1989, S. 57ff.

61 Herbert Ullrich: Artificial injuries on fossil human bones and the problem of cannibalism, skull-cult and burial-rites. In: Anthropos. Brno 1982, S. 253ff.

62 Adolf E. Jensen: Mythos und Kult bei Naturvölkern. Wiesbaden 1951, S. 382

63 W. Robertson Smith: Kinship and Marriage in Early Arabia. London 1903

64 Adam von Bremen: Hamburgische Kirchengeschichte nach der Ausgabe der Monumenta Germaniae (Übers. J. C. M. Laurent). Leipzig 1866

65 Des Strabo, eines alten stoischen Weltweisen aus der Stadt Amasia gebürtig, allgemeine Erdbeschreibung. Bd. 1, 2 (Übers. A. J. Penzel). Lemgo 1775

66 Gaius Julius Caesar: Der Gallische Krieg (Commentarii de bello Gallico. Übers. M. Oberbreyer). Leipzig 1877

67 Alexander Häusler: Die Grabsitten der mesolithischen und neolithischen Jäger und Fischergruppen auf dem Gebiet der UdSSR. Halle 1962, S. 1159, 1160

68 Herbert Fischer: Die eheliche Verantwortung und das Schultersymbol. In: Antaios Bd. 1, Nr. 2. Stuttgart

69 Bruno Snell (Hrsg.): Heraclitus-Fragmente. München 1944

70 Heinz Hunger: Die Heilige Hochzeit. In: Sexualmedizin. Wiesbaden 1979, IV S. 186f.

71 J. V. S. Megaw: Art of the European Age. Bath, U. K. 1970, Nr. 284
G. Poulson: History and antiquities of Holderness II. Kingston upon Hull 1840

72 Herbert Kühn: Die Felsbilder Europas. Stuttgart 1971
(a) S. 64, 65; (b) S. 105, 106, Tafel 70a, b, 80a

73 Hermann Schwabedissen: Vom Jäger zum Bauern der Steinzeit. Neumünster 1967, S. 30

74 Aleksej Pawlowitsch Okladnikow: Der Hirsch mit dem goldenen Geweih. Vorgeschichtliche Felsbilder Sibiriens. Wiesbaden 1972, S. 127

75 Handwörterbuch des Deutschen Aberglaubens. Bd. I. Berlin & Leipzig 1927, S. 174f.

76 Jill Purce: Die Spirale. Symbol der Seelenreise. München 1988

77 Torsten Capelle: Kunst im bronzezeitlichen Europa. Neumünster 1974
(a) S. 46; (b) S. 70

78 Gustav Schwantes: Die Vorgeschichte Schleswig-Holsteins. Neumünster 1939, S. 539ff.

79 Hans Biedermann: Wellenkreise. Mysterien um Tod und Wiedergeburt in den Ritzbildern des Megalithikums. Hallein 1977

80 Hundert Lieder des Atharva-Veda (Übers. J. Grill). Stuttgart 1888

81 Gerhard Miltenberger: Mitteldeutschlands Ur- und Frühgeschichte. Leipzig 1959, S. 44f., Abb. 31

82 Bertil Almgren: Hällristningar och bronsåldersdräkt. In: Tor VI, Stockholm 1960

83 Dietrich Evers: Neue Bildelemente am Stein von Anderlingen. In: Archäologisches Korrespondenzblatt 2/1981, S. 105ff.

84 Irene Kappel: Steinkammergräber und Menhire in Nordhessen. Kassel 1978, S. 7–24

85 Xenophon Atheniensis: Cyropädie oder Geschichte des Cyrus – welcher das Leben des Lacedonischen Königs Agesilaus beygefüget ist. Rostock & Wismar 1761

86 Alfred Jeremias: Altorientalische Geisteskultur. Berlin 1929, S. 134, 349

87 Jakob Ozols: Die Felsbilder des Mont Bégo. In: Antike Welt 3/1978, S. 45–48

88 Dietrich Evers: Rinderzeichen von Sumer bis Enköping. In: Adoranten 1988, S. 22–26

89 Vincent Paschetta: Les Gravures préhistoriques du Mont Bégo. In: Guide des Alpes-Maritimes. Nizza 1972, S. 19–32

90 Hermann Kees: Totenglauben und Jenseitsvorstellungen der alten Ägypter. Leipzig 1926, S. 422

91 Emmanuel Anati: Camonica Valley. London 1964

92 Emmanuel Anati: Capo di Ponte. Capo di Ponte 1981

93 Karl Keller Tarnuzzer: Die Darstellung der Pfahlwerke in Valcamonica. Frauenfeld 1955

94 Gino Tomasi: Le Palafitte del Lago di Ledro. Mailand 1970
Renato Perini: Die Pfahlbauten von Fiavè/Trentino. Trient 1977

95 Dietrich Evers: Felsbilder in den Alpen. Regensburg 1981
(a) S. 19; (b) S. 17, 18; (c) S. 41

96 Ernst Krause: Die nordische Herkunft der Trojasage, bezeugt durch den Krug von Tragliatella. Glogau 1893

97 Markus Egg: Ein Caestuskämpfer im Römisch-Germanischen Zentralmuseum. In: Archäologisches Korrespondenzblatt 1/1980, S. 55ff.

98 Dietrich Evers: Felsbilder in den Alpen. In: Antike Welt 1/1982, S. 52

99 Ambrosius Theodosius Macrobius: Saturnalia. Apparatu critico instruxit, in Somnium Scipionis commentarios selecta varietate lectionis ornavit Jacobus Willis. Leipzig 1963

100 Hans Lininger: Schalenbrauchtum und Felsgravüren in Zeit und Raum. In: Basler Beiträge zum Schalensteinproblem 5/1970, S. 8–20

101 J. B. Masüger: Scheibenschlagen. In: Leibesübungen in Graubünden einst und heute. Chur 1946, S. 82ff.

102 Richard Wolfram: Die Jahresfeuer. Wien 1972, S. 14–20

103 Edouard Mérite: Les Pièges. Etude sur les engins de capture utilisés dans le monde. Paris 1942, S. 182ff.

104 Dietrich Evers: Himmelsboot und Geisterfallen. In: Jahrbuch der Gesellschaft für vergleichende Felsbildforschung. Graz 1989/90, S. 44–51

105 Dietrich Evers: Das kosmische Modell unter den österreichischen Felsbildern. In: Jahrbuch der Gesellschaft für vergleichende Felsbildforschung. Graz 1981/82, S. 68–73

106 Dante-Ausgabe des Petrus Johannes de Quaren mit Holzschnitten. Bergamo 1493

GLOSSAR

Aeneolithikum
Kupfersteinzeit oder Chalkolithikum. Nicht gut gewählter Begriff einer Zeit mit gleichzeitigem Gebrauch von Kupfer- und Steinwerkzeugen und Waffenspitzen. (Auch in der Bronze- und Eisenzeit wurden noch Steingeräte verwendet.) Es gibt jedoch eine Periode zwischen dem Neolithikum und der Bronzezeit, die durch Einführung des Kupfers gekennzeichnet ist. In Europa war sie mit der großen Völkerwanderung der Becher-Leute und des schnurkeramischen Kreises verbunden.

Ahrensburger Kultur
bei Ahrensburg nordostwärts von Hamburg durch Alfred Rust in der eiszeitlichen Endmoränenlandschaft aufgedeckt:
1. Hamburger Kultur bis 10000 v. Chr.
2. Epimagdalénien
3. Ahrensburger Kultur, ca. 8850–8300 v. Chr. Reichhaltige Kulturschichten, erstmalig altsteinzeitliche Zeltanlagen.

Alleröd
Klimaschwankung der Späteiszeit, vorübergehende Erwärmung mit Verbreitung von Kiefern und Birken, zwischen 9850 und 8850 v. Chr.

Ancylussee
Stadium der nacheiszeitlichen Bildung der Ostsee ca. 6500–5000 v. Chr. Durch tektonische Hebung entstand ein Süßwasserbecken mit der Ancylusschnecke.

Bandkeramik
älteste neolithische Kultur Mitteleuropas, Ende des 5. Jahrtausends bis Ende des 4. Jahrtausends, deren meist rundbodige Tongefäße mit bänderartiger Ornamentik geschmückt waren.

Bernburger Kultur
jungneolithische Gruppe des 3. Jahrtausends v. Chr. im nördlichen Thüringen, im Saalegebiet und im nördlichen Harzvorland, durch bauchige Gefäße mit geritzten Linien- und Winkelbändern ge-

kennzeichnet. Megalithgräber mit Kollektivbestattungen und Einzelgräbern.

Bronzezeit
Zeitalter, dessen materielle Kultur durch den Werkstoff Bronze geprägt ist, regional verschieden. Nordische B. ist gegliedert in:

I = 1600–1400 v. Chr.	IV = 1000–900 v. Chr.
II = 1400–1200 v. Chr.	V = 900–750 v. Chr.
III = 1200–1000 v. Chr.	

Dolmengöttin
noch nicht eindeutig identifizierte, schematische anthropomorphe Darstellung durch Ritzung an Tragsteinen der Dolmen und in Form von Stelen, vermutlich Todes-, zugleich auch Fruchtbarkeitsgöttin.

Donaukultur
erste Ackerbaukultur eines großen Teils von Ost- und Mitteleuropa. Donau-I-Phase: Beginn um 4500 v. Chr., Brandrodung auf Lößböden. Leitformen: Tüllenbeil, Objekte aus Spondylus-Muscheln sowie Bandkeramik. Dörfer mit soliden hölzernen Langhäusern. Anfang des 4. Jahrtausends zerbrach Donau-I. An ihre Stelle traten regional geprägte Kulturen der Donau-II-Stufe.

Eisenzeit
Kulturperiode, in der Eisen vorwiegendes Rohmaterial für Werkzeuge und Waffen war. Datierung regional verschieden: z. B. im östlichen Anatolien vor 1200 v. Chr., in Skandinavien nach 750 v. Chr.

Feuerzelt
sowohl in Form des Spitzzeltes wie auch als Kegeldachzelt seit dem Jungpaläolithikum in Eurasien und Nordamerika nachgewiesen. Das meist in der Einganghälfte thermisch richtig angelegte Glutfeuer wärmte den ganzen Zeltraum, der in der höchsten Spitze die Rauchöffnung hatte.

Firneis
durch verschiedene Umwandlungsvorgänge (Metamorphosen) verfestigte Schneemassen. Das F. kann zur Bildung von Gletschern führen. Der Luftgehalt nimmt ab, Festigkeit und spezifisches Gewicht nehmen zu.

Golem
hebräisch: formlose Masse, von Magiern erschaffenes stummes menschliches Wesen von oft gewaltiger Größe; in jüdischer Literatur und Mystik.

Grabstock
bei Wildbeutern diente er zum Ausgraben eßbarer Wurzeln; in den Anfängen der Landwirtschaft zum Ackerbaugerät umfunktioniert.

Hallstattkultur
In Hallstatt am Hallstätter See wurde seit der späten Bronzezeit Salz abgebaut. Die ältesten der 3000 Bestattungen stammen aus der Urnenfelderkultur, die meisten jedoch aus der Eisenzeit. Fundort der bronze- und eisenzeitlichen H.-Stufen Ha A, B, C und D. Heute werden nur C und D als H. zusammengefaßt, vom 8. Jahrhundert bis 5. Jahrhundert v. Chr. Leitform unter den Waffen ist das lange eiserne H.-Schwert.

Hamburger Kultur
siehe: Ahrensburger Kultur.

Hautboot
oft fälschlicherweise Fellboot genannt, ist ein Boot in Skelettbauweise mit einer Hülle von doppelt vernähten (Kappnaht) Tierhäuten. Vermutlich ältester Bootstyp.

Heroen
griechisch; zunächst »Herren«, »Edle«, dann Bezeichnung für zwischen Göttern und Menschen stehende Helden oder Halbgötter, die große Taten vollbrachten.

Herr der Tiere
oder Mutter der Tiere, nördlich zirkumpolar als Repräsentant der Jagdtiere, ist selbst ein Tier, dem der Schamane die Wünsche der Jäger vorträgt, wohnt abseits im Himmel oder im Ozean.

Initiationsriten
Handlungsablauf der Einweihung am Beginn eines neuen Lebensstandes, häufig mit Tod und Auferstehung (Wiedergeburt) symbolisiert. Bei Naturvölkern geübt bei Erlangung der Geschlechtsreife und Einsetzung des Schamanen, mit vorheriger Absonderung, Fastenübung und Mutproben.

Isiskult
Verehrung der ägyptischen Göttin Isis mit dem Zeichen des Thronsitzes auf dem Kopf oder mit Kuhgehörn und Sonnenscheibe. Schwestergemahlin des Osiris, Mutter des Horus. Verehrt wegen ihrer Gattentreue, mit der sie den ermordeten Osiris sucht, und wegen der Fürsorge für den vaterlos aufwachsenden Horus. Der I. wurde auch außerhalb Ägyptens ausgeübt.

Jungpaläolithikum
siehe Paläolithikum

Limneameer
nacheiszeitliches Stadium der Ostsee, ab 2000 v. Chr., nach der Schlammschnecke *Lymnaea* benannt.

Litorinameer
Stadium der nacheiszeitlichen Ostsee, zwischen 5100 und 2000 v. Chr., Salzwassermeer, nach der Strandschnecke *Littorina littorea* benannt.

Magdalénien
letzte paläolithische Kultur großer Teile Westeuropas, nach La Madeleine in der Dordogne benannt, ca. 15000–10000 v. Chr., Hochkultur der Höhlenkunst, Kunsthandwerk aus Knochen und Elfenbein; typisch die gezackte Harpune.

Maglemosekultur
erste mesolithische Kultur des nordeuropäischen Tieflandes, zwischen 8000 und 5000 v. Chr., nach Maglemose, dem »Großen Moor« an der Westküste der dänischen Insel Seeland benannt.

Maskierungsjagd
auch Tarnjagd genannt: das Anschleichen des Jägers unter einer Tiermaske in der Bewegungsart des entsprechenden Tieres.

Megalithkultur
Sammelbegriff für verschiedene archäologische und ethnologische Kulturgruppen des 3. Jahrtausends v. Chr. in West- und Nordeuropa, auch außerhalb Europas bekannt. Errichtung von Dolmen, Gang-, Galerie- und Steinkistengräbern, Menhiren und Kromlechs aus großen Steinen.

Menhir
keltisch: langer Stein; einzelne, aufrechtstehende schmale Steinplatten, zum Teil leicht bearbeitet, schwer zu datieren. Der Brauch, Menhire aufzurichten, ist bei vielen Völkern unterschiedlicher Epochen bekannt.

Mesolithikum
mittlere Steinzeit (zwischen Paläolithikum und Neolithikum) ab 8000 bis ca. 4000 v. Chr., geprägt durch neue Lebensbedingungen nach dem Ende der Eiszeit.

Mithras
ursprünglich persischer Halbgott, erlangte während der römischen Kaiserzeit bei den Legionen eigenständige Bedeutung. M. wird als

Jüngling mit phrygischer Mütze, meist auf dem Rücken eines überwältigten Stieres knieend, wiedergegeben, den er durch ein Kurzschwert tötet. Seine Verehrung fand im Mithraeum meist unterirdisch statt.

Mutter der Tiere
siehe: Herr der Tiere.

Nerthuskult
Nerthus ist eine Fruchtbarkeitsgöttin, die im Umzug mit rinderbespanntem Wagen im Frühjahr die Natur neu belebt. Nach anschließender sakraler Waschung wurden (lt. Tacitus) die Ministranten ertränkt.

Orphik
philosophisch-religiöse Bewegung in der griechischen Antike und im Helenismus, die sich auf (quellenmäßig nur schwer faßbare) kleine Schriften, die angeblich von Orpheus stammen, berief. Die Lehre befaßte sich mit ethischen Forderungen, deren Erfüllung die Seligkeit im Jenseits und das Ende der Seelenwanderung bringen sollte.

Paläolithikum
Altsteinzeit, begann etwa vor 2 Millionen Jahren mit ältesten Geröllkulturen, dauerte bis zum endgültigen Rückgang des Eises um 8300 v.Chr. 1. unteres oder Altpaläolithikum mit ersten Menschenformen, 2. mittleres Paläolithikum mit Neandertalern, ersten religiösen Vorstellungen, 3. oberes oder Jungpaläolithikum ca. 35000–8300 v.Chr., mit Homo sapiens, Höhlenkunst, Klingen- und Stichelindustrien.

Palimpsest
griechisch: abgeschabt, ursprünglich für Wiederverwendung der Papyrus- und Pergamentstücke zu erneuter Beschriftung. Bei Felsbildern: jüngere Bilder findet man über ältere hinweg gemalt oder graviert.

Pollenanalyse
im umgebenden Humus erhalten sich Blütenstaubkörner, sogenannte Pollen, lange Zeit. Sie sind je nach Gattung und Art von unterschiedlicher Gestalt. Erdproben lassen Rückschlüsse auf einstigen Bewuchs und damit Datierung zu.

Przewalskipferd
Equus przewalskii (nach dem russischen Asienforscher N. M. Przewalskij) fast ausgerottetes ponygroßes Wildpferd der ehemaligen Steppen Eurasiens, Stammform der Hauspferde.

Quarz
ist nach Feldspat das verbreitetste gesteinsbildende Mineral, das rein oder im Gemenge mit magmatischen Gesteinen (Granit, Porphyr), metamorphen Gesteinen (Gneis, Glimmerschiefer) und Sedimentgesteinen (Sandsteine) vorkommt.

Quarzit
meist dichtes, feinkörniges Gestein hoher Härte mit kieseligem Bindemittel, entstanden aus Sandstein durch Verkieselung oder Metamorphose.

Remedellokultur
oberitalienische Kulturgruppe aus der 2. Hälfte des 3. Jahrtausends v. Chr., endneolithisch, durch Kupfergeräte mit kräftigen Mittelrippen gekennzeichnet, Dolche aus Silex, Steatitperlen.

Sassaniden
persische Dynastie, die die Parther-Herrschaft 227 n. Chr. ablöste. Niederwerfung durch den Islam Mitte des 7. Jahrhunderts n. Chr.

Schamane
Tungusisches Wort umstrittener Herkunft, das den ekstatischen Heiler und Geisterbeschwörer bezeichnet, zunächst nur in Sibirien, jetzt auf alle ähnlichen Personen einst und heute angewandt. Der Sch. versetzt sich in Trance, um Seelenreisen in außerirdische Welten zu unternehmen. Er ist Helfer der Jagd, Heiler der Kranken und Begleiter der Toten.

Schnurkeramik
Keramik mit Linien, die durch Eindrücken von Schnur in den noch weichen Ton entstanden. Am Ende des 3. Jahrtausends v. Chr. über den größten Teil des nordeuropäischen Tieflandes bis zur Wolga verbreitet.

Silex
lateinisch: = Kiesel, für europäische Vorgeschichte bedeutsames Steinmaterial, das durch seine große Härte glasartig splittert und in Abschlägen scharfe Schneidkanten liefert.

Sinter
mineralische Ausscheidung aus fließendem Wasser, bildet Krusten, Überfänge und Terrassen, häufig als Kalksinter und Kieselsinter.

Stonehenge
Steinkreisanlage nördlich von Salisbury, schönstes englisches Me-

galith-Monument. Nacheinander entstanden ein runder Graben und drei konzentrische Steinkreise, der innere einseitig offen, aus Monolithen und Trilithen verschiedener Brüche. St. diente vermutlich dem Sonnenkult und astronomischen Berechnungen.

Streitaxt-Kultur
als Waffe gebrauchte Axt mit Schaftloch und Hammerkopf gegenüber der Schneide. Steinerne Streitäxte, die die Kennzeichen von Bronzeguß imitieren, sind im späten Neolithikum und Aeneolithikum in fast ganz Europa als Kennzeichen des schnurkeramischen Kreises verbreitet. Aus Kupfer oder Gold wurden sie auch für zeremonielle Zwecke verwendet.

Tektonik
Teilbereich der Geologie, der sich mit dem Bau der Erdkruste, den Lagerungsverhältnissen der Gesteine sowie ihren Veränderungen im Laufe der Erdgeschichte befaßt.

Tierkopfstab
magischer Stab, dessen oberes Ende in einem speziellen Tierkopf (Elch, Pferd, Vogel) endet. Der T. gilt als Hilfsgeist des Schamanen, der mit ihm in außerirdische Welten fliegen kann.

Trichterbecherkultur
erste neolithische Kultur Nordeuropas um 3000 v. Chr. in Südskandinavien und den nordeuropäischen Tiefebenen. Typisches Gefäß: der Trichterbecher.

Weichseleiszeit
siehe: Würmeiszeit

Würmeiszeit
letzte der vier nachgewiesenen Kaltperioden (Günz-, Mindel-, Riß- und Würmeiszeit), nach Flüssen benannt, in Norddeutschland Weichseleiszeit, mit das Gelände prägenden Merkmalen wie Moränen.

Yoldiameer
Salzmeer, nacheiszeitlich aus dem Baltischen Eisstausee als Stadium der Ostsee ca. 8000 bis 6800 v. Chr. hervorgegangen, nach der Yoldiamuschel benannt.